Deutsch unterrichten weltweit

Ein Handbuch für alle, die im Ausland Deutsch unterrichten wollen

2. vollständig überarbeitete Auflage

dagmar giersberg

w. bertelsmann. beruf

Die Deutsche Bibliothek – CIP-Einheitsaufnahme

Giersberg, Dagmar:
Deutsch unterrichten weltweit:
ein Handbuch für alle, die im Ausland Deutsch unterrichten wollen/
Dagmar Giersberg. – 2., vollständig überarbeitete Aufl. – Bielefeld:
Bertelsmann, 2004

ISBN 3-7639-3199-6

Verlag:
W. Bertelsmann Verlag
GmbH & Co. KG
Postfach 10 06 33
33506 Bielefeld

Gesamtherstellung:
W. Bertelsmann Verlag, Bielefeld

Manuskript:
Dagmar Giersberg

Lektorat:
Regina Dostal

Gestaltung:
lok.design division,
Marion Schnepf, Bielefeld

ISBN 3-7639-3199-6
Bestell-Nr. 60.01.354a

Inhalt

Einleitung

Endlich mal raus. Raus aus dem Alltag. Raus aus dem Trott, der Routine. Raus aus der Uni, in der Sie zum Scheinjäger zu verkommen drohen und alles Theorie bleibt. Raus aus der Schule, in der Sie sich zur Marionette des Herrn Direktor degradiert fühlen und Ihre Energie verpufft. Raus aus den nördlichen Breiten mit ihrem ewig grauen Himmel, ihren viel zu kurzen Sommern, ihren matschig verregneten Wintern. Raus aus dem muffigen Umfeld, den ewig gleichen Gesprächen über Sybille und Heinz, Haus und Garten, Geburtstagsfeiern und Weihnachtsgeschenke. Raus aus dem schützenden Elternhaus, aus der heimeligen WG. Raus aus der eingeschlafenen Beziehung, aus dem Dauerstress mit Tante Elfriede. Raus aus einem Land, in dem Sie jeder versteht, in dem Sie sich auskennen – quälende Langeweile. Raus, raus, raus. Aber wie?

Deutsch unterrichten! Auf der ganzen Welt – na, sagen wir fast auf der ganzen Welt – lernen Menschen Deutsch als Fremdsprache. Aus den unterschiedlichsten Motiven und in den unterschiedlichsten Absichten. In der globalisierten Welt von heute zählt dabei kommunikative Handlungsfähigkeit in der Fremdsprache am meisten. Und da ist man sich wohl einig: Will man kommunikative Kompetenz im Deutschen erwerben, fährt man am besten in ein deutschsprachiges Land. Geht das – aus welchen Gründen auch immer – nicht, gibt es noch die zweitbeste Lösung: Unterricht bei einem Muttersprachler, der ein Stück Deutschland, Österreich oder Schweiz mit nach Japan, Mexiko oder Namibia bringt. Lehrer für Deutsch als Fremdsprache (kurz: DaF) im Ausland vermitteln nicht nur die deutsche Sprache – sie werden gerade in abgelegenen Ecken der Welt zu Botschaftern der Kultur des deutschsprachigen Raums.

Es gibt zahlreiche Möglichkeiten, als Deutschlehrerin oder Deutschlehrer im Ausland zu arbeiten. Neben Schulen und Hochschulen bieten auch Einrichtungen der Erwachsenenbildung wie etwa private Sprachschulen, Goethe-Institute und Österreich Institute, Gesellschaften und Clubs, Firmen mit Kontakten in den deutschsprachigen Raum etc. Deutschkurse an.

Dieser Ratgeber zeigt Ihnen, wie Sie mit entsprechenden Kompetenzen im Bereich DaF im Ausland arbeiten und leben können. Dabei werden nicht nur Möglichkeiten für fertig ausgebildete Lehrerinnen und Lehrer an staatlichen Schulen vorgestellt; auch für Studierende und zum Teil bereits für Abiturienten gibt es zahlreiche Programme, die einen Auslandsaufenthalt im DaF-Bereich fördern. Und schließlich haben auch Graduierte gute Chancen, beispielsweise als Lektoren an ausländischen Hochschulen zu arbeiten.

Ein Aufenthalt im fernen Asien oder bei einem europäischen Nachbarn beschert Ihnen tiefe Einblicke in eine andere Kultur und fördert Ihr Verständnis für das Fremde. Zudem zwingt er Sie zu einem Perspektivenwechsel: Ihre eigene Sprache und Kultur ist im neuen Umfeld plötzlich eine fremde. Ein solcher Aufenthalt ist eine Herausforderung auf den unterschiedlichsten Ebenen. Wie fühlt man sich als Ausländer, in einem Land, dessen Sprache man nur rudimentär beherrscht, dessen Traditionen man – wenn überhaupt – nur aus Büchern kennt? Wie fühlt man sich, fernab von der gewohnten Umgebung, fern von Menschen, deren Geschichte die eigene ist?

Die Arbeit in einem fremden Land verspricht einen viel intensiveren Zugang zu dessen Kultur als eine touristische Erkundungsreise. Durch die Tätigkeit als Praktikantin oder Assistent, Lektor oder Lehrerin erhalten Sie einen unmittelbareren Kontakt zu den Einheimischen. Sie sind mitten in deren Leben, lösen gemeinsame Probleme. Doch nicht nur die Kollegen und Vorgesetzten weisen Sie ganz von selbst in die Kultur des Gastlandes ein. Gerade der regelmäßige Kontakt mit den Deutschlernern, die im Allgemeinen eine große Neugierde gegenüber Ihrer Muttersprache, Ihrem Heimatland und Ihnen als Person mitbringen, ermöglicht einen wirklichen Austausch. So entsteht interkulturelle Kommunikation, die für beide Seiten bereichernd und spannend ist.

Ein Praktikum am Goethe-Institut in Mexiko City, mit einem Stipendium des DAAD? Ein Jahr als Fremdsprachenassistentin an einer Schule in Nizza? Lektor in Vietnam? Deutschlehrerin an einer Schule in Argentinien? Worauf warten Sie noch?

1. Die deutsche Sprache in der Welt

1.1 Situation der deutschen Sprache

In diesem Kapitel erhalten Sie einen Überblick über die Stellung der deutschen Sprache in der Welt, denn davon sind Ihre Chance, im Ausland eine Stelle als Deutschlehrkraft zu finden, abhängig. Die Stellung, die eine Sprache in der Welt hat, ist von einer Vielzahl von Faktoren abhängig.[1]

Zahl der Sprecher

Zunächst wird die Stellung einer Sprache durch die Anzahl ihrer Sprecher bestimmt. Dabei spielt die Zahl der Muttersprachler und Fremdsprachensprecher eine Rolle.

Curricula

Ganz wesentlich entscheiden die staatlichen Curricula darüber, wie viele Deutschlerner es im Land gibt. Wichtig ist dabei, ob Deutsch als Fach an Schulen und Hochschulen gelehrt wird. Für das Deutsche ist maßgeblich, ob in den Schulen das Erlernen von ein oder zwei Fremdsprachen Pflicht ist, denn in den Ländern, in denen Englisch nicht Landessprache ist, nimmt Englisch generell die Stellung der ersten Fremdsprache ein. Für Deutsch ist daher die Frage nach der Forderung einer zweiten Fremdsprache im staatlichen Bildungssystem besonders relevant.

Wirtschaftliche Stärke

Ein weiterer Faktor ist natürlich auch die ökonomische Stärke, die hinter einer Sprache steht. Die wirtschaftliche Stärke eines Landes bestimmt die Quantität der internationalen Wirtschaftskontakte und damit den Bedarf, den es an Kommunikation mit diesem Land gibt. Ein wirtschaftlich starkes Land eröffnet interessante berufliche Perspektiven, die zumeist (noch!) nach Kenntnis der Landessprache verlangen. Außerdem hat die ökonomische Stärke eines Sprachraums indirekt Einfluss auf die Zahl der Menschen, die in diesem Land studieren wollen.

[1] Die folgenden Hinweise stützen sich wesentlich auf Ulrich Ammons Studie „Die internationale Stellung der deutschen Sprache". Ein Großteil der Zahlen ist der Broschüre „Deutsch als Fremdsprache. Erhebung 2000" der Ständigen Arbeitsgruppe Deutsch als Fremdsprache entnommen (www. goethe. de/ mmo/priv/60112-StANDARD.pdf).

Politische Faktoren

Auch politische Faktoren spielen für die internationale Stellung einer Sprache eine wichtige Rolle. Zu denken ist dabei beispielsweise an die Rolle eines Landes als ehemalige Kolonialmacht. Bedeutend ist zudem das Ansehen eines Sprachraums in der Weltgemeinschaft. Verbrecherische Regime, Krieg und Terrororganisationen schaden dem internationalen Ansehen eines Landes und damit auch dem seiner Sprache und Kultur erheblich.

Rolle als Wissenschaftssprache

Weiterhin ist für die Stellung einer Sprache ihre Rolle als Wissenschaftssprache bedeutend. Der landessprachliche Anteil an den wissenschaftlichen Publikationen in der Welt bestimmt diese Stellung ebenso wie die Zahl der zitierten wissenschaftlichen Texte in der Landessprache. Werden wichtige wissenschaftliche Diskussionen und Forschungsberichte in einer Landessprache kommuniziert, erhöht das natürlich den Bedarf nach Fremdsprachenkenntnissen in bestimmten Bereichen der Wissenschaft und Forschung.

Wussten Sie, dass Deutsch hinter Englisch und Chinesisch mit 12 % auf dem dritten Platz liegt, was den Anteil der Sprachen in der weltweiten Buchproduktion angeht?

Rolle in internationalen Institutionen

Von entscheidender Bedeutung ist zudem, welche Rolle eine Sprache in den internationalen Institutionen und Organisationen spielt. Wenn die eigene Muttersprache Lingua franca in einem Staatenbund ist, hat dies eine Reihe von Vorteilen. Die Kommunikation ist für die Sprecher sowohl schneller als auch leichter möglich. Das Land, dessen Sprache Verkehrssprache ist, hat einen geringeren Kostenaufwand für die Ausbildung von Vertretern im Bereich der Fremdsprachen und der Übersetzungen. Hinzu tritt eine Steigerung der Einnahmen aus dem Unterricht der Muttersprache als Fremdsprache.

Vor allem vor einigen Jahren war die wachsende Angst vor dem drohenden Untergang der deutschen Sprache häufig Gegenstand von Medienberichten. So titelte die „Welt am Sonntag“ etwa am 11. Februar 2001: „Kampf um Schutz der deutschen Sprache. Politiker aller Parteien warnen vor Überfremdung durch Anglizismen“.

Anglizismen

Man mag es schon nicht mehr hören, das Gejammer um den Bedeutungsverlust der deutschen Sprache in der Welt zugunsten des Englischen. Die Weltsprache Englisch als Killer der Mehr- und Vielsprachigkeit. Beklagt wird die zunehmende Zahl der Anglizismen vor allem im Bereich der Informatik, der neuen Medien und der Wirtschaft. Und auch die Werbung bediene sich zunehmend dieser hippen neuen Mode. Ein Grund zur Panik ist das freilich nicht. Sehr sachliche Argumente dazu finden Sie übrigens in der „Stellungnahme zur Debatte über den zunehmenden Einfluss des Englischen auf die deutsche Sprache“ der Deutschen Akademie für Sprache und Dichtung (im Internet unter www.deutscheakademie.de/Stellungnahme.html).

Denglisch?

Hier soll es zwar keinesfalls darum gehen, Begriffe wie BahnCard, Service-Point, Counter, Consulting, Key-Account-Manager oder gar die neuere Prägung „Brain up!“ zu verteidigen. Doch Vorboten des Untergangs der deutschen Sprache sind sie wohl auch nicht. Englisch ist in den Naturwissenschaften, in der Technik und auch in der Wirtschaft die internationale Verkehrssprache schlechthin – was sicherlich die internationale Verständigung erheblich vereinfacht.

Vielleicht tröstet es die Sprachpuristen, die unermüdlichen Säuberer der deutschen Sprache, die jährlich einen „Sprachpanscher des Jahres“ wählen, dass auch das Deutsche seine Spuren hinterlassen hat. Vielleicht mag versöhnen, dass die Russen „buterbrod“ essen, die Japaner einen „ryukkusakku“ tragen, dass die Ungarn einen „colstok“ benutzen und die Usbeker eine „bormašina“. Zwar sind Spuren wie „Blitzkrieg“, der in vielen europäischen Sprachen auftaucht, wenig ruhmreich, aber mit „Kitsch“, „Kindergarten“, „Leitmotiv“ oder „Schnaps“ lässt sich doch leben, oder?

1.2 Deutsch als Fremdsprache als wirtschaftliche Größe

Im Folgenden wird die Stellung der deutschen Sprache beschrieben, weil ihre internationale Bedeutung für die Arbeitsmöglichkeiten im Bereich Deutsch als Fremdsprache im In- wie auch im Ausland entscheidend ist.

Arbeitsplätze

Die Stellung der deutschen Sprache in der Welt und vor allem auch in wichtigen internationalen Organisationen und Institutionen hat beispielsweise Auswirkungen darauf, wie viele Übersetzer und Dolmetscher gebraucht werden, die vom oder ins Deutsche übertragen, oder wie viele Staatsbedienstete und Firmenangestellte Deutsch lernen. Nimmt das Interesse am Erlernen der deutschen Sprache zu, steigt – im schulischen Bereich wie in der Erwachsenenbildung – der Bedarf an Deutschunterricht und somit der Bedarf an Lehrern. Daraus resultiert ein steigender Bedarf an Aus-, Fort- und Weiterbildung von Deutschlehrerinnen und -lehrern sowie eine erhöhte Nachfrage nach DaF-Lehrmaterialien usw.

Vor diesem Hintergrund wird die Stellung einer Sprache in der Welt zu einem nicht unwesentlichen wirtschaftlichen Faktor. An dieser Frage hängen Arbeitsplätze und Steuereinnahmen. Für Großbritannien etwa ist der Bereich „English as a foreign Language" eine bedeutende Einnahmequelle des Staates.

Schätzungen zufolge lernen über 17 Mio. Schüler bei etwa 194.000 Lehrerinnen und Lehrern an allgemein bildenden Schulen außerhalb der deutschsprachigen Länder Deutsch. Hinzu kommen etwa 19.000 Hochschullehrer, die knapp 500.000 Studierenden der Germanistik Deutsch beibringen und 2 Mio. weiteren Studierenden im Rahmen von Sprachkursen an Hochschulen. Im Jahr 2000 haben etwa 673.000 Menschen an Sprachinstituten weltweit Deutsch gelernt; die Zahl der Selbstlerner wird auf über 5 Mio. geschätzt.

Förderung ist kein Selbstzweck

Die Förderung der deutschen Sprache ist daher kein Selbstzweck. Deutsche Sprachkenntnisse erleichtern den Zugang zur Kultur und Wirklichkeit des deutschsprachigen Raums. Die Förderung des Deutschen leistet einen Beitrag zur Mehrsprachigkeit und zur kulturellen Vielfalt in der Welt und damit zur Verständigung unter den Völkern. Gleichzeitig kann Deutschunterricht im Ausland Sympathien für und Bindungen an Deutschland, Liechtenstein, Österreich und die Schweiz schaffen.

Deutschsprechende und Deutschlernende

Natürlich gehen die Schätzungen, wie viele Menschen weltweit Deutsch sprechen und lernen, weit auseinander, und auch die Berechnungsgrundlagen für konkrete Zahlen sind nicht immer klar. Trotz aller möglichen Wenn und Aber sollen hier einige Richtwerte über die Zahlen der Deutschsprecher und Deutschlerner genannt werden, um zumindest einen Eindruck von den Größenordnungen zu vermitteln.

Muttersprachler

Man geht davon aus, dass weltweit etwa 101 Mio. Menschen Deutsch als Muttersprache sprechen. Damit steht Deutsch auf dem 12. Rang der Liste der meistgesprochenen Sprachen. Der überwiegende Anteil – etwa 96 % – dieser Menschen lebt in Europa. Damit unterscheidet sich die Situation der deutschen Sprache deutlich von der des Englischen (ca. 573 Mio.), Spanischen (352 Mio.) oder Französischen (131 Mio.), deren Muttersprachler auf mehreren Kontinenten der Welt zu Hause sind.

Amtssprache Deutsch

Deutsch ist weltweit in sieben Ländern Amtssprache. Generell soll hier zwischen Staats- und Amtssprache unterschieden werden. „Amtssprachen“ werden hier alle Sprachen genannt, die auf nationaler oder regionaler Ebene eine Rolle in der öffentlichen Kommunikation (Verwaltung, Politik etc.) spielen. Mit „Staatssprache“ wird hier die Sprache bezeichnet, die als einzige in einem Land in der öffentlichen Kommunikation eine Rolle spielt.

Dort, wo Deutsch Staatssprache ist, ist es natürlich auch Amtssprache – in der BRD, in Österreich und in Liechtenstein. Amtssprache neben anderen ist Deutsch in der Schweiz, in Luxemburg, in Italien (autonome Provinz Bozen) sowie in Belgien (Ostbelgien).

Zum Vergleich: Englisch ist weltweit in 48, Französisch in 27 und Spanisch in 20 Ländern Amtssprache. Während Englisch, Französisch und Spanisch auch diesbezüglich weltweite Bedeutung haben, hat Deutsch also nur in einem kleinen Gebiet in Mitteleuropa als Amtssprache einen Stellenwert. Aber: Nur sechs Sprachen sind weltweit die einzigen Amtssprachen von mehr als zwei Staaten (neben Deutsch auch Arabisch, Englisch, Französisch, Portugiesisch und Spanisch).

Außerhalb des Gebietes, in dem Deutsch Amtssprache ist, leben schätzungsweise 6 bis 8 Mio. Muttersprachler, davon 1,6 Mio. in den USA, 1,1 Mio. in der ehemaligen Sowjetunion sowie 1,2 Mio. in Frankreich (Elsass-Lothringen). Deutschsprachige Minderheiten sind weltweit in 27 Ländern verzeichnet: in Dänemark (Nordschleswig), Frankreich, Polen, Rumänien (zum Beispiel Siebenbürgen), der ehemaligen Sowjetunion, Tschechien, der Slowakei, Ungarn, in Israel, in Kanada und den USA, in Argentinien, Belize, Bolivien, Brasilien, Chile, Ecuador, Kolumbien, Mexiko, Paraguay, Peru, Uruguay, Venezuela, in Namibia und Südafrika sowie in Australien.

Deutsch sprechende Nichtmuttersprachler

Der mittlere Wert der angenommenen Zahl der Menschen, die Deutsch als Fremdsprache sprechen, liegt bei 150 Mio. Dabei ist zu beachten, dass die einzelnen Schätzungen sehr voneinander abweichen. Unklar ist zum Beispiel, ab welchem Kenntnisstand jemand als Deutschsprechender gelten kann. Sicher ist jedoch auch hier, dass die Sprecher von Deutsch als Fremdsprache zum überwiegenden Teil auf dem europäischen Kontinent leben.

Deutschlernende

Schätzungen zufolge lernen weltweit 20 Mio. Menschen Deutsch, davon der überwiegende Teil in Schulen (ca. 17 Mio.) und nur ein knappes Viertel an Hochschulen und Einrichtungen der Erwachsenenbildung.

Englisch wird im Vergleich dazu weltweit von 120 Mio. Menschen gelernt. Rechnet man die Deutschlernenden in Ländern, in denen Englisch Verwaltungssprache ist (etwa Indien und die Philippinen) als Fremdsprachenlerner mit, sind es sogar 300 Mio. Französisch wird von ca. 20 Mio. Menschen als Fremdsprache gelernt; allerdings sind, wie gesagt, die Französischlerner auf die ganze Welt verteilt, während sich die Deutschlerner in Europa konzentrieren.

Die meisten Deutschlernenden finden sich in den Staaten der ehemaligen Sowjetunion (8,1 Mio. – was einem Anteil von 40% entspricht); allein in der Russischen Föderation sind es 4,6 Mio. In Polen sind es 2,2 Mio., in Frankreich 1,6 Mio. und in der Ukraine 1,2 Mio. In der Liste der Top 10 folgen Usbekistan (855.900), die Tschechische Republik (799.071), Ungarn (629.874), Kasachstan (628.874), die Niederlande (591.190) und die USA (551.274).

Allein die Goethe-Institute verzeichneten etwa für 2002 mehr als 152.000 Kursteilnehmerinnen und -teilnehmer, davon etwa 25.000 an den Instituten in Deutschland.

Verteilung der Deutschlerner

Sieht man sich die Verteilung des Deutschen auf der Weltkugel an, ergibt sich also, dass Deutsch in Europa besonders zahlenstark vertreten ist. In Afrika gibt es eine sehr unregelmäßige Verteilung. Einen Schwerpunkt bildet sicherlich Namibia als das ehemalige Deutsch-Südwest, in dem Deutsch bis 1990 eine der Amtssprachen war. In Asien ist Deutsch vor allem in vier Ländern stark vertreten: in Japan, Südkorea und Indonesien sowie – auf der Grenze zu Europa – in der Türkei.

Bedeutende Sprachen in der Welt

Im Hinblick auf die Gesamtsprecherzahl (Muttersprachler und Fremdsprachenlerner) gehört Deutsch zur Gruppe der zwölf bedeutendsten Sprachen in der Welt. An der Spitze dieser Rangliste stehen Chinesisch, Englisch, Hindi, Spanisch, Russisch, Arabisch, Bengalisch und Portugiesisch. Das klingt zwar bei einer angenommenen Zahl von weltweit 3.000 bis 7.000 Sprachen ganz gut, doch ist nur ein kleiner Teil aller Sprachen überhaupt international relevant. Zudem steht dem Schrumpfen der Zahlen der Deutschsprecher das Wachstum der Weltbevölkerung gegenüber.

Sprachniveau

Interessant sind nicht nur die reinen Zahlen der Deutschlerner, sondern auch das Sprachniveau, das sie erlangen. Dieses wiederum hängt zu einem großen Teil davon ab, wie lange Deutsch mit wie vielen Unterrichtsstunden pro Woche erlernt wird. Über diesen Aspekt gesicherte Daten zu ermitteln ist allerdings noch viel schwieriger als die über die Sprecherzahlen.

In Pécs ist das Sprachniveau der Studierenden vergleichsweise hoch. Viele Studienanfänger kommen von einem der beiden deutschsprachigen Gymnasien der Stadt und sprechen gut oder sehr gut Deutsch. Sie haben in der Schule meist zehn bis zwölf Jahre lang Deutschunterricht gehabt, also bereits seit der Grundschule. Als ich von Polen hierher kam, wo die Studierenden oft nur vier Jahre lang Deutsch in der Schule hatten, war ich zunächst ziemlich beeindruckt vom Niveau meiner neuen Klientel.

Dorothee Rabe, DAAD-Lektorin in Pécs, Ungarn

Die ökonomische Stärke des Deutschen

Geht man von der ökonomischen Stärke, der Wirtschaftskraft einer Sprache aus, so liegt Deutsch hinter Englisch und Japanisch weltweit auf Platz 3. In der EU ist Deutsch die ökonomisch stärkste Sprache. Deutsch ist also nach ökonomischer Stärke deutlich höher platziert als nach nummerischer Stärke. Deutschland etwa ist eine der größten Handelsnationen der Welt, und somit eröffnet die Kenntnis der deutschen Sprache einen riesigen Import- und Exportmarkt und damit berufliche Chancen.

Deutsch als Handelssprache

Allerdings: Will man mit Firmen im deutschsprachigen Raum Handel treiben oder in einer Dependance eines deutschen, österreichischen oder Schweizer Unternehmens im Ausland arbeiten, so sind Deutschkenntnisse nicht unbedingt in jedem Fall Voraussetzung für die Einstellung. Bei international orientierten Firmen im deutschsprachigen Raum kommt man meist mit Englisch aus. Denn: Englisch setzt sich in der internationalen Wirtschaft immer mehr als Verhandlungs- und Kommunikationssprache durch.

Als Beispiel dafür, dass es nicht einmal für in Deutschland lebende ausländische Geschäftsleute zwingend notwendig ist, Deutsch zu lernen, kann die japanische Community in Düsseldorf gelten. Die Geschäftsleute führen ihre Verhandlungen in Englisch, und für das Alltagsleben ist Deutsch auch nicht unbedingt unverzichtbar: Die Japaner in Düsseldorf haben eine dichte japanische Infrastruktur mit Restaurants, Lebensmittelläden und anderen Dienstleistern aufgebaut.

Englisch setzt sich durch

Vor allem die Vertreter der Fremdsprachenlehrkräfte sowie der Übersetzerinnen und Übersetzer kritisieren deutsche Unternehmen dafür, dass sie für die Kommunikation der Mitarbeiter und der Handelspartner nicht auf der deutschen Sprache bestehen. Doch werden auch hier – verständlicherweise – die wirtschaftlichen und pragmatischen Argumente den Ausschlag geben. Verfechter der Viel- und Mehrsprachigkeit kämpfen da leider auf fast verlorenem Posten.

Deutsch als Wissenschaftssprache

Die deutsche Sprache büßte in den letzten Jahrzehnten deutlich an Bedeutung als Wissenschaftssprache ein. Ganz selbstverständlich lernte man in den 20er Jahren Deutsch, um als Naturwissenschaftler die Fachaufsätze der deutschen Kollegen lesen und sich so über neuere Entwicklungen in den Wissenschaften informieren zu können. Die deutschsprachigen Wissenschaftler waren in vielen Bereichen an der Weltspitze zu finden und publizierten ihre Forschungsergebnisse ganz selbstverständlich auf Deutsch.

Lange Tradition

Die Attraktivität der Studien und Forschungsergebnisse der deutschsprachigen Wissenschaftler war so groß, dass man sich um den Erwerb des Deutschen als Fremdsprache bemühte. So erschien 1919 weltweit beispielsweise der überwiegende Anteil der Publikationen im Fach Biologie auf Deutsch. Oft gab es auch deutsche Abstracts – von russischen Artikeln etwa, die so auch Lesern mit zum Beispiel der Muttersprache Englisch zugänglich gemacht werden sollten. Doch auch in anderen Wissenschaftsbereichen war Deutsch vor dem Zweiten Weltkrieg führend. Wer damals etwa Philosophie, Theologie, Musikwissenschaft, Kunstgeschichte, Architektur, Physik, Geschichte studierte, war gut beraten, die deutschsprachige Fachliteratur lesen zu können.

Inzwischen hat Deutsch seine Stellung als traditionelle Wissenschaftssprache zugunsten des Englischen eingebüßt. Naturwissenschaftliche Publikationen erscheinen heute in der Regel auf Englisch, auch wenn sie von deutschsprachigen Wissenschaftlern stammen. Zumindest werden die wichtigsten Ergebnisse den interessierten Weltbürgern in Form von Papers und Abstracts auf Englisch zugänglich gemacht.

Naturwissenschaften

Untersuchungen weisen der deutschen Sprache in naturwissenschaftlichen Publikationen heute hinter Englisch, Russisch, Französisch oder Japanisch Platz 4 zu.

Diese Entwicklung spiegelt eben auch die Tendenz wider, dass wichtige Ergebnisse in den Naturwissenschaften vorwiegend aus englischsprachigen Ländern kommen, wenn auch mitunter von deutschsprachigen Wissenschaftlern, die zum Beispiel in den USA arbeiten, weil sie hier oft günstigere Forschungsbedingungen vorfinden. Dennoch herrscht nach wie vor – vor allem in einigen Entwicklungs- und Schwellenländern – großes Interesse an natur- und ingenieurwissenschaftlichen Veröffentlichungen in deutscher Sprache.

In den Geisteswissenschaften steht die Anzahl der deutschsprachigen Publikationen auf Platz 3 hinter Englisch und Französisch. Die Tendenz zu Englisch ist hier nicht ganz so stark ausgeprägt. Ein Grund dafür ist, dass sich die hier zu vermittelnden Inhalte kaum (wie in den Naturwissenschaften) formalisieren lassen. Um literaturwissenschaftliche Aufsätze in einer Fremdsprache abfassen zu können, braucht man ein erheblich höheres Maß an fremdsprachlicher Kompetenz, als dies in den Naturwissenschaften notwendig ist. Zudem sind die naturwissenschaftlichen Themen in der Regel international von höherer Relevanz (aus volkswirtschaftlicher Perspektive zumindest), und entsprechend ist die Nachfrage nach weltweiter Verständlichkeit größer.

Geisteswissenschaften

Auswirkungen politischer Entwicklungen

Dass die Bedeutung der deutschen Sprache im Wesentlichen auf den europäischen Raum beschränkt ist, liegt zu einem großen Teil daran, dass die Aktivitäten der deutschsprachigen Länder als Kolonialmächte sehr begrenzt waren. Sieht man einmal

Koloniale Aktivitäten

von der ehemaligen deutschen Kolonie Deutsch-Südwest – heute Namibia – ab, wo Deutsch bis 1990 Amtssprache war, so gab es so gut wie keine Verbreitung der deutschen Sprache in der Welt durch koloniale Aktivitäten. Das sieht natürlich für Sprachen wie Englisch, Französisch, Spanisch und Portugiesisch ganz anders aus.

Einwanderersprache

Einige Sprachen erlangen dadurch eine größere Bedeutung in einem fremden Sprachgebiet, dass zahlreiche Menschen dorthin einwandern. Die Rolle des Deutschen als Einwanderersprache ist jedoch gering, da deutsche, österreichische und Schweizer Auswanderer in den USA, in Kanada, Australien und Südamerika ihre Muttersprache relativ schnell aufgegeben haben. Trotzdem kann in diesen Ländern (etwa in Brasilien) eine auffallend intensive DaF-Förderung beobachtet werden.

Einem Mythos auf der Spur

Wäre Deutsch beinahe Landessprache der USA geworden?

Es klingt so gut, und es ist eine so hübsche Vorstellung. Und wahrscheinlich hört man deshalb von Bekannten, Kollegen, Nachbarn und anderen Wissenden immer wieder: „Um ein Haar wäre Deutsch die Landessprache der USA geworden; nur eine einzige Stimme hat bei der Abstimmung gegen Englisch gefehlt."

Die Legende scheint ihre Geburt einem Geschichtsbuch von Franz Löher aus dem Jahre 1847 zu verdanken. Seither lebt sie in Schulbüchern, Zeitungsartikeln und Vorträgen immer wieder auf und hält sich tapfer im Gespräch.

Ein Ausflug in die Geschichte der Vereinigten Staaten zeigt: Offenbar haben die Historiker ein wenig gehudelt und zwei Geschichten miteinander vermengt.

Tatsächlich wurde dem Repräsentantenhaus 1794 von einer Gruppe von Deutschamerikanern der Antrag vorgelegt, die Bundesgesetze nicht nur in englischer, sondern auch in deutscher Sprache drucken zu lassen. Der Antrag wurde vor allem deshalb abgelehnt, weil der Sprecher des Hauses (ein einflussreicher Mann namens Mühlenberg) als Gegner des Vorschlags die Mehrheit der Ausschussmitglieder hinter sich hatte. Zwar war Mühlenberg selbst aus Deutschland eingewandert, doch war ihm seine Popularität bei den Angloamerikanern im Kongress wichtiger als die Förderung seiner Muttersprache. Und die zweite Geschichte: Im Jahre 1828, also eine ganze Generation später, wurde im Staate Pennsylvania (einer Hochburg der Deutschamerikaner) darüber abgestimmt, ob Deutsch – neben Englisch – als eine von zwei offiziellen Sprachen von Pennsylvania anerkannt werden sollte. Bei dieser Abstimmung fehlte tatsächlich nur eine Stimme – allerdings nicht die Mühlenbergs, wie die Geschichtsbücher gern behaupten, denn der war bereits 1801 gestorben!

Zwei Weltkriege

Katastrophal haben sich natürlich die beiden Weltkriege auf die Stellung der deutschen Sprache in der Welt ausgewirkt. Nach dem Ersten Weltkrieg gab es beispielsweise auf wissenschaftlichen Konferenzen einen Sprachboykott gegen Deutsch. Vor allem der Zweite Weltkrieg und die Verbrechen Nazi-Deutschlands haben dem Ansehen der deutschen Sprache und Kultur extrem geschadet. In der Folge verlor Deutsch seine wichtige Stellung in Skandinavien, den Benelux-Staaten sowie auch in Süd- und Osteuropa.

Deutsche Auswanderer in Amerika und Australien gaben zwischen 1933 und 1945 die deutsche Sprache verstärkt auf, und auch das Netz der Auslandsschulen brach sowohl nach dem Ersten als auch nach dem Zweiten Weltkrieg völlig zusammen.

Nationale Identität

Die deutsche Vergangenheit hat zudem zu einer gespaltenen Haltung der Deutschen zu ihrer eigenen nationalen Identität geführt. Ein vehementes Vertreten deutscher Interessen und darin inbegriffen auch das der deutschen Sprache ist oder war zumindest lange Zeit nicht eben ratsam. Man schämte sich zuweilen mit mehr oder weniger guten Gründen seiner deutschen Herkunft und versuchte im Ausland nicht als Deutsche oder Deutscher erkannt zu werden. Vertreter Deutschlands – Intellektuelle, Künstler, Politiker – sind im Allgemeinen nach wie vor sehr bemüht, im Ausland nicht durch deutschen Chauvinismus aufzufallen. Und dazu würde auch ein harter Kampf um die Rechte der deutschen Sprache – als Amtssprache im Europarat beispielsweise – gehören. Die Franzosen – mit der Grande Nation im Rücken – haben diese Hemmungen in der Regel nicht (vgl. dazu etwa die Diskussion um die EU-Arbeitssprachen).

Rolle in internationalen Institutionen

Die Rolle, die die deutsche Sprache in internationalen Organisationen und Institutionen spielt, ist sehr unterschiedlich.

Vereinte Nationen

Bei den Vereinten Nationen ist Deutsch aufgrund der nationalsozialistischen Vergangenheit Deutschlands keine Amtssprache, sondern lediglich Dokumentensprache, was heißt, dass die wichtigsten Dokumente der Vereinten Nationen ins Deutsche übersetzt werden. Amtssprachen der Vereinten Nationen sind Arabisch, Chinesisch, Englisch, Französisch, Russisch und Spanisch.

Europarat Im Europarat sind Englisch und Französisch Amtssprachen. Deutsch ist auf der Ebene der Arbeitssprachen neben Portugiesisch, Russisch, Spanisch und Türkisch vertreten.

EU Zu den bisherigen elf Amtssprachen der Europäischen Union kamen im Mai 2004 neun weitere hinzu, denn alle Amtssprachen der Mitgliedsländer sind Amtssprachen der EU. Damit soll gewährleistet werden, dass die Gesetze und Beschlüsse allen EU-Bürgern zugänglich sind. Die Arbeitssprachen der EU sind Englisch, Französisch und Deutsch, das heißt, dass Dokumente für den internen Gebrauch in diesen drei Sprachen abgefasst werden.

Auch wenn Deutsch zu den Arbeitssprachen der Europäischen Union gehört, nimmt es unter diesen einen Randstatus ein. Englisch und Französisch werden weit häufiger gesprochen. Der Abstand zur Bedeutung des Französischen ist auch durch die Lage der wichtigsten Institutionen der EU bedingt, die zum großen Teil in Staaten liegen, die Französisch als Staatssprache haben.

Umfragen haben beispielsweise ergeben, dass Nichtdeutschsprachige in den EU-Institutionen nur sehr selten aktiv Deutsch gebrauchen. Teilweise schöpft man den Verdacht, dass deutsche und österreichische EU-Beschäftigte gern ihre eigenen Fremdsprachenkenntnisse unter Beweis stellen und ihren englisch- und französischsprachigen Gesprächspartnern mit Freude entgegenkommen. So schön es auch ist, sich mit den eigenen Fremdsprachenkenntnissen profilieren zu können, innerhalb der EU-Institutionen verliert Deutsch vielleicht auch dadurch an Boden.

Die untergeordnete Rolle, die Deutsch neben den beiden anderen Arbeitssprachen der EU spielt, hat ihre Gründe wohl darin, dass sich von den Politikern niemand wirklich vehement dafür einsetzt, dass Deutsch der Stellenwert eingeräumt wird, der ihm aufgrund der Anzahl der Sprecher zusteht.

1.3 Motivationen und Hemmnisse, Deutsch zu lernen

Warum wählt man eine bestimmte Fremdsprache? Oder: Warum lernt man überhaupt Fremdsprachen? Wie Sie selbst wohl aus eigener Erfahrung wissen, ist das Fremdsprachenlernen ein langwieriges und mühsames Unterfangen. Oder gehören Sie etwa zu den Linguistik-Freaks und Superbegabten, die grammatische Strukturen blitzschnell aufsaugen, die ein phänomenales Gedächtnis für Vokabeln haben, sich in kürzester Zeit in eine fremde Sprache hineinhören und sie dann womöglich auch noch akzentfrei sprechen?

Der mäßig Sprachbegabte und durchschnittlich Interessierte lernt nur dann – ausdauernd – eine fremde Sprache, wenn er dazu durch Curricula gezwungen oder durch einen konkreten Nutzen, durch reale Vorteile ermuntert wird. Die Attraktivität einer Sprache hängt wesentlich davon ab, welche Türen sie öffnet.

Kulturelles Interesse

Warum lernen also 20 Mio. Menschen auf dieser Welt Deutsch als Fremdsprache? Das Interesse am Erlernen der deutschen Sprache kann vielfältige Motivationen haben: Die einen interessieren sich für Deutschland, Österreich oder die Schweiz als Urlaubsziel, die anderen träumen davon, endlich einmal Goethe und Hesse, Hegel und Kant, Freud und Jung im Original lesen zu können. Vielleicht will man auch die Sprache des Nachbarn lernen oder die Filme von Tom Tykwer ohne Untertitel verstehen? Oder man hat zufällig einen netten Deutschen kennen gelernt, sich mit einer Schweizerin angefreundet, sich unsterblich in einen Österreicher verliebt? Oder man will die Fußball-WM 2006 in Deutschland erleben? Es gibt 1.000 gute Gründe.

Wenn ich meine hiesigen Lerner mit denen in Portugal (dort war ich drei Jahre als Lektorin) vergleiche, ist das Deutschlernen hier bei vielen, vor allem bei fortgeschritteneren Lernern sehr viel zweckgebundener. Zu den Zielen zählt der Wunsch, deutsche Literatur (oft philosophische Texte) oder deutsche naturwissenschaftliche Publikationen lesen zu können. Immer größer wird in letzter Zeit auch die Zahl derer, die in Deutschland studieren möchten.

Ursula Esser, DAAD-Lektorin in Guadalajara, Mexiko

Berufliche Gründe

Die größte Motivation, Deutsch zu lernen, sind wohl berufliche Gründe. Die Tendenz beim Erwerb des Deutschen als Fremdsprache geht in den letzten Jahren zu den Fachsprachen hin. Man lernt nicht mehr einfach nur Deutsch, sondern lernt Deutsch, um es konkret im Beruf zu nutzen.

Man studiert nicht mehr Germanistik, wenn man sich eine berufliche Zukunft in Deutschland vorstellen kann, sondern Wirtschaftswissenschaften oder Jura und nimmt an den Universitäten an entsprechenden fachsprachlichen Deutschkursen teil.

Die Industrie sucht ja auch in der Regel keine Germanisten, sondern in erster Linie junge Leute mit wirtschaftlichen, technischen, juristischen Fachkompetenzen, die zudem über ein gutes Niveau in einer zweiten und dritten Sprache sowie über Kenntnisse anderer Kulturen verfügen. Die Fremdsprache ist – wenn auch nicht unwesentliches – Beiwerk.

Die Lektoren in Frankreich übernehmen zunehmend rein sprachpraktische Kurse, da insgesamt die Zahl der „echten" Germanistikstudenten stark abnimmt. Indessen steigt die Zahl der Deutschlerner im Bereich Langue étrangère appliquée (LEA), einem sprachlich orientierten Wirtschaftsstudium.
Cordula Rickers, DAAD-Lektorin in Nancy, Frankreich

Diese Tendenz spiegelt sich auch in der Nachfrage nach fachsprachlichen Deutschkursen zum Beispiel an den Goethe-Instituten wider. Aus diesem Bild ergibt sich insgesamt, dass die Attraktivität des deutschsprachigen Wirtschaftsraums zu den entscheidenden Faktoren gehört, die die Stellung der deutschen Sprache bestimmen.

Daran ändert offenbar auch die Tatsache nichts, dass die Firmensprache in vielen international agierenden deutschen, österreichischen und Schweizer Unternehmen Englisch ist – vor allem in den Dependancen dieser Unternehmen im Ausland.

Neben vielen anderen Erlebnissen hat mich vor kurzem eines besonders beeindruckt: Ein Student hatte sich nach den Master-plus-Studiengängen erkundigt, für die es kein Stipendium gibt. Zwei Wochen später kam er wieder und meinte: „Ich hab' einen Kredit von der Banamex, mein Onkel hat für mich gebürgt, ich will in Deutschland was lernen, und dann komm ich zurück und integriere mich in die neue Regierung – da will ich was bewegen." Er ließ sich von mir ein Deutschlernprogramm zusammenstellen und ist nun eifrigst bei der Sache. Die Motivation, aus Mexiko rauszukommen – und zwar nicht in die USA –, wird immer größer, viele junge Studenten bringen unglaublich viel Enthusiasmus mit.
Ursula Esser, DAAD-Lektorin in Guadalajara, Mexiko

Tourismus

Übrigens ist mit der Absicht, einen Urlaub im deutschsprachigen Raum zu verbringen, heute – aufgrund der steigenden Bedeutung der Verkehrssprache Englisch – immer weniger eng der Wunsch verbunden, Deutsch zu lernen. Englischkenntnisse reichen in der Regel ja auch aus, um sich in den deutschsprachigen Ländern zurechtzufinden.

In vielen Gegenden herrscht einfach auch ein sehr positives Bild der deutschsprachigen Länder vor, das offenbar zum Deutschlernen animiert

Positives Bild des deutschsprachigen Raums

Deutschland scheint aus der Ferne immer noch für große Technologieleistungen und Erfolge im Ingenieurwesen zu stehen. Deutsche bauen im stereotypen Bild eben solide Autos und gute Panzer. Mit Marken wie BMW, Mercedes, VW, Siemens, Bosch und Bayer verbindet man weltweit Qualität. Die deutschen Schnellkochtöpfe von Fissler sind im fernen Asien ebenso beliebt wie die Messer von Zwilling. Achten Sie doch mal auf die koreanischen und japanischen Schriftzeichen an Geschäften in Deutschland, die solche Messer anbieten.

Und natürlich: Der Deutsche ist fleißig und produktiv – was macht es da schon, dass er wenig lacht und nicht zu leben versteht. Ach: Und sauber ist er auch. Dass Südkoreaner, die von ihrem ersten Deutschlandaufenthalt zurückkommen, ganz enttäuscht berichten, dass es auf Deutschlands Straßen doch gar nicht so sauber sei, wie man geglaubt (gehofft) hatte, ändert wenig am Bestand dieser Stereotypen. Deutsche Verkehrsmittel kommen nun einmal pünktlich wie die Uhr: Vielleicht zeigt dieses Beispiel am deutlichsten, dass sich Vorurteile hartnäckig halten – allen Gegenbeweisen zum Trotz.

Ein weiteres starkes Element ist die Tatsache, daß in dem zerstörten und heruntergekommenen Land einige wenige Produkte und Namen als hervorragend stehengeblieben sind. Das sind Lufthansa […], Mercedes oder Volkswagen […], Fußball. Die Bundesrepublik Deutschland ist ein reiches Land, also erhofft man sich Stipendien. Die Bundesrepublik gehört zu den führenden Wissenschaftsnationen, warum nicht von ihr lernen? Vielleicht sogar im Land der Wunderdinge? Das Fach ist besser ausgerüstet als andere Fächer, man bekommt Bücher (nicht in jedem Fach an unserer Universität eine Selbstverständlichkeit), es gibt Dias, Filme, aus Deutschland finanzierte Lectures […] Deutsch als Fach also wegen der möglichen Identifizierung mit einem Riesen (wie alle Riesen ein bißchen sagenumwoben), wegen der möglichen besseren späteren Berufschancen, wegen erhoffter Reisechancen.

Ingrid Rissom, DAAD-Lektorin (1984 – 89) in Kampala, Uganda
(aus: Spuren in die Zukunft, Bd. 3, S. 189 f.)

Und natürlich gibt es auch vergleichbare positive Stereotypen zu Österreich und zur Schweiz. Mit Österreich assoziiert man in der Ferne Arnold Schwarzenegger, die Berge und die Kulturmetropole Wien – als Stadt von Mozart und Haydn, von Freud und

Schnitzler, von Klimt und Hundertwasser und nicht zuletzt der Sachertorte. Schweizer Uhren schmücken weltweit die Handgelenke, und die Schweizer Nummernkonten sind (nicht nur) in der Politik ein Mythos.

Was bewegt aber die „echten" Germanistik-Studierenden, sich statt mit BWL mit der deutschen Sprache und der Kultur des deutschsprachigen Raums auseinander zu setzen? Welche Berufschancen haben sie auf internationalen und nationalen Märkten?

Beruf Deutschlehrer

Aus dem Kreis der Studierenden der Germanistik rekrutieren sich vor allem die zukünftigen Deutschlehrerinnen und -lehrer eines Landes. Geht der Bedarf an Deutschlehrkräften durch curriculare Reformen, die sich negativ auf die Verbreitung von Deutsch als Fremdsprache im Schulsystem auswirken, zurück, so hat es auch die Germanistik an den Hochschulen schwer, Nachwuchs anzuwerben. Der Arbeitsmarkt für Germanisten wird meist dadurch garantiert, dass die Primar- und Sekundarschulen Deutsch als Unterrichtsfach (als Pflicht- oder Wahlfach) vorsehen.

Viele ausgebildete Germanisten arbeiten im Ausland auch als Übersetzerinnen und Dolmetscher oder in der Tourismus-Branche (beispielsweise als Reiseführer).

Die Berufsbilder der StudentInnen bewegen sich im realistischen Rahmen der Touristikbranche, Übersetzer und Lehrberuf.
Österreich-Kooperation-Lektor/in in Florenz, Italien

Geringstes Übel

Zum Teil ist die Entscheidung, Deutsch zu studieren, aber auch einfach gar keine wohl abgewogene und überlegte Wahl. Deutsch ist – auch wenn man es kaum glauben will – mitunter das geringste Übel oder vielleicht das Naheliegendste, das Bekannte – zum Beispiel wenn man weder Mathe noch Physik kann, sich nicht für Politik und Wirtschaft interessiert und wenig konkrete Vorstellungen von der eigenen beruflichen Zukunft hat.

Er wurde dann auch noch darüber aufgeklärt, daß die Motivation der Studierenden, Deutsch zu lernen, äußerst gering sei, denn Deutsch als zweite Fremdsprache würde in vielen Fällen nur als das kleinere Übel gegenüber anderen Fremdsprachen gewählt, und nur bei ganz wenigen Studierenden sei ein echtes Interesse an der Sprache vorhanden.

Aus: „An japanischen Hochschulen lehren",
Beitrag von Klaus-Börge Boeckmann und Susanna Slivensky, S. 165

Irgendein Abschluss

Zuweilen ist das Bildungssystem eines Landes dafür verantwortlich, dass sich die Schulabsolventen für ein Germanistik-Studium einschreiben. In Korea und Japan kommt es beispielsweise eher darauf an, an welcher Uni man studiert als welches Fach (dazu unten mehr). Und überhaupt: Oft ist es gar nicht so wichtig, in welchem Fach man einen Studienabschluss hat, entscheidend ist, dass man einen hat.

> *Welche Motivationen bringen ugandische Studenten dazu, Deutsch zu lernen? Zunächst einmal ist das die ganz äußerliche Überlegung: Wenn ich einen Beruf haben will, muß ich einen B.A.-Grad vorweisen, egal welchen. Warum nicht Deutsch?*
>
> Ingrid Rissom, DAAD-Lektorin (1984 – 89) in Kampala, Uganda
> (aus: Spuren in die Zukunft, Bd. 3, S. 189)

Familiäre Traditionen

Zum Erlernen einer Sprache können natürlich auch familiäre Traditionen motivieren. Ein US-Amerikaner, dessen Familie vor drei Generationen aus Deutschland ausgewandert ist, mag sich vielleicht auf seine Wurzeln besinnen und Interesse an der Kultur und Sprache seiner Vorfahren gewinnen. Ebenso ist eine starke Motivation der Deutschstämmigen in der ehemaligen Sowjetunion sowie in Mittel- und Osteuropa zu verzeichnen, die Sprache ihrer Vorfahren zu erlernen. Mit wiedererlangten guten deutschen Sprachkenntnissen rechnet man sich auch eine Chance für Auswanderung nach Deutschland, nach Österreich oder in die Schweiz aus.

Hemmnisse, Deutsch zu lernen

Neben den (guten) Gründen, Deutsch zu lernen, gibt es natürlich auch eine Reihe von Gründen, die Menschen genau davon abhalten. Eine wichtige Rolle spielt dabei, dass man mit Deutsch außerhalb Europas einfach nicht weit kommt. Natürlich gibt es immer Einzelfälle, die einem das Gegenteil nahe legen wollen – zum Beispiel, wenn man in Vietnam auf Menschen trifft, die Deutsch sprechen, weil sie in der ehemaligen DDR studiert haben.

Schwierige Sprache

Deutsch gilt – und dieses (Vor-)Urteil hält sich hartnäckig – als eine schwierige Sprache. Das schreckt ab. Viele Amerikaner beispielsweise wählen Umfragen zufolge aus eben diesem Grund lieber Spanisch, das als leichter gilt. Selbst in Wisconsin, wo ein großer Teil der Bevölkerung deutscher Abstammung ist, greift dieses Argument.

„Es gibt ganz gewiss keine andere Sprache, die so unordentlich und systemlos daherkommt und dermaßen jedem Zugriff entschlüpft. Aufs Hilfloseste wird man in ihr hin und her geschwemmt, und wenn man glaubt, man habe endlich eine Regel zu fassen bekommen, die im tosenden Aufruhr der zehn Wortarten festen Boden zum Verschnaufen verspricht, blättert man um und liest: ‚Der Lernende merke sich die folgenden Ausnahmen.' Man überfliegt die Liste und stellt fest, dass es mehr Ausnahmen als Beispiele für diese Regel gibt."

Aus: „Die schreckliche deutsche Sprache" von Mark Twain

Hingegen zieht eben dieser Ruf des Deutschen als eine schwere Sprache andere Sprachlerner an. In Frankreich beispielsweise hatte Deutsch innerhalb des eigentlich als einheitlich konzipierten Bildungssystems lange Zeit eine auslesende Funktion. Es gibt im französischen Schulsystem keine Ausdifferenzierung nach Leistung – wie zum Beispiel im dreigliedrigen deutschen System mit Gymnasium, Realschule und Hauptschule. Da Deutsch auch in Frankreich als schwierige Sprache gilt, zeigte sich, dass in den Klassen, in denen Deutsch als erste Fremdsprache unterrichtet wurde, vorwiegend gute bis sehr gute Schülerinnen und Schüler zu finden waren.

Dieser fast elitäre Status hat zwar viele Lernende für das Deutsche gewonnen, wirkte aber ebenso abschreckend auf eine breite Masse von Schülerinnen und Schülern sowie Erwachsenen. Die Rolle, die früher Latein zukam, hatte nun Deutsch inne.

Als das französische Erziehungsministerium 1980 die Anweisung erließ, der elitebildenden Funktion des Deutschen einen Riegel vorzuschieben, sanken die Lernerzahlen deutlich. Dann nämlich wurden die Schülerinnen und Schüler aus den Klassen, die mit Deutsch als erster Fremdsprache auf der weiterführenden Schule begonnen hatten, während der weiteren Schullaufbahn auf verschiedene Klassen verteilt. Auch war der Anteil der Deutschlerner in privaten Schulen, wo eine Auswahl bereits vor Eintritt stattfindet, sehr viel geringer als der an öffentlichen Schulen.

Hässliche Sprache

Und schließlich noch ein anderer Ruf, der der deutschen Sprache anhaftet: Deutsch ist hässlich. Gilt Französisch beispielsweise als elegante Kultursprache, wird Deutsch als technisch und grobschlächtig beschrieben. Deutsch? Ist das nicht die Sprache mit den elend langen Konsonantenketten? Nicht umsonst tragen Deutsche in der Weltliteratur unaussprechliche Namen wie beispielsweise „Shahutsnischbach" bei Flaubert.

„Oh, Italienisch ist eine so schöne Sprache!" – „Ja, und Russisch klingt so toll." – „Und Arabisch, mein Gott, wie exotisch." Aber das Deutsche mit seinen Knacklauten und der wenig klingenden, wenig singenden Satzmelodie – nein, wirklich nicht!

Und sieht (oder besser: hört) man sich in den Hollywood-Schinken einmal an, wie die Regisseure deutschsprachige Figuren zu Wort kommen lassen, so hat man ein ziemlich gutes Bild, wie diese Sprache in den Ohren des Fremdsprachenlerners klingen mag: Meist sind dies Nazi-Figuren (wie natürlich in „Der große Diktator" oder in „Tote tragen keine Karos"), die „Heil mein Fuhrer" brüllen und dabei die Hacken zusammenschlagen. Unfreiwillige Botschafter der deutschen Sprache in der Welt ...

1.4 Blick auf einzelne Länder und Regionen

Im Folgenden wird die Stellung der deutschen Sprache in einzelnen Ländern und Regionen näher beleuchtet, die Zielländer vieler DaF-Lehrkräfte sind. Die Staaten der EU, die mittel- und osteuropäischen Länder sowie die Gemeinschaft Unabhängiger Staaten spielen aufgrund der hohen Lernerzahlen eine herausragende Rolle für den DaF-Unterricht. Südkorea und die USA bieten grundsätzlich gute Arbeitsbedingungen für DaF-Lehrkräfte – so kann man etwa von den in diesen Ländern gezahlten Gehältern seinen Lebensunterhalt bestreiten.

Der folgende Blick auf die Stellung der deutschen Sprache ist dennoch nur einer von vielen möglichen. Selbstverständlich hätte man mit gutem Recht auch über Australien, China oder Mexiko berichten können.

Deutsch in der EU

Sieht man sich die Sprachkenntnisse in der Europäischen Union (vor der Osterweiterung) an, so liegt Deutsch mit 32 % (hinter Englisch mit 47 %) auf Platz 2. Französisch folgt mit 28 % auf Platz 3. Allerdings ist der Anteil der Fremdsprachenlerner (im Vergleich zu dem der Muttersprachler) beim Englischen und übrigens auch beim Französischen deutlich höher als beim Deutschen. Doch immerhin werden von der Ständigen Arbeitsgruppe DaF für das Jahr 2000 in der EU 4 Mio. Deutsch-als-Fremdsprache-Lerner gezählt. Dabei steht Deutsch nur in wenigen Ländern auf Platz 2 der gelernten Fremdsprachen; meist liegt Französisch an zweiter Stelle hinter Englisch.

Nach der Osterweiterung

Mit der Osterweiterung der EU zum 1. Mai 2004 wird sich allerdings vieles zugunsten des Deutschen verschieben, da in den osteuropäischen Ländern die deutsche Sprache weiter verbreitet ist als das Französische. In den zehn Ländern, die der EU 2004 beitreten, lernen 4,4 Mio. die deutsche Sprache.

Betrachtet man die Top 10 der Deutschlerner in Relation zur Einwohnerzahl des Landes, so stehen mit der Tschechischen Republik, der Slowakischen Republik, mit Ungarn, Polen, Slowenien, Litauen, Lettland und Estland acht der zehn Beitrittskandidaten auf dieser Liste. Tschechien führt die Hitliste mit 7,83 % Deutschlernern in der Bevölkerung – gefolgt von der Slowakei mit 7,63 % – an.

Deutsch in den MOE- und GUS-Staaten

Deutschunterricht gehört in den Staaten Mittel- und Osteuropas (MOE) seit drei Jahrhunderten zum Bildungskanon.

Enge Beziehungen

Viele Deutschsprachige gründeten im 17. Jahrhundert Siedlungen im mittelosteuropäischen Raum. Am Ende des 17. oder zu Beginn des 18. Jahrhunderts hatte Deutsch beispielsweise in Polen Konjunktur. Damals wurde sogar ein Sachse zum polnischen König gewählt. Auch noch während der ersten Hälfte des 18. Jahrhunderts genoss Deutsch in Polen ein fast so großes Ansehen wie Französisch, was sich allerdings in Folge der Beteiligung Preußens und Österreichs an der Teilung Polens änderte.

Zerfall der UdSSR

Eine weitere große Konjunkturwelle des Deutschen setzt in Mittelosteuropa mit dem Zerfall der Sowjetunion ein. Infolge der politischen Lösung der MOE-Staaten von der Sowjetunion fällt Russisch als erste (Pflicht-)Fremdsprache weg. Die Rolle teilen sich zunächst Englisch und Deutsch. Mittlerweile ist Deutsch in fast allen diesen Ländern (in Polen, Tschechien und Ungarn) hinter Englisch die Fremdsprache auf Rang 2. Allein in Polen wird die Zahl der Deutschlerner im Jahr 2000 auf 2,2 Mio. geschätzt.

Bildungstradition

Die Rolle der deutschen Sprache in den MOE-Staaten lässt sich nicht allein auf wirtschaftliche Faktoren zurückführen. Deutsch ist in Mitteleuropa zum Teil auch dort wieder gefragt, wo man an alte Bildungstraditionen anknüpfen oder die Sprache des Nachbarn lernen will. Heute lernen in Mitteleuropa viel mehr Menschen Deutsch als im gesamten restlichen Europa zusammen. Daher sprechen Optimisten davon, dass Deutsch gute Chancen habe, zu einer euroregionalen Verkehrssprache in Mitteleuropa zu werden. Schließlich sei Deutschland doch schon historisch kommunikatives Verbindungsglied zwischen West- und Osteuropa gewesen.

Zahlen

Deutsch als Fremdsprache nimmt an allgemein bildenden Schulen sowohl in Mittel- und Südosteuropa als auch in der Gemeinschaft Unabhängiger Staaten (GUS) eine herausragende Stellung ein. Die neue Möglichkeit der freien Fremdsprachenwahl hat nach dem Zusammenbruch der Sowjetunion einen enormen Ansturm auf Englisch und Deutsch ausgelöst. Bereits 1994 lernten in den GUS- und MOE-Staaten 21,2 Mio. Menschen Englisch, 11,4 Mio. Deutsch und nur 6,7 Mio. Französisch. Deutsch nimmt in diesen Regionen (außer in Rumänien, wo Französisch vorne liegt) den zweiten Platz unter den Fremdsprachen ein.

In Mittel- und Südosteuropa einschließlich der GUS lernen Schätzungen zufolge 46 % der Menschen Englisch, 30 % Deutsch, 11 % Französisch und 10 % Russisch. Zwei Drittel der Menschen, die weltweit Deutsch lernen, leben in der Region Mittel- und Südosteuropa sowie GUS; dort sind auch ein Drittel aller DaF-Lehrerinnen und -lehrer sowie (Auslands-)Germanistinnen und Germanisten beschäftigt.

Die Kurse des Goethe-Instituts hatten im Jahr 2002 in dieser Region (GUS, SOE, MOE) insgesamt 34.500 Kursteilnehmerinnen und -teilnehmer, was mehr als einem Fünftel der Gesamtzahl der Kursteilnehmer an allen Goethe-Instituten entspricht. Auch der Großteil der Österreich Institute liegt in dieser Region. An den Instituten in Warschau und Krakau, in Budapest, Bratislava und Brünn wurden 2003 knapp 10.000 Kursteilnehmerinnen und -teilnehmer gezählt.

Deutschstämmige

Nicht nur berufliche Perspektiven lassen die Bürger der genannten Staaten Deutsch lernen; die „Konjunktur" hat auch historische Gründe. In der GUS leben Schätzungen zufolge etwa 800.000 Deutschstämmige, die Deutsch wieder richtig lernen und den Kontakt zum deutschsprachigen Raum nicht verlieren wollen.

Deutsch in Südkorea

In Korea hat Deutsch eine lange Tradition. Die erste deutsche Schule wurde bereits 1898 in Seoul gegründet.

Wissenschaftssprache

Für Juristen, Mediziner, Naturwissenschaftler war Deutsch lange Zeit das erste Wahlfach und übertraf sogar Englisch. Deutsch spielt bei den koreanischen Juristen auch heute noch eine große Rolle; in der Medizin und den Naturwissenschaften hat sich aber Englisch durchgesetzt.

Seit der Unabhängigkeit Koreas von der japanischen Besatzung wurde Deutsch als Hauptfach an Universitäten eingeführt – zunächst an der Seoul National University im Jahr 1946. Bis in die 60er Jahre gab es allerdings nur wenige deutsche Abteilungen. Vor allem ab den 70er Jahren nahm die Anzahl – im Zuge der allgemeinen Expansion der Universitäten – rapide zu.

Zahlen

Oft wird das positive Deutschlandbild der Südkoreaner für die – an der Bevölkerung des Landes gemessen – hohe Zahl der Germanistikstudierenden (im Jahr 2000 etwa 19.000 an 89 Hochschulabteilungen) verantwortlich gemacht.

In den Schulen ist in den letzten Jahren ein sehr starker Rückgang der Deutschlernerzahlen zu verzeichnen. Wurden 1998 noch 549.000 Deutschschüler in den Oberschulen gezählt (Platz 2 hinter Japanisch und vor Französisch), so waren es 2000 nur noch 332.000. In den neusten Statistiken (Anfang 2004) liegt 2004 Deutsch mit 108.598 bereits an Platz 2, hinter Japanisch (367.012) und Chinesisch (114.186) und gefolgt von Französisch (73.259) und Spanisch (7.668).

Historische Parallele

Es ist nicht zu leugnen, dass die Südkoreaner ein sehr positives Bild von Deutschland haben. Nicht zuletzt die Parallele der historisch-politischen Situation (die Teilung beider Länder) hat das Interesse der Koreaner an Deutschland verstärkt; das südkoreanische Grundgesetz ist in Anlehnung an das deutsche entstanden. Viele Juristen lernen Deutsch, um den rechtlichen Teil der Wiedervereinigung Deutschlands im Hinblick auf eine mögliche zukünftige Vereinigung von Nord- und Südkorea analysieren zu können.

Fragt man Studierende nach ihrer Motivation, Germanistik zu studieren, geben diese in den meisten Fällen recht pauschal „Interesse an der deutschen Kultur“ an. Doch die Bewunderung für deutsche Dichter und Denker allein vermag die Lernerzahlen nicht hinreichend zu erklären. Auch scheint es mit diesem Interesse nicht allzu weit her zu sein, wenn man die Klagen der Lektorinnen und Lektoren an koreanischen Universitäten über Desinteresse und mangelnde Motivation der Studierenden ernst nimmt.

Schülerinnen und Schüler, die Schubertlieder auswendig singen können, werden in der deutschen Presse oft als Beispiel für die Bewunderung der deutschen (Hoch-)Kultur angeführt; solche Leistungen sagen jedoch in erster Linie etwas über traditionelle koreanische Lehrmethoden – die vor allem auf Reproduktion abzielen – und den allgemeinen Sangeseifer der Koreaner aus. Was aber, wenn nicht das klischeehaft positive Bild vom „Land der Dichter und Denker" und von der Wirtschaftswunder-Macht Deutschland, veranlasst Schulabgänger, sich für ein Germanistikstudium zu entscheiden?

Universitätssystem

In Korea ist der Hochschulabschluss, nicht zuletzt aufgrund der streng hierarchischen Gesellschaftsstruktur, von entscheidender Bedeutung für die berufliche Karriere. Die Studienplätze – vor allem in den beliebten Fächern – sind hart umkämpft, und die Vorbereitung der Schüler auf die Aufnahmeprüfungen stellt sich einem Europäer als Tortur dar. „Wer mehr als fünf Stunden schläft", so lautet das Motto der Oberschüler im letzten Schuljahr, „schafft die Prüfung nicht." Dass die Aufnahmetests der Universitäten nur einmal pro Jahr stattfinden, verstärkt den Druck zusätzlich.

Hochschule wichtiger als Studienfach

Es ist zudem weitaus wichtiger, an welcher Universität man studiert, als was man studiert, denn: In Korea studiert man kein Fach, man studiert Universität. Es existiert eine offiziell anerkannte Rangliste der ca. 120 koreanischen Hochschulen. Die ersten Plätze belegen Universitäten in Seoul; als Spitzenreiter gilt unangefochten die Seoul National University (SNU). Wer hier einen Studienplatz erhält, braucht sich um seine berufliche Karriere nicht mehr zu sorgen, denn die an der Universität geknüpften Kontakte zu Studierenden höherer Semester spielen eine außerordentlich große Rolle bei der späteren Arbeitsplatzsuche. Graduierte der renommiertesten Universitäten besetzen hochrangige Positionen in Politik und Wirtschaft und ebnen den Absolventen der eigenen ehemaligen Hochschule den Weg zum Erfolg.

Schulabgänger bewerben sich um einen Studienplatz an einer bestimmten Universität. Die Leistungen der letzten Oberschuljahre, das Ergebnis der Zentralprüfung am Ende der Schullaufbahn und das Resultat des Aufnahmetests an der jeweiligen Universität entscheiden darüber, ob der Bewerber einen Studienplatz bekommt. Bei diesen Prüfungen geht es im Wesentlichen nur um Leistungen in den Fächern Koreanisch, Englisch und Mathematik.

Germanistik wenig beliebt

Das Studium allgemein beliebter Fächer wie Medizin, Jura und Wirtschaftswissenschaften bleibt denjenigen vorbehalten, die ein sehr gutes Ergebnis erzielen. Die Germanistik findet sich auf der Beliebtheitsskala auf einem der letzten Plätze. Das Studienfach wird in Korea also in den wenigsten Fällen aus Neigung und Interesse gewählt. Es gilt: Lieber einen Platz für ein Germanistikstudium als gar keinen Studienplatz, lieber Germanistik an einer anerkannten Hochschule als das Fach der Träume an einer kleinen Provinzuniversität. Somit ist es die Regelung für den Einstieg in den Hochschulbetrieb, die die hohe Zahl der Germanistikstudierenden zum größten Teil erklärt.

Deutsch im Beruf

Dass die Germanistik nicht zu den beliebten Studienfächern gehört, liegt unter anderem an den geringen Chancen, erworbene Deutschkenntnisse im Beruf einsetzen zu können. Selbst bei deutschen Firmen in Korea finden Verhandlungen und Korrespondenz auf Englisch statt; von den koreanischen Mitarbeitern werden also in erster Linie gute Englischkenntnisse erwartet, die daher auch in den Bewerbungstests der großen koreanischen Konzerne (neben Allgemeinbildung) vordringlich geprüft werden. Auch hier – wie schon beim koreanischen „Abitur" und den Aufnahmeprüfungen der Universitäten – spielt die zweite Fremdsprache keine Rolle.

Deutsch in den USA

Konjunktur des Deutschen

Das wilhelminische Deutschland war vor dem Ersten Weltkrieg wegen seiner wirtschaftlichen Stärke, seiner weltweit anerkannten Bildungsinstitutionen und seiner kulturellen Leistungen in den USA hoch angesehen. Damit einher ging ein starkes Selbstwertgefühl der Germanisten an den US-amerikanischen Hochschulen, die sich zum Teil als Kulturmissionare für die „traditionslosen" Amerikaner verstanden. In wissenschaftlichen Zeitschriften wie den Publications of the Modern Language Association waren neben englischsprachigen nur deutschsprachige Beiträge zugelassen. In dieser goldenen Zeit lernte ein Viertel der Oberschülerinnen und -schüler die deutsche Sprache.

Die Weltkriege

Das alles änderte sich mit dem Eintritt der USA in den Ersten Weltkrieg im April 1917. Die Kulturmissionare hatten ausgedient, denn angesichts der politischen Ächtung des Deutschen Reichs hielten sich die amerikanischen Germanisten vornehm zurück. Viele German Departments wurden aufgelöst, etliche Germanisten arbeitslos – vor allem auch, da der Deutschunterricht an High Schools in vielen Bundesstaaten eine Zeit lang per Gesetz verboten wurde. Französisch verdrängte Deutsch von Platz 1 der Fremdsprachen in den USA.

Die Lage des Deutschen und das Bild Deutschlands besserte sich erst wieder Mitte der 20er Jahre, als die Vereinigten Staaten sich der Demokratisierung Deutschlands gegenüber hoffnungsvoll zeigten. Spätestens mit Eintritt der USA in den Zweiten Weltkrieg im Jahre 1941 sowie angesichts des Zustroms der deutschen und österreichischen Exilanten war diese Hoffnung endgültig dahin.

60er Jahre

Die Expansion der Universitäten und auch der German Departments in den späten 60er Jahren schaffte einen Bedarf an Germanisten, der nicht mehr durch den eigenen Nachwuchs gedeckt werden konnte. Viele junge Germanisten aus Westdeutschland kamen an die amerikanischen Hochschulen. Interesse an Deutschland weckten vor allem die Spaltung Deutschlands und linke Traditionen – wie die 68er-Bewegung.

Verlust des Interesses

In den letzten 10 bis 15 Jahren ist ein allgemeiner Rückgang des Interesses am Deutschen zu verzeichnen, die Deutschen Abteilungen an den amerikanischen Hochschulen verloren ca. 30 % ihrer Studenten. Im Jahr 2000 überwog die Zahl der Studierenden, die sich Deutschlandstudien – etwa mit wirtschaftlichem oder politischem Schwerpunkt – widmen (77.020), bei weitem die der traditionellen Germanistikstudenten (12.000).

An den Schulen liegt Deutsch heute hinsichtlich der Lernerzahlen an dritter Position (hinter Französisch und Spanisch). Für das Jahr 2000 wurden 373.234 DaF-Schüler gezählt; für den Zeitraum 1995 bis 2000 ging damit die Zahl der Lerner um 11 % zurück.

Deutschland steht nach dem Zusammenbruch des Ostblocks einfach nicht mehr im Zentrum des Interesses. Man erinnere sich zum Beispiel daran, dass zu Zeiten des Kalten Krieges etwa die Hälfte der amerikanischen Soldaten in Westdeutschland stationiert war; heute (2004) sind es nur noch rund 70.000.

Auch in der geisteswissenschaftlichen Diskussion sind Theorien aus dem deutschsprachigen Raum nicht mehr wegweisend. Die angesagten Theorien kommen aus Frankreich (Foucault, Derrida, Lacan), und was die amerikanischen Geisteswissenschaftler und Medien vor allem an der deutschen Geschichte und Kultur interessiert, sind Auschwitz und der NS-Faschismus, die Problematik der Kollektivschuld und die Zwangsarbeiterentschädigung. Diese Diskussionen sind – wie die heftigen Debatten auch in Deutschland zeigen – dringend notwendig. Dass diese Themen nicht eben Werbung für Deutschland und Deutsch als Fremdsprache sind, ist dabei ein (bedauerlicher) Nebeneffekt.

Erfahrungsbericht aus Norwegen:

Ola Nordman, Kari Dal und das Studium der Germanistik

Nennen wir sie Ola und Kari – die beiden netten norwegischen Studierenden. Sie haben soeben das Abitur hinter sich gebracht, haben sich erfolgreich durch einen mehrwöchigen Hochschulvorbereitungskurs gepaukt, in dem es in erster Linie um die Grundzüge der Philosophiegeschichte ging, und sich dann zum Herbstsemester am Institut für Germanistik eingeschrieben. Das war im August – noch steht die Sonne hoch über dem Horizont, auch über den nördlicher gelegenen Universitäten des Landes. Unmittelbar in der Woche vor Weihnachten wird das Semester mit Zwischenprüfungen und Leistungstests zu Ende sein. Dann folgen Winterferien – und die Dunkelheit –, bevor Ende Januar das Frühjahrssemester beginnt.

In der Regel haben Ola und Kari vier Jahre Deutschunterricht am Gymnasium hinter sich. Heute ist Deutsch kein Pflichtfach mehr – das war einmal anders. Vor der Okkupation und der Quisling-Ära galt Deutsch als die Kultursprache schlechthin, und es gehörte zum guten Ton, diese kontinentaleuropäische „Sprache der Kultur und Wissenschaft“ zu beherrschen. Nach dem Krieg wurde diese Tradition vorsichtig wiederbelebt, aber im Rahmen neuer Bündnisverpflichtungen hat Englisch die uneingeschränkte Priorität erhalten. Die allgemeine Begeisterung angesichts der deutsch-deutschen Vereinigung nach dem Fall des Eisernen Vorhanges brachte zwar nochmals einen ungeheuren Popularitätsschub für das Deutsche, doch dieser flaute Ende der 90er Jahre wieder dramatisch ab. So kann es – auch angesichts der regional höchst unterschiedlichen Ausbildungssituation an den Schulen des Landes – durchaus passieren, dass einer unserer beiden Erstsemestler seinen Dozenten nach der zweiten Unterrichtsstunde fragt: „Do I really have to speak German in class? Back home, my teacher didn’t speak a single German word, but a quite good English.“

Die Entscheidung für Deutsch als erstes oder zweites Studienfach ist nur in seltenen Fällen nachzuvollziehen. Als Motivation muss oftmals eine kürzer oder länger zurückliegende Familiengeschichte herhalten. In der Regel aber ist die Entscheidung für Deutsch kaum motiviert. Und Deutschlehrer will man in den seltensten Fällen werden. Allenfalls ist es denkbar, die zu erwerbende Sprachkompetenz in Zusammenhang mit einer eher praxisorientierten Studienrichtung zu bringen.

Und manchmal ist es auch einfach nur Einfallslosigkeit: Deutsch hatte man am Gymnasium, und nun wollte man studieren. Und da kommt das Fach Deutsch irgendwie erst mal gelegen. Wenn es noch vor kurzem die Regel war, dass die Studierenden das Fach nach bereits einem Semester wechselten oder gar mit einer berufsqualifizierenden Prüfung abschlossen, so hat sich die Situation mit der Einführung des angloamerikanischen B.A./M.A.-Systems zum Guten hin verändert. Die Studienfachwahl ist auf ein längeres Studium ausgerichtet, und eine Vielfalt von Kombinationsmöglichkeiten des Faches mit anderen, auch nichtgeisteswissenschaftlichen Fächern öffnet die bisherige, kaum berufsorientierte Schmalspurausbildung. Die Immatrikulationszahlen haben sich dadurch aber nicht wesentlich verändert, so dass man in kleinen, vergleichsweise übersichtlichen Lehrveranstaltungen einer scheinbar handverlesenen Zahl von Studenten gegenübersitzt oder -steht.

Der gewöhnliche Arbeitstag des Studenten beginnt um 10 Uhr. Früher möge keine Lehrveranstaltung beginnen. Schließlich müssen sie ja noch ihre Texte vorbereiten, zumindest ein Mal gelesen haben, bevor diese im Unterricht durchgegangen, das heißt vom Lehrer vorgestellt und paraphrasiert werden. Doch irgendwie wollen Ola und Kari schon wissen, welcher Text zu welchem Instant-Fazit gehört, so dass man am Abend etwas mit nach Hause nehmen kann.

Doch von wegen am Abend. Der Studientag endet pünktlich um 16.45 Uhr. Bücher und Hefte werden zugeklappt, der Computer ausgeschaltet. Die Bibliothek, wenn die beiden sie während des Studiums überhaupt von innen kennen gelernt haben, liegt längst hinter ihnen. Schließlich wird auch diese Institution nur wenig später geschlossen. Dass sie am Wochenende geschlossen bleibt und in den Ferien verkürzt geöffnet ist, sollte selbstverständlich sein. Warum diese Eile? Um 17 Uhr dann gibt's das warme Mittagessen. Das ist schließlich eine gute alte Tradition jenes einstigen Volkes der Fischer und Bauern. Danach ist Ruhe – oder besser: Der Tag beginnt von neuem in der Kneipe. Zumindest zwischen Oktober und April, da ist's eh dunkel. Im Sommerhalbjahr dagegen ist es um diese Uhrzeit noch so taghell, so dass man auch wieder nicht studieren kann. Denn man muss ja schließlich den Lichtmangel des Winterhalbjahres kompensieren und sich draußen im Freien aufhalten.

Das Wochenende gehört dann anderen Dingen. Am Sonnabend ist der heilige Einkaufstag, an dem unsere beiden Studenten mit

Familie oder Freunden in die Hauptstadt zum Shoppen fahren. So reihen sie sich in den Einkaufsbummel auf den Magistralen des Konsums ein. Am Sonntag wiederum ist (kollektiver) Wandertag, das heißt, man zieht mit Freunden oder Familie, Hund oder Kind in die Natur, erklimmt umliegende Höhen, verschwindet in den Weiten der norwegischen Wälder – im Winter selbstverständlich auf Skiern – oder flottiert des Sommers über die Fjordgewässer. Ein Buch im Gepäck? Eher selten.

Und der Studienalltag? Eigentlich sitzen unsere beiden Studenten während des gesamten Semesters – mit bescheidenem kommunikativem Einsatz – die Unterrichtsstunden ab, halten sich dabei gekonnt aus allen Diskussionen heraus und lassen sich nur ungern zu mündlichen Vorträgen verpflichten. Einige Wochen nach Semesterbeginn tauchen 50 Prozent der Seminargruppe ab: zum Jobben, damit der allen Studenten gewährte Studienkredit bei der Bank nicht gar so hoch wird. Oder: um das Leben in der Großstadt zu genießen. Nicht ungewöhnlich ist auch, dass einer der beiden Musterstudenten – sagen wir mal: Ola – den Lehrer informiert, dass er für mindestens zwei Wochen während des Semesters auf der elterlichen „hytte" (ein nicht gerade minimalistisches Ferienhaus irgendwo im Niemandsland) sei. Und Kari verschwindet stillschweigend, so sie es sich finanziell leisten kann, zum Segeln auf der Adria. Auch ein Mallorca-Ausflug oder ein paar Wochen Australien sind nicht ausgeschlossen.

Nähert sich das Semester seinem Ende, so finden sich überraschend viele Studenten wieder zum Unterricht ein. Schließlich wollen alle erkunden, was für die Prüfung relevant sein könnte. Wenn sie das aus den Ausführungen des Lehrers nicht erschließen, so fragen sie ganz direkt, was sie denn nun zur Prüfung auswendig lernen sollten.

Der norwegische Hochschullehrer ist an diese Situation gewöhnt. In seiner naturgegebenen Geduld weiß er vom Wegbleiben und Wiederkommen der Studenten. Er selber ist schließlich meist ein ehemaliger Student, der nach dem Magisterabschluss am Institut „sitzen geblieben" ist, vielleicht weil er oder sie keinen anderen Job gefunden hat. Und so ist er nur mäßig daran interessiert, etwas anderes zu machen als das, was ihm vor Jahrzehnten an selbiger Stelle widerfahren ist. Und das wäre: monologischer Frontalunterricht. Und im Falle der Sprachvermittlung beschränkt man sich auf kontrastive Grammatikschulung und die guten alten Übersetzungsübungen. Außerhalb des

Unterrichts beklagt man sich über den Bildungs- und Werteverfall unter den Studenten, die keinen goetheschen Faust mehr aus dem Stehgreif rezitieren können.

Unter diesen Bedingungen DAAD-Lektor zu sein verspricht durchaus traumhaft ruhige, ja idyllische Jahre. Vorausgesetzt, man hat seine Skier dabei oder/und kann sich ein Boot leisten. So man selber ein Naturliebhaber ist, hat man viel Zeit, diesen oder anderen Passionen zu frönen. Regenkleidung für die Überraschung von oben und der Fotoapparat für die Begegnung mit dem Elch sind selbstverständliche Requisiten. Natürlich kann man sich auch in wissenschaftliche Arbeit vergraben. Gerade dank der kleinen Seminargruppen kann man von einer Idealsituation für den fremdsprachigen Unterricht sprechen. Nur kann man weder die Früchte eigener wissenschaftlicher Arbeit noch die in Deutschland erlernten kommunikativen Ansätze im konkreten Unterrichtsgeschehen anwenden, da Letzteres auf gänzlich anderem Niveau stattfindet und solche Methoden den Studierenden eher suspekt sind.

Zufällige Ähnlichkeiten mit Studierenden der Germanistik in norwegischen Landen sind durchaus beabsichtigt – mögen sie Kari, Ola oder anders heißen. Regionale Abweichungen, insbesondere in Regionen nahe oder nördlich des Polarkreises, sind denkbar. Doch zu jeder Regel gibt es auch die allbekannten und überall gesuchten Ausnahmen. Trifft man solche Ausnahmestudenten – was insbesondere in höheren Semestern vorkommt –, so sind dies meist Idealisten. Doch das ist ja in Deutschland nicht viel anders. Schade ist nur, dass sich diese Ausnahmestudenten sehr schnell zum Studium in Deutschland abmelden und man selber mit dem bescheidenen Rest im Seminar sitzen bleibt.

Thomas Jung, bis 2001 DAAD-Lektor an der Universität Oslo, Norwegen

2. Mittlerorganisationen, Verbände, Zeitschriften

In den deutschsprachigen Ländern gibt es zahlreiche Organisationen, die sich um die Förderung der deutschen Sprache im Ausland bemühen. Einige dieser Organisationen werden staatlich finanziert und sind Teil der auswärtigen Kulturpolitik, andere sind aus privaten Initiativen entstanden.

Dass der Staat Geld zur Förderung der eigenen Landessprache zur Verfügung stellt, hat natürlich politische Gründe. Man erhofft sich von der Sprachförderung eine Verbesserung der internationalen Kontakte auf vielen Ebenen. Die auswärtige Sprachförderung Deutschlands und Österreichs soll dem Ausland den Zugang zur Kultur des deutschsprachigen Raums erschließen, Mehrsprachigkeit und Multikulturalität fördern, Sympathie schaffen und Bindungen (kultureller, aber auch wirtschaftlicher Art) an die deutschsprachigen Länder herstellen und festigen. Die Schweiz nimmt in diesem Punkt eine Sonderstellung ein, da sie keine aktive auswärtige Sprachförderung des Deutschen betreibt.

2.1 Auswärtige Kulturpolitik Deutschlands

Die Förderung der deutschen Sprache gilt als eine Kernaufgabe der auswärtigen Kulturpolitik, für die in Deutschland das Auswärtige Amt zuständig ist. Die Förderungsmaßnahmen dienen dieser Aufgabe durch Sprachunterricht sowie Aus- und Fortbildung von Deutschlehrkräften, durch deutschsprachige Veranstaltungen, Theateraufführungen und Filmvorführungen sowie durch Stipendien, die ausländischen Studierenden und Wissenschaftlern einen Studien- oder Forschungsaufenthalt in Deutschland ermöglichen.

Förderung von Multiplikatoren

Rund die Hälfte des Kulturhaushalts des Auswärtigen Amtes, ca. 300 Mio. €, werden für die Förderung der deutschen Sprache eingesetzt. Den Schwerpunkt dieser Förderungsleistungen legt das Auswärtige Amt auf die methodisch-didaktische Fortbildung ausländischer Deutschlehrkräfte und Germanisten sowie auf die Unterstützung ihrer Verbände, da es angesichts der großen Zahl der Deutschlernenden und der Knappheit der zur Verfügung stehenden Mittel vor allem darauf ankommt, die Multiplikatoren zu erreichen.

Regionale Schwerpunkte

Regionale Schwerpunkte der Förderung sind Mittel- und Osteuropa, die anderen Staaten der Europäischen Union, Nordamerika und einige Schwellenländer.

Auslandsschulwesen

Das deutsche Auslandsschulwesen gehört zu den zentralen Bestandteilen der auswärtigen Kultur- und Bildungspolitik. In über 65 Ländern der Erde gibt es heute 117 deutsche Auslandsschulen, an denen auch aus Deutschland vermittelte Lehrerinnen und Lehrer arbeiten. Diese Schulen sichern die Versorgung deutscher und ausländischer Kinder, die eine an deutschen Curricula orientierte Schulausbildung absolvieren möchten. Neben ihrem pädagogischen Auftrag wirken die Schulen über vielfältige kultur- und gesellschaftspolitische Aktivitäten in das Gastland hinein.

Die deutsche Wirtschaft lebt wesentlich vom Export. Viele deutsche Firmen senden Mitarbeiterinnen und Mitarbeiter ins Ausland. Das deutsche Auslandsschulwesen soll gewährleisten, dass die Kinder dieser Firmenmitarbeiter im Ausland eine Schulausbildung nach dem deutschen Modell vorfinden, damit sie später ihre Ausbildung in Deutschland ohne größere Schwierigkeiten fortsetzen können.

Die deutschsprachigen Schulen mit deutschem Schulziel und insbesondere die Begegnungsschulen und Schulen mit verstärktem Deutschunterricht fördern nicht nur deutsche, sondern auch einheimische Schüler. Sie leisten einen besonders nachhaltigen Beitrag zur Völkerverständigung.

Mittlerorganisationen

Bei der Umsetzung der Maßnahmen zur Förderung der deutschen Sprache arbeitet das Auswärtige Amt eng mit Mittlerorganisationen der auswärtigen Kulturpolitik zusammen und stattet diese mit Haushaltsmitteln aus. Folgende Mittlerorganisationen fördern die deutsche Sprache im Ausland:

- das **Goethe-Institut (GI)** mit seinen 126 Zweigstellen in 77 Ländern und mit 16 Instituten in Deutschland,
- der **Deutsche Akademische Austauschdienst (DAAD)** mit der Vermittlung von rund 460 Lektorinnen und Lektoren, von ca. 50 Sprachassistentinnen und Sprachassistenten in 92 Län-

der sowie zahlreichen Stipendienprogrammen für Studien- und Forschungsaufenthalte im Ausland,

- das **Bundesverwaltungsamt – Zentralstelle für das Auslandsschulwesen (ZfA)** – mit der Vermittlung von ca. 2.000 Lehrkräften an über 400 Schulen im Ausland, mit Lehreraus- und -fortbildungsstätten in Mittel- und Osteuropa sowie mit der Entsendung von 40 Fachberatern in über 30 Länder,
- der **Pädagogische Austauschdienst (PAD)** der Kultusministerkonferenz mit Austausch- und Begegnungsprogrammen sowie Stipendien für Sprachkurse und pädagogische Fortbildungen in Deutschland,
- das **Institut für Auslandsbeziehungen (ifa)** mit Projekten in den Bereichen Kunst, Bildung und Erziehung, Seminaren mit interkulturellem Training sowie Deutschkursen, kultureller Hilfe für deutsche Minderheiten in Mittel-, Südost- und Osteuropa sowie
- die **Carl Duisberg Centren (CDC)** mit Deutschkursen, allgemeinem und berufsbezogenem Fremdsprachen-Training sowie Beratung beim Aufbau von Sprachabteilungen und Sprachinstituten, der Entwicklung von Lehrwerken und Prüfungen für den Sprachunterricht.

Kulturgesellschaften

Das Auswärtige Amt fördert weiterhin 108 deutsch-ausländische Kulturgesellschaften in 47 Ländern, von denen ein Großteil auch Deutschkurse anbietet, sowie 95 Sprachkursveranstalter in 67 Ländern. Auch einige der deutschen Botschaften organisieren Deutschkurse mit Mitteln des Auswärtigen Amts.

Deutsche Minderheiten

Zur auswärtigen Kulturpolitik gehört auch die kulturelle und bildungspolitische Förderung der deutschen Minderheiten in Mittel- und Osteuropa sowie in den Staaten der ehemaligen Sowjetunion. Als eine wichtige Aufgabe sieht das Auswärtige Amt hier die Wiederbelebung von Deutsch als Muttersprache.

Stellung in der EU

Zu Sicherung der Stellung des Deutschen in den Institutionen der EU unterstützt das Auswärtige Amt spezielle Sprachkurse für EU-Mitarbeiterinnen und -Mitarbeiter sowie für Beamte und andere Entscheidungsträger aus den EU-Beitrittsländern.

Auswärtiges Amt

Werderscher Markt 1 *D-10117 Berlin* *Postanschrift:* *D-11013 Berlin*	*Tel.: +49 (30) 50 00-0* *Fax: +49 (30) 50 00-34 02* *E-Mail: poststelle@auswaertiges-amt.de* *www.auswaertiges-amt.de*

Deutsche Kultur International Hinter „Deutsche Kultur International" verbirgt sich die gemeinsame Internetseite der wichtigsten deutschen Mittlerorganisationen der auswärtigen Kulturpolitik: www.deutsche-kultur-international.de. Hier finden Sie nicht nur eine Vorstellung der deutschen Mittlerorganisationen, sondern auch zahlreiche Informationen und Links zum Bereich Deutsch als Fremdsprache.

Goethe-Institut

Das 1951 gegründete Goethe-Institut ist eine weltweit tätige Organisation zur Vermittlung der deutschen Sprache und Kultur. Im Auftrag der Bundesrepublik Deutschland nimmt sie Aufgaben der auswärtigen Kulturpolitik wahr.

Ziele Die Ziele des Goethe-Instituts sind seit der Fusion mit Inter Nationes im Jahre 2000: die Förderung der Kenntnis der deutschen Sprache im Ausland, die Förderung der Pflege der internationalen kulturellen Zusammenarbeit und der Vermittlung eines umfassenden Deutschlandbildes durch Informationen über das kulturelle, gesellschaftliche und politische Leben. Das Goethe-Institut ist durch einen Rahmenvertrag mit der Bundesregierung verbunden und wird durch Mittel des Auswärtiges Amtes sowie des Bundespresseamtes finanziert.

Das Goethe-Institut hat weltweit etwa 3.200 Mitarbeiter und verfügte 2003 über ein Jahresbudget von 278 Mio. € – davon ca. 72 Mio. Eigeneinnahmen (erwirtschaftet vor allem durch Sprachkurse und Prüfungen).

Aufgaben Das Goethe-Institut bietet an seinen zurzeit 126 Kulturinstituten in 77 Ländern und 16 Instituten in Deutschland Sprachkurse an. Zudem erarbeitet es Lehrmaterialien, führt Lehrerfortbildungen und sprachpolitische Initiativen durch und betreibt Forschung im DaF-Bereich. Zur Förderung der internationalen kulturellen Zusammenarbeit konzipieren und organisieren die Goethe-Institute Kulturprogramme in den Sparten Wissenschaft, Literatur und Zeitgeschehen, Film und Medien, Theater und Tanz, Musik und bildende Kunst.

Sprachkurse Die Sprachkurse, die die Institute im In- und Ausland anbieten, sind auf die jeweiligen Arbeitsbedingungen, Lerntraditionen und Wünsche der jeweiligen Zielgruppen zugeschnitten. Sie führen zu verschiedenen international anerkannten Prüfungen (Näheres dazu in Kapitel 5.2 Sprachprüfungen im DaF-Bereich).

Pädagogische Verbindungsarbeit

Ein weiterer Arbeitsbereich der Goethe-Institute im Ausland ist die „Pädagogische Verbindungsarbeit". Hier arbeitet das Goethe-Institut mit allen Stellen zusammen, die für die Förderung des Deutschunterrichts im Gastland – in Primar- und Sekundarschulen, Hochschulen und in der Erwachsenenbildung – eine Rolle spielen (etwa Erziehungsbehörden und Deutschlehrerverbände). Es werden Fortbildungsseminare für Lehrerinnen und Lehrer durchgeführt sowie Unterrichtsmaterialien entwickelt, die die Kultur und Lerntraditionen des Gastlandes besonders berücksichtigen.

Zudem stellen Kulturprogramme für Deutschlehrkräfte und Deutschlernende, wie Autorenlesungen, Preisausschreiben, Konzerte, Ausstellungen, sowie Stipendien und Besucherprogramme die Verbindung zur kulturellen Gegenwart Deutschlands her und verstärken die Lernmotivation.

Forschung und Entwicklung

Im Goethe-Institut werden Unterrichts- und Fortbildungsmaterialien für Deutsch als Fremd- und Zweitsprache erarbeitet. Dabei werden allgemein- und fachsprachliche Materialien zu vielen DaF-Bereichen entwickelt (etwa Lehrwerke, Fernseh- und Radiosprachkurse, nicht kurstragende Materialien, Prüfungen). Die Materialien können bestellt oder teilweise auch im Internet abgerufen werden (Näheres dazu in Kapitel 5.3).

Bibliotheken und Lesesäle

Hauptträger der Informationsarbeit im Ausland sind die Institutsbibliotheken bzw. Mediotheken, die Bücher, Zeitungen und Zeitschriften sowie Filme und Videos anbieten. Die Bibliotheken verstehen sich auch als moderne Informationszentren für Anfragen zur deutschen Kultur und Zeitgeschichte, zu Politik und Wirtschaft. Zusätzlich werden sie über die bibliothekarische Verbindungsarbeit in den entsprechenden Netzwerken der Gastländer verankert. Daneben unterstützt das Goethe-Institut weltweit 52 Lesesäle, in denen deutschsprachige Bücher und Zeitschriften eingesehen werden können.

Auf seiner Homepage bietet das Goethe-Institut zudem umfassende Informationen zum Thema DaF.

Goethe-Institut – Zentrale München

Dachauer Str. 122 *D-80637 München* *Postanschrift:* *Postfach 19 04 19* *D-80604 München*	*Tel.: +49 (89) 1 59 21-0* *Fax: +49 (89) 1 59 21-4 50* *E-Mail: zv@goethe.de* *www.goethe.de*

Goethe-Institut – Zentrale Bonn

Kennedyallee 91 – 103 *D-53175 Bonn* *Postanschrift:* *Postfach 20 07 49* *D-53137 Bonn*	*Tel.: + 49 (2 28) 8 80-0* *Fax: + 49 (2 28) 8 80-4 57* *E-Mail: info@inter-nationes.de*

Ein weiterer Schwerpunkt meiner Arbeit im ersten Jahr bestand in der Einrichtung eines leistungsfähigen Lektorenhandapparats, da die Ausstattung der deutschen Abteilung bei Antritt des Lektorats zu wünschen übrig ließ. Zu Beginn wäre ohne die Materialien der hiesigen Goethe-Institut-Außenstelle und meine eigenen eine angemessene Vorbereitung vor allem des Oberstufenkurses fast nicht möglich gewesen. Inzwischen können wir dank der guten Betreuung durch das Goethe-Institut und vor allem durch Inter Nationes mit einer ansehnlichen Materialsammlung arbeiten, die neben den grundlegenden Werken zu Lehre, Literatur und Landeskunde auch zu spezielleren Gebieten wie „Deutscher Film", „Markt und Wirtschaft" oder Übersetzung/Dolmetschen gute Hilfen bieten kann.

Daniel Zimmermann, DAAD-Lektor in Granada, Spanien

Deutscher Akademischer Austauschdienst

Der Deutsche Akademische Austauschdienst e.V. (DAAD) ist eine der größten und angesehensten akademischen Mittlerorganisationen der Welt. Der Geschäftsstelle des DAAD in Bonn sind weltweit 14 Außenstellen zugeordnet. Der DAAD unterhält zudem 42 Informationszentren und drei Informationsbüros.

Der Austauschdienst der Hochschulen wurde erstmals 1925 eingerichtet, 1945 aufgelöst und im Jahr 1950 als eingetragener Verein wieder neu gegründet. Seine ordentlichen Mitglieder sind die Hochschulen, die in der Hochschulrektorenkonferenz (HRK) vertreten sind, sowie deren Studentenschaften.

Ziele und Aufgaben des DAAD sind die Förderung des ausländischen und deutschen akademischen Nachwuchses, die Förderung wissenschaftlichen Fortschritts in Entwicklungsländern und in den Transformationsländern Mittel- und Osteuropas sowie die Förderung der Internationalität und Attraktivität der deutschen Hochschulen.

Aufgaben

Der DAAD fördert die fachliche und persönliche Qualifizierung des ausländischen akademischen Nachwuchses an deutschen Hochschulen und Forschungseinrichtungen durch die Vergabe von Stipendien an Studierende, Graduierte, Doktoranden und Professoren.

Stipendien

Zudem fördert der DAAD die fachliche und persönliche Qualifizierung deutscher Studierender, Graduierter und Nachwuchswissenschaftler, die von unabhängigen wissenschaftlichen Kommissionen ausgewählt werden. Er ermöglicht ihnen Studien- und Forschungsaufenthalte an Hochschulen im Ausland.

Dies alles geschieht überwiegend aus Mitteln des Auswärtigen Amtes und des Bundesministeriums für wirtschaftliche Zusammenarbeit und Entwicklung.

Knapp ein Fünftel seiner Programmmittel wendet der DAAD für die Förderung der deutschen Sprache, Germanistik und Deutschlandkunde im Ausland auf. Er fördert germanistische Institutspartnerschaften mit Hochschulen in Osteuropa und den Aufbau deutschsprachiger Studiengänge in diesen Ländern. Zudem wurden mit Unterstützung des DAAD „Zentren für Deutschland- und Europastudien“ an sechs Universitäten in den USA und Kanada und je eins in Bulgarien, Frankreich, Großbritannien, Japan, in den Niederlanden, in Polen und in der Russischen Föderation eingerichtet.

DaF im Ausland

Auch im Inland ist Deutsch als Fremdsprache (DaF) für den DAAD aufgrund der Bedeutung der Sprachkenntnisse für die Zulassung ausländischer Studierender an den Hochschulen ein wichtiges Thema. Der DAAD bietet unter anderem einmonatige Hochschulsommerkurse in Deutschland, Semesterstipendien für ausländische Germanistinnen und Germanisten sowie Jahres- und Promotionsstipendien an. Zudem wirkte der DAAD an der Entwicklung eines weltweit einsetzbaren Sprachtests (TestDaF – Näheres in Kapitel 5.2) mit und fördert den studienbegleitenden Deutsch-als-Fremdsprache-Unterricht.

DaF im Inland

Sprachassistenten- und Lektorenprogramm

Unter den Germanistikprogrammen nimmt die Lektorenvermittlung den kulturpolitisch wie finanziell ersten Rang ein. Im Jahr 2003 hat der DAAD rund 540 Lektorinnen und Lektoren auf 460 Lektoraten in 92 Ländern gefördert und dabei weiterhin einen besonderen Schwerpunkt in Mittel- und Osteuropa gesetzt. Zudem bietet der DAAD ein Sprachassistentenprogramm an, in dessen Rahmen junge Graduierte praktische Lehrerfahrung im Ausland sammeln können.

Dozentenvermittlung

Deutsche wissenschaftliche Lehrkräfte aller Fächer können vom DAAD als Kurzzeitdozenten und -dozentinnen (ein bis drei Monate) oder für ein bis fünf Jahre als Langzeitdozenten und -dozentinnen für die Lehre an ausländische Hochschulen in aller Welt vermittelt werden. Dabei bilden die Entwicklungsländer sowie neuerdings Mittelost- und Osteuropa besondere Schwerpunkte. Ebenso werden ausländische Wissenschaftler für die Lehre an deutsche Hochschulen vermittelt.

EU-Programme

Darüber hinaus hat der DAAD Mittlerfunktionen im Rahmen der europäischen Bildungspolitik übernommen – insbesondere als nationale Agentur bei den Austausch- und Mobilitätsprogrammen der EU.

Informationsarbeit

Schließlich leistet der DAAD Informationsarbeit über Studien- und Forschungsmöglichkeiten für Ausländer in Deutschland und für Deutsche im Ausland. Dazu werden einschlägige Publikationen ausgewertet; ein breit gefächertes Spektrum an eigenen Publikationen wird kostenlos an Informationsstellen im In- und Ausland und direkt an interessierte Studierende und Wissenschaftler verteilt.

Deutscher Akademischer Austauschdienst

Kennedyallee 50 *D-53175 Bonn* *Postanschrift:* *Postfach 20 04 04* *D-53134 Bonn*	*Tel.: +49 (2 28) 8 82-0* *Fax: +49 (2 28) 8 82-4 44* *E-Mail: postmaster@daad.de* *www.daad.de*

Zentralstelle für das Auslandsschulwesen

Die Zentralstelle für das Auslandsschulwesen wurde 1968 eingerichtet und ist eine Abteilung im Bundesverwaltungsamt Köln. Sie ist unter der Fachaufsicht des Auswärtigen Amtes mit der pädagogischen, personellen und finanziellen Betreuung der schulischen Arbeit im Ausland im Rahmen der auswärtigen Kulturpolitik betraut.

Lehrervermittlung

Die Zentralstelle betreut zurzeit rund 2.000 deutsche Lehrkräfte, die als Auslandsdienstlehrkräfte, Programmlehrkräfte und Fachberater im Ausland tätig sind.

DaF-Prüfungen

Im Jahr 2002 haben 16.800 Schülerinnen und Schüler an den Prüfungen im Bereich Deutsch als Fremdsprache (Zentrale Deutschprüfung, Sprachdiplom Stufen I und II) teilgenommen. An der Durchführung der Diplomprüfungen sind die Länder, das Auswärtige Amt und die Zentralstelle für das Auslandsschulwesen gemeinsam beteiligt.

Die Zentralstelle führt im Auftrag des Auswärtigen Amtes die in die Zuständigkeit des Bundes fallenden Maßnahmen zur Förderung schulischer Einrichtungen und Aktivitäten im Ausland durch.

Neben der personellen Förderung – durch die Vermittlung deutscher Lehrkräfte – steht auch eine finanzielle Förderung: So werden etwa Zuschüsse zu den Betriebs- und Projektkosten der geförderten Einrichtungen bzw. Maßnahmen sowie zur Beschaffung von Schuleinrichtungen und Lehrmitteln bei rund 500 Schulen weltweit gezahlt.

Träger dieser Schulen sind in der Regel private Institutionen wie Schulvereine, Stiftungen, aber auch Kirchen und Ordensgemeinschaften sowie staatliche und zwischenstaatliche Organisationen.

Fachberater

Das Bundesverwaltungsamt – Zentralstelle für das Auslandsschulwesen – verfügt über ein Netz von Fachberaterinnen und Fachberatern, die ausländische Schulbehörden bei der Erstellung von Lehrplänen, Unterrichtsmaterialien und Lehrerfortbildungen unterstützen. Derzeit sind 40 von der ZfA vermittelte Fachberater im Ausland tätig.

Zeitschriften

Mit Mitteln des Auswärtigen Amtes wird unter der pädagogischen Beratung des Bundesverwaltungsamtes auch die Zeitschrift JUMA (mit Lehrerbegleitheft TIPP) herausgegeben, die sich an im Ausland lebende, Deutsch lernende Schüler richtet (www.juma.de). Über die Aktivitäten des Auslandsschulwesens informieren die Zeitschrift „Begegnungen“ sowie die Jahrbücher des Auslandsschulwesens (www.dasan.de, Rubrik: Publikationen).

Auf der Homepage www.auslandsschulwesen.de sowie auf dem Bildungsserver für „Deutsche AuslandsSchularbeit Am Netz – DASAN" (www.dasan.de) finden Sie weitere Informationen zu den deutschen Schulen im Ausland.

Bundesverwaltungsamt
Zentralstelle für das Auslandsschulwesen

Barbarastr. 1 *D-50728 Köln*	*Tel.: +49 (18 88) 3 58-36 36* *Fax: +49 (18 88) 3 58-36 67* *E-Mail: zfa.bewerbung @bva.bund.de* *www.auslandsschulwesen.de*

Pädagogischer Austauschdienst

Der Pädagogische Austauschdienst (PAD) der Kultusministerkonferenz ist im internationalen Austausch für den Schulbereich tätig. Er wurde durch Beschluss der Kulturministerkonferenz ins Leben gerufen und nahm im Jahre 1952 seine Arbeit auf.

Ziele Die Austauschprogramme des PAD dienen der Fremdsprachenförderung, der Förderung der deutschen Sprache im Ausland und der internationalen Verständigung. Die Programme wenden sich an Lehrkräfte, Schulverwaltungsangehörige, Schülerinnen und Schüler sowie an Studierende. Regelmäßig werden folgende Programme durchgeführt: Fremdsprachenassistenzen für angehende Fremdsprachenlehrkräfte, Hospitationen und Austausch von Fremdsprachenlehrkräften, Fortbildungskurse für deutsche und ausländische Fremdsprachenlehrkräfte sowie Schüleraustauschprogramme mit Nordamerika und Mittel-, Ost- und Südeuropa, den Nachfolgestaaten der ehemaligen Sowjetunion und Israel.

Seit 1995 ist der PAD auch Nationale Agentur der BRD für das EU-Programm SOKRATES, das unter anderem den europaweiten Austausch im Schulbereich fördert.

Sekretariat der Ständigen Konferenz der Kultusminister der Länder in der Bundesrepublik Deutschland

Pädagogischer Austauschdienst *Postfach 22 40* *D-53012 Bonn*	*Tel.: +49 (2 28) 5 01-0* *Fax: +49 (2 28) 5 01-2 59/-3 01* *E-Mail: pad@kmk.org* *www.kmk.org/pad/home.htm*

Institut für Auslandsbeziehungen

Aufgaben

Den Dialog der Kulturen fördern und ihr Bild voneinander genauer zeichnen helfen sind die Aufgaben des Instituts für Auslandsbeziehungen e.V. (ifa), das als Mittlerorganisation der deutschen auswärtigen Kulturpolitik im Auftrag des Auswärtigen Amtes aktiv ist und vom Auswärtigen Amt, dem Land Baden-Württemberg und der Stadt Stuttgart finanziert wird.

Förderung deutscher Minderheiten

Seit der Öffnung der Länder Mittel-, Ost- und Südosteuropas fördert die Bundesregierung vielfältige Programme und Initiativen, die den deutschen Minderheiten in dieser Region eine kulturelle Perspektive eröffnen sollen. Das ifa bietet Fortbildungsseminare (Methodik, Didaktik, Landeskunde, Hospitationen etc.) für Kindergärtnerinnen an und führt beispielsweise ein Austauschprogramm für Erzieherinnen und Erzieher zwischen Kindergärten in Polen und Deutschland zur Etablierung bilingualer Kindergartengruppen durch.

Im Rahmen des Kultur- und Medienassistenzprogramms werden seit mehreren Jahren junge Graduierte mit einschlägiger Erfahrung in der Kultur- und Medienarbeit an die Verbände und Medien der deutschen Minderheit entsandt und unterstützen sie in diesen Bereichen.

Deutschkurse

Das ifa bietet in Stuttgart ein differenziertes Kursangebot für unterschiedliche Leistungsstufen an. Sämtliche Intensivkurse entsprechen den Lernzielen und Prüfungsstandards des Goethe-Instituts.

Bibliothek

Die ifa-Bibliothek ist amtliche Dokumentationsstelle zur auswärtigen Kulturpolitik und zu den internationalen Kulturbeziehungen. Sie bietet darüber hinaus Informationen zur Austauschforschung/interkulturellen Kommunikation, zu nationalen Stereotypen, zur kulturellen Länderkunde, zur deutschsprachigen Presse des Auslands und zur Migration und Minderheitenforschung. Sie erstellt auf Anfrage individuelle Literaturzusammenstellungen für auswärtige Benutzer und veröffentlicht regelmäßig Auswahlbibliografien, die zum Herunterladen auf der Homepage des ifa zur Verfügung stehen.

Zeitschrift für KulturAustausch

Als internationales Forum dient die vom ifa herausgegebene Zeitschrift für KulturAustausch. Sie ist ein vierteljährlich erscheinendes Fachmagazin für auswärtige Kulturpolitik und internationale Kulturbeziehungen. Neben einem Themenschwerpunkt bietet die Zeitschrift Analysen, Diskussionen, Nachrichten, Interviews sowie Literaturtipps zu Fragen des Kulturdialogs und zu Aspekten der europäischen Kulturpolitik.

Institut für Auslandsbeziehungen e.V.

Charlottenplatz 17 *D-70173 Stuttgart* *Postanschrift:* *Postfach 10 24 63* *D-70020 Stuttgart*	*Tel.: +49 (7 11) 22 25-0* *Fax: +49 (7 11) 2 26 43 46* *E-Mail: info@ifa.de* *www.ifa.de*

Carl Duisberg Centren

Aufgaben Die Carl Duisberg Centren (CDC) sind ein führendes Dienstleistungsunternehmen im Bereich der internationalen beruflichen Weiterbildung und Personalentwicklung.

Im Inland Die Programme der Carl Duisberg Centren orientieren sich an den konkreten Bedürfnissen etwa von Schülern, Studierenden, jungen Berufstätigen, Fach- und Führungskräften. Die acht Centren in Deutschland (in Berlin, Hannover, Dortmund, Köln, Saarbrücken, Mannheim, München, Radolfzell am Bodensee) bieten neben Auslandssprachreisen für Deutsche auch vielfältige Deutschkurse an: Sprachkurse auf verschiedenen Niveaus bis zur Vorbereitung auf unterschiedliche Sprachprüfungen. Ferner führen die CDC Seminare zu interkultureller Kommunikation (für Geschäftsleute) und Fortbildungen im Bereich Geschäfts- und Wirtschaftsdeutsch für Deutschlehrkräfte durch.

Im Ausland Auch im Ausland sind die CDC mit Büros und Trainingszentren in Brasilien, China, Großbritannien, Indonesien, im Iran, Kamerun, Malaysia, Russland und Vietnam sowie mit Repräsentanzen und Kooperationspartnern aus Bildung und Wissenschaft weltweit präsent. So unterhalten die CDC intensive Arbeitskontakte zu ausländischen Universitäten. Sie führen beispielsweise auch Hochschulprogramme im Auftrag ausländischer Regierungen, öffentlicher Einrichtungen und Firmen durch. In Zusammenarbeit mit verschiedenen Studienkollegs werden ausländische Studienbewerberinnen und -bewerber im jeweiligen Heimatland auf den Besuch eines Studienkollegs in Deutschland vorbereitet.

Carl Duisburg Centren – Gemeinnützige GmbH

Hansaring 49 – 51 *D-50670 Köln*	*Tel.: +49 (2 21) 16 26-2 66* *Fax: +49 (2 21) 16 26-2 56* *E-Mail: info@cdc.de* *www.cdc.de*

2.2 Auswärtige Kulturpolitik Österreichs

Kulturpolitik

Die Auslandskulturpolitik ist ein wichtiger Bestandteil der österreichischen Außenpolitik. Ihre Aufgabe ist es, das Österreich-Bild im Ausland durch gezielte Veranstaltungen zu formen und zu pflegen. Die Aktivitäten, die das österreichische Bundesministerium für auswärtige Angelegenheiten in diesem Bereich fördert, reichen von der Organisation von Konzerten, Ausstellungen, Symposien, Filmwochen und Literaturlesungen bis zur Finanzierung von Übersetzungen, Drucklegungen und Aufführungen von Werken österreichischer Autoren.

Zudem leisten die im Ausland angebotenen Sprachkurse sowie die österreichischen Lehrkräfte, Lektoren und Lektorinnen sowie Fremdsprachenassistentinnen und -assistenten an ausländischen Schulen und Universitäten einen Beitrag zur Verbreitung der deutschen Sprache mit ihren österreichischen Facetten und liefern damit einen Schlüssel zum Verständnis der Kultur Österreichs. Es gibt zudem eine Reihe von bilingualen Schulen im benachbarten Ausland (in Ungarn, Tschechien, der Slowakei), an die österreichische Lehrkräfte vermittelt werden.

Mittlerorganisationen

Maßnahmen der auswärtigen Kulturpolitik zur Förderung der deutschen Sprache und österreichischen Kultur werden vom Bundesministerium für Bildung, Wissenschaft und Kultur sowie einigen Mittlerorganisationen durchgeführt. Beteiligt sind:

- das **Bundesministerium für Bildung, Wissenschaft und Kultur** im Bereich der Aus- und Fortbildung von Deutschlehrkräften, der Erstellung von Unterrichtsmaterialien und des Austauschs bzw. der Vermittlung von Lehrpersonen und von Bildungsbeauftragten,
- das **Österreich Institut** mit Sprachkursen an sieben Zweigstellen im Ausland und der Entwicklung von Lehrmaterial,
- **Österreich-Kooperation** mit der Vermittlung von Lektorinnen und Lektoren, Sprachassistentinnen und -assistenten sowie Praktikantinnen und Praktikanten im Bereich DaF ins Ausland,
- der **Österreichische Austauschdienst** mit Austausch- und Mobilitätsprogrammen im Hochschulbereich,
- **KulturKontakt** mit der Entwicklung von Curricula und Lehrmaterial, der Lehreraus- und -fortbildung sowie mit der Koordinationsstelle für bilinguale Schulen und Bildungsbeauftragte.

Diplomatische Vertretungen

Die Außenstellen des Außenministeriums – also diplomatische und konsularische Vertretungen sowie Kulturinstitute – leisten im Ausland Kulturarbeit. Sie führen aber in der Regel keine Sprachkurse durch. Diese Aufgabe haben die Österreich Institute übernommen.

Das Außenministerium finanziert im Rahmen seiner kulturpolitischen Maßnahmen Auslandsaufenthalte österreichischer Wissenschaftler. Es unterstützt weiterhin eine Reihe von Österreich-Studienzentren im Ausland.

Österreich-Bibliotheken

Zudem wird seit 1989 ein Netz von Österreich-Bibliotheken aufgebaut. Zurzeit sind sie an 50 Orten in mehr als 20 Staaten zu finden – überwiegend im mittel-, ost- und südosteuropäischen Raum. Die Österreich-Bibliotheken bestehen (wie im Übrigen auch die Lesesäle, die vom Goethe-Institut unterstützt werden) jeweils in Partnerschaft mit lokalen Einrichtungen im Gastland. Sie bieten auf den jeweiligen Standort abgestimmte Informationen über die österreichische Kultur (Näheres unter www.oesterreich-bibliotheken.at).

Bundesministerium für auswärtige Angelegenheiten

Ballhausplatz 2 *A-1014 Wien*	*Tel.: +43 (5) 0 11 50-0/-35 64* *Fax: +43 (5) 0 11 59-0* *E-Mail: einlaufstelle@bmaa.gv.at* *www.bmaa.gv.at*

Bundesministerium für Bildung, Wissenschaft und Kultur

Das Bundesministerium für Bildung, Wissenschaft und Kultur führt zahlreiche Projekte zur Förderung der deutschen Sprache durch. Eine Vielzahl dieser Projekte ist im Bereich der Aus- und Weiterbildung von DaF-Lehrerinnen und -Lehrern angesiedelt. Dazu gehören: bilaterale und multinationale Lehrerfortbildungsseminare, die Entwicklung von Lehrmaterialien zur österreichischen Landeskunde, die Förderung der österreichischen Präsenz im Deutschunterricht in Nordeuropa sowie die Betreuung der Entwicklung des Österreichischen Sprachdiploms.

Internationale Austauschprogramme

Zudem bietet die Abteilung „Internationale Austauschprogramme" des Ministeriums eine Reihe von Programmen im Bereich des Austauschs von Lehrkräften, Sprachassistentinnen und -assistenten, Fremdsprachenassistentinnen und -assistenten sowie Beauftragten für Bildungskooperation an, die zum Teil von der Österreich-Kooperation verwaltet werden.

Bundesministerium für Bildung, Wissenschaft und Kultur

Minoritenplatz 5 *A-1014 Wien*	*Tel.: +43 (1) 5 31 20-0* *Fax: +43 (1) 5 31 20-44 99* *E-Mail: mailmaster@bmbwk.gv.at* *www.bmbwk.gv.at*

Bundesministerium für Bildung, Wissenschaft und Kultur
III/6c – Internationale Austauschprogramme

Concordiaplatz 1 *A-1010 Wien*	*Tel.: +43 (1) 5 31 20-33 01* *Fax: +43 (1) 5 31 20-81-33 01* *E-Mail:* *Nikolaus.Douda@bmbwk.gv.at*

Österreich Institut

Bis 1997 wurden an den österreichischen Kulturinstituten im Ausland auch Sprachkurse angeboten. Seither übernehmen die Österreich Institute im Auftrag des Bundesministeriums für auswärtige Angelegenheiten diese Aufgabe.

Aufgaben

Die Österreich Institute führen Deutschkurse außerhalb Österreichs durch. Sie verstehen sich als Teil der außenkulturpolitischen Aktivitäten Österreichs. Die Zusammenarbeit mit anderen Initiativen der österreichischen Außenkulturpolitik und Außenwirtschaftspolitik gehört zu ihrem Selbstverständnis. Sie kooperieren mit nationalen und internationalen Partnern im Bereich der Sprachförderung (Mehrsprachigkeit) und der Förderung des DaF-Unterrichts.

Sieben Zweigstellen

Die Österreich Institut GmbH hat ihre Zentrale in Wien. Zweigstellen gibt es in Warschau und Krakau, in Budapest, Bratislava, Brünn, Laibach und Rom. Die Zentrale unterstützt die Arbeit der Österreich Institute im Ausland mit dem Ziel, nachhaltige Kontakte zwischen Österreich und den Partnerländern sowie vergleichbaren Institutionen anderer Sprachen zu knüpfen und zu pflegen.

Kursangebot

Die Österreich Institute bieten Deutschkurse auf allen Niveaustufen für unterschiedliche Zielgruppen (auch Kinder- und Jugendkurse, maßgeschneiderte Kurse für Firmen) an. Die Kursstufen orientieren sich an den österreichischen und internationalen Sprachzertifikaten (Näheres dazu in Kapitel 5.2). Zudem werden bedarfsorientierte Spezialkurse entwickelt. Inhalte und Ziele sowie Didaktik der Kurse sind in einem Curriculum beschrieben, das den Sprachkursteilnehmerinnen und -teilnehmern eine Orientierung bietet und ein international vergleichbares Niveau an allen Kursstandorten gewährleistet. Zur Sicherung der Lehrqualität wurde ein kontinuierliches Lehrerweiterbildungsprogramm eingerichtet.

Für seine Qualitätssicherungsinstrumente hat die Europäische Kommission dem Österreich Institut das „Europäische Gütesiegel für innovative Sprachenprojekte 2002" verliehen.

Unterrichtsmaterialien

Das Österreich Institut gibt laufend Unterrichtsmaterial heraus. Viermal im Jahr erscheint der „Österreich Spiegel. Die Zeitung für den Deutschunterricht". Seit 2001 ist das landeskundlich orientierte „Österreich Portal" online (www.oesterreichportal.at). Nähere Informationen erhalten Sie in Kapitel 5.3.

Österreich Institut GmbH

Porzellangasse 2/28 *A-1090 Wien*	*Tel.: +43 (1) 3 19 48 58* *Fax: +43 (1) 3 19 48 58-10* *E-Mail: oei@oei.org* *www.oesterreichinstitut.org*

Österreich-Kooperation

Seit ihrer Gründung 1993 führt die Organisation Österreich-Kooperation im Auftrag des Bundesministeriums für Bildung, Wissenschaft und Kultur umfangreiche Lektoren-, Sprachassistenten- und Praktikaprogramme zur Förderung der deutschen Sprache in der Welt durch.

Lektorenprogramm

So vermittelt die Österreich-Kooperation Lektorinnen und Lektoren an über 130 Standorte auf der Welt. Sie bereitet die Lektorinnen und Lektoren mit Seminaren auf ihre Tätigkeit vor und betreut sie umfassend während des Aufenthalts an den Hochschulen im Ausland. Die Organisation unterstützt die Lektoren mit aktuellem Material (Zeitungen, Zeitschriften, Hörmaterialien) und sorgt so für eine kontinuierliche Information über das politische, wirtschaftliche und kulturelle Geschehen in Österreich. Die Österreich-Kooperation gibt außerdem einen Info-

Letter mit laufenden Berichten, Kontaktadressen und Materiallisten zur Bestellung heraus.

Praktika und Sprachassistenzen

Zudem verwaltet die Österreich-Kooperation das Programm „Sprachassistenz" (Austausch von Fremdsprachenassistenten und -assistentinnen) und die Praxisstipendien für Deutsch als Fremdsprache des Bundesministeriums für Bildung, Wissenschaft und Kultur, die an DaF-Studierende vergeben werden.

Bildungskooperationsprojekt

Die Österreich-Kooperation führt zur Verstärkung von Wissenschafts- und Bildungskooperationen sowie von Expertenaustausch mit Ländern Mittel-, Ost- und Südosteuropas das Bildungskooperationsprojekt „ABU" durch. Die Organisation initiiert und unterstützt hierbei Gastaufenthalte von Experten aus Albanien, Bosnien-Herzegowina, der Ukraine und aus Rumänien zur Planung nachhaltig wirksamer und zielgerechter Programme im Wissenschafts- und Bildungsbereich. Der Schwerpunkt der Projekte liegt im Schulbereich, hier insbesondere in der Förderung der deutschen Sprache in den genannten Ländern.

Österreichisch-Ukrainisches Koordinationsbüro

Seit 1998 gibt es zudem ein Österreichisch-Ukrainisches Koordinationsbüro für Wissenschaft, Bildung und Kultur in Lemberg (Lviv), das von der Österreich-Kooperation und der Nationalen Iwan-Franko-Universität Lviv gegründet wurde. Ziel der Aktivitäten ist die Entwicklung der Zusammenarbeit zwischen den Universitäten der beiden Länder. Dabei werden ukrainisch-österreichische Sommerschulen durchgeführt, gemeinsame wissenschaftliche Konferenzen, Symposien und Vorlesungsreihen organisiert. Auch Intensivkurse der deutschen Sprache werden angeboten. Ein weiterer Schwerpunkt der Arbeit liegt auf der Förderung von Partnerschaften zwischen ukrainischen und österreichischen Schulen sowie auf der Fortbildung der Deutschlehrerinnen und -lehrer.

Österreich-Kooperation

Hörlgasse 12/14 *A-1090 Wien*	*Tel.: +43 (1) 3 17 69 93/12* *Fax: +43 (1) 3 17 49 35 18* *E-Mail: office@oek.at* *www.oek.at*

Österreichischer Austauschdienst

Der Österreichische Austauschdienst (ÖAD) ist eine Agentur für internationale Bildungs- und Wissenschaftskooperation. Ziel der

Bemühungen des ÖAD ist die Förderung der internationalen Mobilität und Kooperation im universitären und allgemeinen Bildungsbereich.

Aufgaben Zu seinen Aufgaben als Nationalagentur für Österreich gehören die Betreuung der EU-Bildungs- und Mobilitätsprogramme wie SOKRATES und LEONARDO. Zudem betreut der ÖAD Stipendienprogramme und Programme der wissenschaftlich-technischen Zusammenarbeit.

Die zentrale Geschäftsstelle des ÖAD hat ihren Sitz in Wien. Zur Pflege von Programmen sind einzelne Büros eingerichtet, so zum Beispiel das Büro für wissenschaftlich-technische Zusammenarbeit (WTZ), das Büro für Entwicklungszusammenarbeit (EZA) und das Büro für Akademische Mobilität (BAMO).

In den österreichischen Universitätsstädten unterhält der ÖAD lokale Geschäftsstellen und ERASMUS-Büros; in Wien, Graz und Leoben führt der ÖAD zusätzlich im Auftrag der Universitäten die „Vorstudienlehrgänge“ zur Vorbereitung ausländischer Studienbewerberinnen und -bewerber auf Ergänzungsprüfungen durch.

Österreichischer Austauschdienst – Zentrale Geschäftsstelle

Alserstr. 4/1/3/8 *A-1090 Wien*	*Tel.: +43 (1) 42 77-2 81 01* *Fax: +43 (1) 42 77-92 81* *E-Mail: zg@oead.ac.at* *www.oead.ac.at*

KulturKontakt

Aufgaben Der österreichische Verein KulturKontakt ist in den Bereichen Bildung und kulturelle Zusammenarbeit tätig. Er initiiert und fördert Kooperationsprojekte zwischen Mittel- und Osteuropa und Österreich, die zum gegenseitigen kulturellen Verständnis beitragen, sowie Austauschprogramme für Künstler und entwickelt Know-how im Kultursponsoring. KulturKontakt arbeitet als Verein im Auftrag und mit Unterstützung des österreichischen Bundesministeriums für Bildung, Wissenschaft und Kultur und des Bundeskanzleramtes (Sektion Kunst).

Aktivitäten Im Rahmen dieses vielfältigen Arbeitsfeldes hat KulturKontakt in den vergangenen Jahren auch umfangreiche Aktivitäten im Bereich Deutsch als Fremdsprache angeboten, die stets auf die

Plurizentrizität der deutschen Sprache sowie auf die integrative Vermittlung österreichischer Kultur abzielten. In der Berufsbildung wurden fachsprachliche Lehrgänge entwickelt. Projekte im DaF-Bereich sind beispielsweise die Ausbildung von Multiplikatoren, Curriculum- und Lehrmaterialentwicklung, Fortbildung von Lehrkräften im methodischen und didaktischen Bereich sowie zu landeskundlichen Themen.

Bildungskooperation

Mit umfassenden Programmen fördert KulturKontakt die Bildungszusammenarbeit mit und in Mittel-, Ost- und Südosteuropa. Im Auftrag des Ministeriums für Bildung, Wissenschaft und Kultur managen elf Bildungsbeauftragte und Projektteams in KulturKontakt diese Programme und jährlich mehr als 200 Bildungsprojekte in den Reformstaaten, um sie bei der Modernisierung ihrer Bildungssysteme zu unterstützen. Das breite Spektrum von Tätigkeitsfeldern umfasst etwa: nachhaltige Maßnahmen zur Fort- und Weiterbildung von Lehrerinnen und Lehrern, Lehrplanentwicklung, Erarbeitung von Unterrichtsmaterialien, Aktivitäten zur Organisationsentwicklung im Schulbereich und der Reform von Schulverwaltungen oder auch Unterstützung beim Aufbau schulischer Infrastruktur.

KulturKontakt unterhält und unterstützt ein Bildungsnetzwerk von Projektbüros in elf osteuropäischen Ländern (nähere Informationen dazu unter www.k-education.at). Das Netzwerk wird durch neun zweisprachige Schulen in der Slowakei, in Tschechien und in Ungarn sowie durch den Einsatz österreichischer Lehrkräfte in Südosteuropa ergänzt.

KulturKontakt – Austria

Spittelberggasse 3	*Tel.: +43 (1) 5 23 87 65*
A-1070 Wien	*Fax: +43 (1) 5 23 87 65-20*
	E-Mail: kk@kulturkontakt.or.at
	www.kulturkontakt.or.at

2.3 Auswärtige Kulturpolitik der Schweiz

Kulturpolitik

In der viersprachigen Schweiz nimmt die Förderung der deutschen Sprache und der Kultur der Schweiz in der auswärtigen Politik einen vergleichsweise geringen Stellenwert ein. Eine kulturelle Außenpolitik oder gesetzliche Grundlagen einer so genannten „Kulturdiplomatie“ existieren nicht.

Dennoch fördert das Eidgenössische Departement für auswärtige Angelegenheiten (EDA) zusammen mit

- dem **Bundesamt für Kultur** und
- der Schweizer Kulturstiftung **Pro Helvetia**

die Präsenz des schweizerischen Kulturlebens im Ausland. Ziel dieser Bemühungen ist es, die Vielfalt und die Lebendigkeit der Schweizer Kulturszene im Ausland zu präsentieren und für sie Verständnis und Freunde zu gewinnen.

Im Bereich des Kulturaustausches mit dem Ausland ist das EDA mit besonderen Aufgaben betraut. Hier handelt es sich einerseits um die projektorientierte Zusammenarbeit der diplomatischen und konsularischen Vertretungen im Ausland mit der Stiftung Pro Helvetia (im Sinne einer gegenseitigen Unterstützung und Beratung) und um die Vertretung und Unterstützung kulturpolitischer Anliegen in internationalen Gremien wie zum Beispiel der UNESCO, dem Europarat oder der Organisation für Sicherheit und Zusammenarbeit in Europa (OSZE).

Die Kulturarbeit im Ausland wird durch die Mitarbeiterinnen und Mitarbeiter des konsularischen und diplomatischen Netzes des EDA wahrgenommen, wobei sich allerdings nur in einigen wenigen Vertretungen (New York, Washington, London, Berlin) so genannte Kulturattachés ausschließlich dem Kulturbereich widmen. An der Zentrale in Bern ist die Sektion Kultur und UNESCO als Relais zuständig für die Koordination zwischen den einzelnen Akteuren im In- und Ausland.

Eidgenössisches Departement für Auswärtige Angelegenheiten

Bundeshaus West *CH-3003 Bern*	*Tel.: +41 (31) 3 22 21 11* *Fax: +41 (31) 3 23 40 41* *E-Mail: info@eda.admin.ch* *www.eda.admin.ch*

Bundesamt für Kultur

Aufgaben

Das Bundesamt für Kultur (BAK) des Eidgenössischen Departementes des Innern (EDI) ist als wichtigste Fachstelle für kulturelle und kulturpolitische Fragen zuständig. Das BAK gestaltet die Kulturförderungspolitik des Bundes, bereitet Gesetze und Erlässe im Bereich der Kunst- und Denkmalpflege, des Heimatschutzes und des Filmwesens vor und beaufsichtigt die Stiftung Pro Helvetia.

Das BAK fördert das kulturelle Leben in seiner Vielfalt und schafft die Voraussetzungen, damit sich dieses unabhängig entfalten und weiterentwickeln kann. Zu seinen Aufgabenbereichen gehören unter anderem die Unterstützung und Förderung der außerschulischen Jugendarbeit, der Ausbildung junger Auslandschweizerinnen und -schweizer sowie die Förderung der Anliegen der verschiedenen Sprach- und Kulturgemeinschaften. Das Bundesamt für Kultur unterstützt zudem die Schweizerschulen im Ausland finanziell.

Bundesamt für Kultur (BAK) – Kommunikation

Hallwylstr. 15	*Tel.: +41 (31) 3 22 79 85*
CH-3003 Bern	*Fax: +41 (31) 3 22 92 73*
	E-Mail: info@bak.admin.ch
	www.kultur-schweiz.admin.ch

Pro Helvetia

Aufgaben

Seit über 60 Jahren ist die Schweizer Kulturstiftung Pro Helvetia für die kulturelle Darstellung der Schweiz im Ausland, für den kulturellen Dialog zwischen den verschiedenen Landesteilen sowie für die Förderung der Künste im überregionalen Zusammenhang zuständig. Mit ihrer Tätigkeit unterstützt sie eine kulturell vielseitige, zeitgenössische und offene Schweiz.

Die Stiftung untersteht als öffentlich-rechtliche Einrichtung der Aufsicht des Eidgenössischen Departementes des Innern und der Oberaufsicht des Bundesrates, wobei das BAK mit der Wahrnehmung dieser Aufgaben betraut ist. Seit 1981 finanziert der Bund die Stiftung.

Außenstellen

Seit ihrer Gründung befindet sich die Geschäftsstelle der Pro Helvetia in Zürich. Hier und an ihrem Sitz in Genf arbeiten rund 65 Mitarbeiterinnen und Mitarbeiter in fünf Fachabteilungen und drei Stabsdiensten. Zudem unterhält die Stiftung Kulturzentren und Außenstellen in acht Ländern (Adressen im Anhang).

Pro Helvetia Zürich (Hauptsitz)

Hirschengraben 22	*Tel.: +41 (1) 2 67 71 71*
CH-8024 Zürich	*Fax: +41 (1) 2 67 71 06*
	E-Mail: info@pro-helvetia.ch
	www.pro-helvetia.ch

Komitee der Schweizerschulen im Ausland

Das Komitee für Schweizerschulen im Ausland (KSA) ist ein Verein zur Förderung der vom Bund anerkannten Schulen im Ausland. Die Geschäftsstelle des Komitees ist administrativ der Auslandschweizer-Organisation angeschlossen.

Aufgaben

Das Komitee betreut seit 1951 die Schweizerschulen im Ausland und vertritt deren Interessen im Inland, insbesondere bei den Bundesbehörden und bei den Parlamentariern. Es fördert den Kontakt unter den verschiedenen Schulen, organisiert jährlich eine Präsidenten- und Schulleiterkonferenz. Das Komitee berät die Schulen unter anderem in betriebswirtschaftlicher Hinsicht und in Rechtsfragen. Es gewährt ihnen bei außerordentlichen Aufwendungen seine finanzielle Unterstützung und übernimmt zahlreiche Dienstleistungen für die Schulen – wie zum Beispiel die Verwaltung der Sozialversicherungen für Schweizer Lehrkräfte.

17 Schulen weltweit

An 17 Schulen in zehn Ländern auf vier Kontinenten vermitteln rund 200 Schweizer Lehrerinnen und Lehrer 6.000 Kindern (davon 2.000 Schweizer Kindern) vom Kindergarten bis zur Sekundarstufe bzw. Gymnasium Unterricht nach schweizerischen Standards. Dabei wird aber gleichzeitig den Gegebenheiten und Anforderungen der Gastländer Rechnung getragen. Nicht zuletzt fördern die Schulen die kulturelle Präsenz der Schweiz im Ausland.

An allen Schulen ist Deutsch neben der Landessprache bzw. neben Englisch die zweite Unterrichtssprache. Die Gründung der Schulen ist der Initiative ortsansässiger Schweizerinnen und Schweizer zu verdanken. Eine Liste der Schweizerschulen im Ausland finden Sie unter www.aso.ch/pdf/Adressliste_CHSchulen_im_Ausland.pdf.

Komitee für Schweizerschulen im Ausland

Alpenstr. 26 *CH-3000 Bern 16*	*Tel.: +41 (31) 3 56 61 20* *Fax: +41 (31) 3 56 61 01* *E-Mail: ksa@aso.ch* *www.schweizerschulen.ch und* *www.aso.ch*

CH-Stiftung für eidgenössische Zusammenarbeit

Die CH-Stiftung für eidgenössische Zusammenarbeit wurde 1967 durch sämtliche Kantone und die Neue Helvetische Gesellschaft unter der Mitwirkung des Bundes gegründet. Das Tätigkeitsfeld der Stiftung ist grundsätzlich auf die Pflege des Föderalismus ausgerichtet. Zugrunde liegt die von allen Beteiligten getragene Überzeugung, dass die in der Schweiz bestehende Vielfalt von Kulturen und Sprachen im föderalistischen Aufbau des Staatswesens ihre politische Entsprechung findet.

Ziel

Zweck der Stiftung ist die Förderung der Zusammenarbeit der Kantone. Die heutige Tätigkeit der Stiftung ist auf einige klar abgrenzbare, praktische Projekte konzentriert, die sich generell in drei Sparten einordnen lassen: Kulturaustausch über die Sprachgrenzen, Dienstleistungen für die Kantonsregierungen sowie konzeptuelle und praktische Arbeiten im Zusammenhang mit Föderalismusfragen.

CH-Jugendaustausch

Seit 1976 besteht der CH-Jugendaustausch als Förderungs- und Koordinationsstelle für den Austausch von Schülerinnen und Schülern, Lehrpersonen sowie Lehrlingen über die Sprachgrenzen.

CH-Stiftung für eidgenössische Zusammenarbeit/
CH-Jugendaustausch

Hauptbahnhofstr. 2 *CH-4501 Solothurn*	*Tel.: +41 (32) 6 25 26 80* *Fax: +41 (32) 6 25 26 88* *E-Mail: austausch@echanges.ch* *www.echanges.ch*

2.4 Fachverbände und Institutionen

Im Folgenden werden – in alphabetischer Reihenfolge – Fachverbände, Vereine und andere Institutionen vorgestellt, die für den DaF-Bereich von Bedeutung sind.

Arbeitskreis Deutsch als Fremdsprache in der Schweiz (AKDaF)

Der Arbeitskreis DaF in der Schweiz wurde 1986 gegründet. Er steht allen Personen und Institutionen offen, die in den Bereichen Deutsch als Fremdsprache und Deutsch als Zweitsprache tätig sind. Die Mitglieder des Arbeitskreises arbeiten in verschiedenen Bereichen: in der Erwachsenenbildung, an den öffentlichen Schulen und den Hochschulen aller Landesteile.

Ziele Der AkDaF ist der größte DaF/DaZ-Verband in der Schweiz und Mitglied des Internationalen Deutschlehrerverbandes (IDV). Der Arbeitskreis hat zum Ziel, die Fächer Deutsch als Fremdsprache und Deutsch als Zweitsprache und die berufliche Qualifikation der Unterrichtenden dieser Fächer in der Schweiz zu fördern.

Der AkDaF fördert die Kontakte zwischen Personen und Institutionen im Bereich DaF/DaZ in der Schweiz und international sowie die fachliche Information und Weiterbildung von Lehrpersonen. Zu diesem Zweck führt er jährlich eine Fachtagung durch und betreibt (gratis) eine Ausleihbibliothek.

Rundbrief Das Publikationsorgan des AkDaF, der „Rundbrief", erscheint zwei- bis dreimal jährlich. Er hat eine stark praxisorientierte Ausrichtung, enthält Artikel, direkt umsetzbare Materialien und Erfahrungsberichte aus dem DaF/DaZ-Unterricht in der Schweiz sowie Rezensionen, Hinweise auf Aus- und Weiterbildungsangebote DaZ und einen Veranstaltungskalender.

Weiterbildung Der AkDaF bietet mehrmals im Jahr in verschiedenen Regionen der Schweiz Workshops zur fachlichen Weiterbildung an. Die Themen richten sich nach den Bedürfnissen und Wünschen der Mitglieder.

Arbeitskreis Deutsch als Fremdsprache in der Schweiz
Präsidentin: Frau Carola Ernst

Fuchsloch 260 *CH-8496 Steg*	*Tel.: +41 (55) 4 62 38 28* *Fax: +41 (55) 4 62 38 29* *E-Mail: carola.ernst@akrotea.ch* *www.akdaf.ch*

Fachgruppe Deutsch als Fremdsprache

Ziele Die Fachgruppe Deutsch als Fremdsprache im deutschen Fachverband Moderne Fremdsprachen (FMF) setzt sich für die Förderung von Deutsch als Fremdsprache und Deutsch als Zweitsprache im schulischen und außerschulischen Bereich sowie die Fortbildung von DaF- und DaZ-Lehrkräften ein.

Zu diesem Ziel organisiert sie Fachtagungen und Kongresse und arbeitet mit nationalen Deutschlehrerverbänden und dem Internationalen Deutschlehrerverband zusammen.

Fachgruppe Deutsch als Fremdsprache im Fachverband Moderne Fremdsprachen – Vorsitzender: Prof. Dr. Hermann Funk

Friedrich-Schiller-Universität Jena	*Tel.: +49 (36 41) 94 43-68*
Ernst-Abbe-Platz 8	*Fax: +49 (36 41) 94 43-62*
D-07743 Jena	*E-Mail: hermann.funk@uni-jena.de*
	www.fmf-daf.de

Fachverband Deutsch als Fremdsprache e.V.

Der deutsche Fachverband Deutsch als Fremdsprache (FaDaF) ist eine Interessenvertretung derjenigen, die in Forschung und Lehre im Bereich Deutsch als Fremdsprache tätig sind. Der FaDaF hat gegenwärtig ca. 650 Mitglieder und ist Mitglied des Internationalen Deutschlehrerverbandes (IDV).

Ziel

Das Ziel des gemeinnützigen Vereins ist die Förderung des Deutschen als Fremdsprache insbesondere in Wissenschaft und Unterricht. Zudem bemüht er sich um die sprachliche Förderung von studierenden Ausländern in Deutschland, um die Unterstützung der Belange des Faches DaF und der in diesem Bereich tätigen Personen bzw. Einrichtungen. Ein weiterer Schwerpunkt der Arbeit ist die Förderung der Aus- und Fortbildung von Lehrkräften und des wissenschaftlichen Nachwuchses für DaF.

Mit dem Ziel, über fachdidaktische, fachwissenschaftliche und hochschulpolitische Positionen zu informieren und zu diskutieren, richtet der Fachverband regelmäßig Kongresse und Tagungen aus. Dazu zählen die Jahrestagung DaF sowie in der Regel zwei Fachtagungen jährlich.

Publikationen

Der FaDaf gibt neben der Mitgliederzeitung „fadaf-aktuell" folgende Publikationen (mit) heraus: Info DaF, Materialien DaF und Dokumente DaF.

Fachverband Deutsch als Fremdsprache

Geschäftsstelle	*Tel.: +49 (5 11) 7 62-1 93 34*
Universität Hannover	*Fax: +49 (5 11) 7 62-40 08*
Fachsprachenzentrum	*E-Mail: lau-fadaf@fsz.uni-hannover.de*
Am Welfengarten 1	*www.fadaf.de*
D-30167 Hannover	

Gesellschaft für Angewandte Linguistik e.V.

Die Gesellschaft für Angewandte Linguistik e.V. (GAL), die 1968 gegründet wurde, hat mehr als 1.000 Mitglieder, die alle in angewandter linguistischer Forschung und Lehre aktiv sind.

Ziele Die GAL will die Entwicklung auf allen Gebieten der angewandten Linguistik in der Bundesrepublik Deutschland aktiv mitgestalten, den Austausch wissenschaftlicher Informationen, Erfahrungen und Ergebnisse fördern sowie die Zusammenarbeit von Personen und Institutionen national und auch international intensivieren.

Aktivitäten Die GAL organisiert in eigener Regie oder in Zusammenarbeit mit anderen Institutionen und Fachverbänden Fachtagungen und Kongresse auf nationaler und internationaler Ebene.

Mitglieder des Vereins erhalten die zweimal jährlich erscheinende AILA-Review, die von der GAL begründete Buchreihe forum Angewandte Linguistik sowie die von der Gesellschaft herausgegebene Zeitschrift für Angewandte Linguistik.

Gesellschaft für Angewandte Linguistik e.V. – Geschäftsstelle
Universität Duisburg-Essen – Fakultät für Geisteswissenschaften
Institut für Germanistik

D-47048 Duisburg	*Tel.: +49 (2 03) 3 79-23 93* *Fax: +49 (2 03) 3 79-24 90* *E-Mail: geschaeftsstelle@gal-ev.de* *www.gal-ev.de*

Gesellschaft für deutsche Sprache e.V.

Die Gesellschaft für deutsche Sprache (GfdS) wurde 1947 in Lüneburg gegründet und hat heute ihren Sitz in Wiesbaden. Sie ist ein politisch unabhängiger Verein zur Pflege und Erforschung der deutschen Sprache.

Ziel Die GfdS hat sich zum Ziel gesetzt, die Sprachentwicklung aufmerksam und kritisch zu beobachten und daraus Empfehlungen für den allgemeinen Sprachgebrauch abzuleiten.

Aktivitäten Dabei stützt sie sich auf die sprachwissenschaftliche Forschung. Durch Vorträge und Podiumsdiskussionen, mit ihren Veröffentlichungen, durch Sprachberatung etc. will die GfdS auf einen angemessenen, lebendigen und menschlichen Sprachgebrauch hinwirken.

Mitglied werden können alle, die interessiert sind. Die GfdS hat zurzeit ca. 2.500 Mitglieder. Die Mitglieder erhalten kostenfrei die Zweimonatsschrift „Der Sprachdienst“.

Handbuch

Die Gesellschaft für deutsche Sprache hat zusammen mit dem Institut für Deutsche Sprache das Handbuch „Förderung der Sprachkultur in Deutschland. Eine Bestandsaufnahme“ herausgegeben. Dort werden ca. 135 Organisationen, Vereine und Institutionen vorgestellt, die sich mit der Pflege der deutschen Sprache (im weitesten Sinne) beschäftigen. Das Handbuch kann bei der GfdS oder dem IDS bestellt werden.

Deutscher Sprachrat

Zudem haben die Gesellschaft für deutsche Sprache, das Goethe-Institut und das Institut für Deutsche Sprache im Sommer 2003 den Deutschen Sprachrat gegründet. Der Sprachrat sieht es als seine Aufgabe an, durch Sensibilisierung des Sprachbewusstseins die Sprachkultur im Inland sowie die Stellung der deutschen Sprache im Ausland zu fördern. Näheres unter www.deutscher-sprachrat.de.

Gesellschaft für deutsche Sprache e.V. – Geschäftsstelle

Spiegelgasse 13	*Tel.: +49 (6 11) 9 99 55-0*
D-65183 Wiesbaden	*Fax: +49 (6 11) 9 99 55-30*
	E-Mail: sekr.gfds@t-online.de
	www.gfds.de

Gesellschaft für Interkulturelle Germanistik e.V.

Die Gesellschaft für Interkulturelle Germanistik e.V. (GiG) wurde im Juli 1984 gegründet.

Aktivitäten

Sie versteht sich nicht als Verband, sondern als Forschungsgemeinschaft. Ihre Mitglieder sind Germanisten, Deutschlehrkräfte sowie Vertreter anderer Fächer und Berufe, die an der Vermittlung deutschsprachiger Kulturen mitwirken. Ihre Zusammenarbeit wird geprägt von der Absicht, die wissenschaftliche und pädagogische Tätigkeit mit interdisziplinären Möglichkeiten kulturellen Austauschs zu verknüpfen und Erkenntnischancen zu nutzen, die in der Unterschiedlichkeit der jeweiligen kulturellen Ausgangsposition liegen.

Besonderer Wert wird auf gleichberechtigte Kooperation zwischen Germanisten aus dem deutschsprachigen und nichtdeutschsprachigen Raum gelegt, mit Reflexion auf die jeweils individuelle kulturelle Sozialisation und Kompetenz.

Die Gesellschaft veranstaltet Kongresse, Kolloquien und Workshops; zudem gibt sie eine Publikationsreihe heraus.

Gesellschaft für Interkulturelle Germanistik e.V.
Prof. Dr. Ulrich Müller – Universität Salzburg
Institut für Germanistik

Akademiestr. 20	*Tel.: +43 (6 62) 80 44-43 50*
A-5020 Salzburg	*Fax: +43 (6 62) 80 44-6 12*
	E-Mail: ulrich.mueller@sbg.ac.at
	www.sbg.ac.at/ger/gig/gig.htm

interDaF e.V.

interDaF e.V. am Herder-Institut der Universität Leipzig ist ein gemeinnütziger Verein, der 1992 aus dem alten Herder-Institut hervorgegangen ist. Damit wird die große Tradition fortgesetzt, die die Universität Leipzig seit Jahrzehnten auf dem Gebiet DaF hat.

Aufgaben Die spezielle Aufgabe von interDaF e.V. ist es, Sprach- und Weiterbildungsarbeit auf dem Gebiet des Deutschen als Fremdsprache zu leisten. Dabei deckt interDaF den voruniversitären und universitären Bereich ab. Der Verein führt studienvorbereitende Sprachkurse (zum Beispiel ein Aussiedlerprogramm) durch sowie Fort- und Weiterbildungslehrgänge mit unterschiedlicher Schwerpunktsetzung (Methodik/Didaktik, Landeskunde, Sprachwissenschaft, Sprachunterricht) im Auftrag deutscher Mittlerorganisationen und ausländischer Hochschuleinrichtungen. interDaF gibt zudem die Zeitschrift „Deutsch als Fremdsprache“ mit heraus.

interDaF e.V. – am Herder-Institut der Universität Leipzig

Lumumbastr. 4	*Tel.: +49 (3 41) 9 73 75-00*
D-04105 Leipzig	*Fax: +49 (3 41) 9 73 75-49*
	E-Mail: interdaf@rz.uni-leipzig.de
	www.uni-leipzig.de/interdaf

Institut für Deutsche Sprache

Forschungseinrichtung

Das Institut für Deutsche Sprache (IDS) in Mannheim ist die zentrale außeruniversitäre Einrichtung zur Erforschung und Dokumentation der deutschen Sprache in ihrem gegenwärtigen Gebrauch und in ihrer neueren Geschichte. Als Mitglied der Leibniz-Gemeinschaft wird das IDS je zur Hälfte vom Bund und dem Land Baden-Württemberg finanziert.

Aktivitäten

Jedes Jahr im März findet die Jahrestagung des IDS statt, auf der sprachwissenschaftliche Themen diskutiert werden. Das IDS wird unterstützt und gefördert vom Verein „Freunde des Instituts für Deutsche Sprache e.V.".

Auch wenn das IDS nicht speziell im DaF-Bereich tätig ist, so findet man auf dessen Homepage dazu dennoch viele nützliche Informationen, wie zum Beispiel eine Linksammlung zum Thema Deutsch lernen.

Institut für Deutsche Sprache

Postfach 10 16 21	*Tel.: +49 (6 21) 15 81-0*
D-68016 Mannheim	*Fax: +49 (6 21) 15 81-2 00*
	E-Mail: trabold@ids-mannheim.de
	www.ids-mannheim.de

Internationaler Deutschlehrerverband

Ziele

Der Internationale Deutschlehrerverband (IDV) ist der Dachverband für national organisierte Deutschlehrerverbände. Er vertritt die Interessen von schätzungsweise 250.000 Deutschlehrinnen und -lehrern in über 80 Ländern. Seine Ziele sind die Förderung der Kontakte und der Zusammenarbeit zwischen Deutschlehrerverbänden und ihren Mitgliedern, die Unterstützung der Deutschlehrer in ihrer beruflichen Tätigkeit und fachlichen Aus- und Fortbildung, die Weiterentwicklung des Faches Deutsch als Fremdsprache und schließlich die Förderung einer angemessenen Stellung der deutschen Sprache.

Aktivitäten

Der IDV informiert über Stipendien und Tagungen, fördert den Schüleraustausch, hilft bei internationalen Begegnungen und verbindet durch das IDV-NETZ (E-Mail) Deutsch sprechende Freunde auf allen fünf Kontinenten. Neben der traditionellen „Internationalen Deutschlehrertagung" (IDT), die alle vier Jahre stattfindet, organisiert der IDV Seminare zum Thema Verbandsarbeit sowie Regionaltagungen, Symposien zu fachlichen Themen und eine internationale Deutscholympiade.

Die nächste IDT findet 2005 in Graz statt (www.idt-2005.at).

Internationaler Deutschlehrerverband
Sitz des Präsidiums des IDV (bis 2005):
Frau Dr. Helena Hanuljaková – Metodicko-pedagogické centrum

Tomásikova 4	*Tel.: +4 21 (2) 4 34 22 25, 48 20 94 28*
P. O. Box 14	*Fax: +4 21 (2) 43 33 59 46*
82009 Bratislava	*E-Mail: hanuljak@nextra.sk*
Slowakische Republik	*http://idvnetz.org*

Nationale Deutschlehrerverbände

Es gibt eine große Zahl von nationalen Deutschlehrerverbänden. Auf der Homepage des IDV finden Sie unter www.idvnetz.org/laender/index.html Links zu diesen Verbänden.

Lektorenvereinigungen

MitOst e.V.

Ende 1996 entstand auf Initiative ehemaliger Lektorinnen und Lektoren sowie mit Förderung der Robert Bosch Stiftung der Verein MitOst e.V., der sich zum Ziel gesetzt hat, den Sprach- und Kulturaustausch mit den mittel- und osteuropäischen Ländern durch ehrenamtliche Projektarbeit zu verstärken und die Vernetzung aktiver und ehemaliger Stipendiatinnen und Stipendiaten der Robert Bosch Stiftung in MOE zu fördern.

Die informative Internetseite des Vereins für Sprach- und Kulturaustausch mit Mittel- und Osteuropäischen Ländern enthält viele Links zu DaF-Themen.

MitOst e.V. – Geschäftsstelle – Frau Anne Stalfort

Schillerstr. 57	*Tel.: +49 (30) 31 51 74-70*
D-10627 Berlin	*Fax: +49 (30) 31 51 74-71*
	E-Mail: geschaeftsstelle@mitost.de
	www.mitost.de und
	www.boschlektoren.de

Lektoren-Vereinigung Korea

Die Lektoren-Vereinigung Korea ist ein Zusammenschluss der in Korea tätigen DaF-Lektorinnen und -Lektoren. Sie gibt den Rundbrief „DaF-Szene Korea“ heraus und informiert zu allen Fragen rund um Lektorate in Korea. Nähere Informationen unter www.lvk-info.org.

Die Lektoren-Vereinigung Japan ist eine Initiative der in Japan tätigen DaF-Lektorinnen und -Lektoren. Mehrmals im Jahr erscheint ein Rundbrief mit aktuellen Informationen, Buchbesprechungen, Erfahrungsberichten und vielem mehr. Zudem bietet die Homepage der Initiative eine Fülle von Informationen zum Thema DaF-Lektorate in Japan. Nähere Informationen gibt es unter www.biblint.de/lektoren/index.htm.

Lektoren-Vereinigung Japan

Die Mitglieder des LEDAFIDS (Lektoren und Lektorinnen für Deutsch als Fremdsprache in der Schweiz) unterrichten Deutsch als Fremdsprache an Schweizer Universitäten und Fachhochschulen. Die Vereinszwecke sind die gegenseitige Information und Kooperation im Bereich Deutsch als Fremdsprache in den Bereichen Hochschule und außeruniversitäre Weiterbildung. Der Verein pflegt zudem Kontakte durch die Mitgliedschaft in internationalen Organisationen und organisiert Fachtagungen.

LEDAFIDS

Lektoren und Lektorinnen Deutsch als Fremdsprache in der Schweiz
Präsident: Dr. Ueli Bachmann – Deutsches Seminar
Linguistische Abteilung

Schönberggasse 9	*E-Mail: ueli.bachmann@swissonline.ch*
CH-8001 Zürich	*www.ledafids.ch*

Österreichischer Verband für Deutsch als Fremdsprache und Zweitsprache

Seit 1984 gibt es ÖDaF, den Österreichischen Verband für Deutsch als Fremdsprache und Zweitsprache, der Mitglied im Internationalen Deutschlehrerverband (IDV) ist. Der Verein hat rund 300 Mitglieder, die in Lehre und Forschung im Bereich Deutsch als Fremdsprache und Zweitsprache tätig sind. Seine Mitglieder sind an Universitäten, Vorstudienlehrgängen, Schulen, privaten und öffentlichen Sprachschulen und bei Institutionen (Ministerien, Volkshochschulen etc.) sowie als Auslandslektorinnen und -lektoren und Auslandslehrkräfte beschäftigt. Der Verein hat auch eine eigene Sektion für Studierende.

Die Arbeitsbereiche reichen vom praktischen Sprachunterricht über Fremdsprachendidaktik und -methodik, von der Aus- und Fortbildung über die Schaffung von Rahmenbedingungen bis zur Lehrmaterialerstellung. Dabei beschäftigt sich ÖDaF nicht nur mit Sprache und Sprachvermittlung, sondern ganz wesentlich auch mit bildungspolitischen Fragen und Anliegen des interkulturellen Lernens, der Landeskunde, der Integration und der Völkerverständigung.

Aktivitäten

ÖDaF-Mitteilungen Die „ÖDaF-Mitteilungen" sind die Verbandszeitschrift des Österreichischen DaF-Lehrerverbands. Sie enthält praxisorientierte Beiträge für den DaF-Bereich und erscheint zweimal jährlich. Zweimal pro Jahr findet auch eine Tagung zu DaF/DaZ-relevanten Themen statt.

Österreichischer Verband für Deutsch als Fremdsprache/ Zweitsprache – Präsident: Roland Fischer
Vizepräsidentin: Renate Faistauer

Liechtensteinstr. 155 *A-1090 Wien*	*Tel.: +43 (1) 4 27 74 21-71* *Fax: +43 (1) 4 27 74 21-80* *E-Mail: OeDaF@gmx.at und renate.faistauer@univie.ac.at*

Verband Deutscher Lehrer im Ausland

Ziel Der Verband Deutscher Lehrer im Ausland (VDLiA) vertritt die Interessen seiner Mitglieder (im In- und Ausland) gegenüber der Zentralstelle für das Auslandsschulwesen, den Länderbehörden und dem Auswärtigen Amt in Berlin. Mitglieder des VDLiA sind aktive, ehemalige und zukünftige Auslandslehrkräfte sowie Personen, die den Zweck und die Aufgaben des Verbandes unterstützen wollen.

Aufgaben Zweck des Verbandes ist die Förderung der Völkerverständigung durch Bildung und Erziehung. Der Verein setzt sich dafür ein, dass das deutsche Auslandsschulwesen im bisherigen Umfang erhalten bleibt und dass es nicht zu weiteren Kürzungen (zum Beispiel der Lehrergehälter, der Schulbeihilfen) kommt. Er vertritt nicht nur die beamteten und angestellten Lehrer und Lehrerinnen, sondern auch die Interessen der Programmlehrkräfte.

Der VDLiA informiert über Veränderungen und Entwicklungen im Auslandsschulwesen und fördert Didaktik und Methodik von Deutsch als Fremd- und Fachsprache. Er arbeitet mit politischen, pädagogischen und wissenschaftlichen Institutionen im Inland zusammen, die sich mit Fragen des internationalen Kulturaustausches befassen.

Zeitschrift Die Verbandszeitschrift „Der deutsche Lehrer im Ausland" ist ein Kaleidoskop der schulischen Arbeit im Ausland und erscheint viermal im Jahr. Dort erscheinen Beiträge zu didaktischen Fragen des Unterrichts „Deutsch als Fremdsprache",

„Deutschsprachiger Fachunterricht" (DFU) und zu verbandspolitischen Themen sowie Rezensionen und Stellenangebote.

Verband Deutscher Lehrer im Ausland
Geschäftsführer: Joachim Schneider

Albachtener Str. 99d	*Tel.: +49 (25 36) 4 40*
D-48163 Münster	*Fax: +49 (25 36) 4 46*
	E-Mail: schneider@vdlia.de
	www.vdlia.de

Wissenschaftliche Gesellschaft zur Förderung des Deutschen als Fremdsprache in Österreich

Die Wissenschaftliche Gesellschaft zur Förderung des Deutschen als Fremdsprache in Österreich (WGDaF) wurde im Rahmen der Kooperation der DaF-Lehrstühle Graz und Wien im Jahre 1996 gegründet.

Ziel

Ihr Ziel besteht darin, wissenschaftliche und didaktische Vorhaben im Fachgebiet Deutsch als Fremdsprache im Inland und im Kontakt mit dem Ausland zu fördern, Studiengänge und Forschungsarbeiten in Österreich zu koordinieren, Tagungen und Vortragsreihen zu organisieren und Publikationen herauszugeben.

Buchreihe

Mit der Gründung der Buchreihe „Theorie und Praxis. Österreichische Beiträge zu Deutsch als Fremdsprache" wurde ein erstes gemeinsames Projekt ins Leben gerufen, mit der sich die WGDaF der Fachöffentlichkeit vorstellt. Die Buchreihe versteht sich als Forum eines Dialogs im Fach Deutsch als Fremdsprache über die Grenzen hinaus. Serie A dieser Reihe enthält einen jährlich erscheinenden Sammelband, das „Jahrbuch", und Serie B umfasst Monographien und thematisch geschlossene Bände, vor allem Dissertationen, Tagungsberichte etc.

Wissenschaftliche Gesellschaft zur Förderung des Deutschen als Fremdsprache in Österreich – Vorsitz: Prof. Dr. Paul R. Portmann-Tselikas – Stellvertretender Vorsitz: Prof. Dr. Hans-Jürgen Krumm Lehrstuhl Deutsch als Fremdsprache – Institut für Germanistik

Universität Wien	*Tel.: +43 (1) 4 27 74 21-07*
Dr. Karl Lueger Ring 1	*Fax: +43 (1) 4 27 74 21-80*
A-1010 Wien	*E-Mail:*
	hans-juergen.krumm@univie.ac.at
	www.gewi.kfunigraz.ac.at/uldaf/wgdaf/index.htm

2.5 Fachzeitschriften und Sammelbände

Neben den hier in alphabetischer Reihenfolge vorgestellten Fachzeitschriften und Sammelbänden gibt es noch eine Reihe anderer periodischer Publikationen zum Thema DaF. Eine Reihe von ihnen (so zum Beispiel „Theorie und Praxis“ der Wissenschaftlichen Gesellschaft zur Förderung des Deutschen als Fremdsprache in Österreich, Rundbriefe und Mitteilungen) werden von Verbänden und Vereinen herausgegeben und sind bereits unter 2.4 genannt worden.

Babylonia

Die Schweizer Stiftung Sprachen und Kultur gibt die mehrsprachige Zeitschrift „Babylonia“ heraus. Die Fachzeitschrift für Sprachunterricht und Sprachenlernen richtet sich an Sprachlehrkräfte der gesamten Schweiz und erscheint viermal im Jahr. Jede Nummer behandelt ein Schwerpunktthema (zum Beispiel „Wortschatzlernen“ oder „Die Sprachen an der Berufsmaturität“) mit informierenden und vertiefenden Beiträgen und enthält didaktische Materialien und Erfahrungsberichte aus der Lehrpraxis (www.babylonia-ti.ch).

Deutsch als Fremdsprache

Die Zeitschrift „Deutsch als Fremdsprache. Zeitschrift zur Theorie und Praxis des Deutschunterrichts für Ausländer“ erscheint viermal pro Jahr im Langenscheidt Verlag. Die Zeitschrift wird vom Herder-Institut und interDaF e.V. herausgegeben. Sie enthält Artikel zu sprachwissenschaftlichen und sprachdidaktischen Themen (Fremdsprachenerwerb, Methodik, Didaktik, germanistische Linguistik, Phonetik und Landeskunde) und Beiträge zum Fach DaF. Zudem bietet sie Informationen zu Tagungen und Kongressen und bespricht neu erschienene Literatur zum Thema DaF.

Deutsch als Zweitsprache

Die Zeitschrift „Deutsch als Zweitsprache“ (bis 2002 unter dem Titel: „Deutsch lernen. Zeitschrift für den Sprachunterricht mit ausländischen Arbeitnehmern“) wurde vom Sprachverband Deutsch für ausländische Arbeitnehmer e.V. herausgegeben und erschien viermal pro Jahr im Schneider Verlag (in Baltmannsweiler). Sie brachte praxisorientierte Beiträge zur Didaktik und Methodik des DaF- und DaZ-Unterrichts für jugendliche und erwachsene Einwanderer und Ausländer in der Berufsausbildung und im Studium. Mit der Schließung des Sprachverbands im Jahre 2003 ist die Fortführung der Zeitschrift ungewiss. Eventuell wird das Bundesamt für die Anerkennung ausländischer Flüchtlinge (www.bafl.de) die Zeitschrift weiterführen.

Fachdienst Germanistik

Der „Fachdienst Germanistik. Sprache und Kultur in der Kritik deutschsprachiger Zeitungen“ wird von Peter Kapitza in Verbindung mit dem Beirat Germanistik beim DAAD herausgegeben und erscheint monatlich im iudicium Verlag. Der Fachdienst bietet einen Pressespiegel zum Thema Germanistik. Neben Nachrichten, Berichten und Kommentaren über Sprache und Literatur werden Tagungen und Ausstellungen angekündigt und besprochen. Der Fachdienst enthält zudem Informationen zu Preisverleihungen und Gedenktagen. Weiterhin finden sich Rezensionen zu Neuerscheinungen im Bereich Germanistik sowie eine Bibliographie, die neue Aufsätze und Monographien verzeichnet. Abgedruckt werden auch die Inhaltsverzeichnisse vieler einschlägiger Fachzeitschriften (darunter auch DaF-Zeitschriften).

Fremdsprache Deutsch

„Fremdsprache Deutsch. Zeitschrift für die Praxis des Deutschunterrichts“ wird vom Vorstand des Goethe-Instituts sowie von Peter Bimmel, Hans-Jürgen Krumm und Gerhard Neuner herausgegeben und erscheint zweimal pro Jahr im Klett Verlag. Das Konzept der Zeitschrift ist auf die Bedürfnisse und Weiterbildungsziele von Deutschlehrkräften in verschiedenen Regionen der Welt zugeschnitten. Jedes Heft ist einem bestimmten Thema zur Methodik und Didaktik des DaF-Unterrichts gewidmet. Dabei werden neueste Forschungsergebnisse und der Stand der Fachdiskussion dargestellt. Die theoretischen Ausführungen werden mit Hilfe von Unterrichtsbeispielen auf die konkrete Praxis bezogen. Alle Hefte enthalten außerdem zahlreiche weiterführende Informationen und Literaturhinweise.

Fremdsprachen Lehren und Lernen

Die Zeitschrift „Fremdsprachen Lehren und Lernen“ (FLuL) wird von Gert Henrici, Frank G. Königs und Ekkehard Zöfgen einmal jährlich herausgegeben. Die Zeitschrift Theorie und Praxis des Sprachunterrichts an der Hochschule erscheint im Gunter Narr Verlag. Jeder Band hat einen thematischen Schwerpunkt und enthält daneben Aufsätze zu anderen Themen, Diskussionsbeiträge und Rezensionen.

GFL

Die Internet-Zeitschrift „German as a foreign language“ (GFL) erscheint dreimal pro Jahr unter www.gfl-journal.de. Publiziert werden englisch- und deutschsprachige Artikel zu allen Aspekten des Deutschlehrens und -lernens. Besonders berücksichtigt werden interkulturelle Aspekte und die spezifische Perspektive des Deutschlehrens und -lernens außerhalb der deutschsprachigen Länder. Die Zeitschrift wird vom DAAD und dem Goethe-Institut unterstützt.

IDE Die „Informationen zur Deutschdidaktik“ (IDE) werden viermal im Jahr vom Institut für Germanistik der Universität Klagenfurt herausgegeben und erscheinen im Studien-Verlag in Wien. Die Zeitschrift für den Deutschunterricht in Wissenschaft und Schule beinhaltet praktische Tipps, Hinweise, Rezensionen, Termine von Seminaren, Tagungen etc. Zwar ist IDE primär eine Fachzeitschrift für den muttersprachlichen Deutschunterricht, sie berücksichtigt aber auch verstärkt Themen aus dem DaF/DaZ-Bereich.

Info DaF Der Deutsche Akademische Austauschdienst (DAAD) gibt in Zusammenarbeit mit dem Fachverband Deutsch als Fremdsprache (FaDaF) die Zeitschrift „Info DaF“ sechsmal pro Jahr im iudicium Verlag heraus. Hier erscheinen Aufsätze zum Fachgebiet DaF, Beiträge zur Situation des Faches DaF im Ausland, Erfahrungsberichte aus der Praxis, Auswahlbibliographien, Rezensionen, Protokolle von Sitzungen und Jahrestagungen des FaDaF.

Jahrbuch Deutsch als Fremdsprache Das „Jahrbuch Deutsch als Fremdsprache: intercultural German studies“ wird von Alois Wierlacher und anderen herausgegeben und erscheint (jährlich) im iudicium Verlag. Das Jahrbuch wendet sich an alle Personen und Institutionen, die im In- und Ausland in Forschung, Lehre und Praxis mit der Vermittlung der deutschen Sprache und Kultur befasst sind. Es soll dem Leser einen umfassenden Überblick über die aktuellen Entwicklungen des Faches Deutsch als Fremdsprache im In- und Ausland bieten. Es enthält Aufsätze zu thematischen Schwerpunkten im DaF-Bereich, einen Dokumentationsteil mit einer Jahresbibliographie DaF sowie einen Rezensionsteil.

LernSprache Deutsch Die Zeitschrift „LernSprache Deutsch“ wird von Günter Lipold und Sergios Katsikas dreimal jährlich herausgegeben und erscheint in der Edition Praesens in Wien. Die Zeitschrift enthält wissenschaftliche Aufsätze zu verschiedenen Themen aus den Bereichen Methodik und Didaktik, (kontrastive) Linguistik, Literaturwissenschaft sowie Tagungsberichte und Rezensionen.

Materialien Deutsch als Fremdsprache Die „Materialien Deutsch als Fremdsprache“ sind Sammelbände mit didaktischen und methodischen Beiträgen und werden vom Fachverband Deutsch als Fremdsprache (FaDaF) herausgegeben. Jedes Heft hat ein Schwerpunkthema, darunter bisher: „Texte zum Hörverstehen und zur Mitschrift“, „Fort- und Weiterbildung von Lehrkräften für Deutsch als Fremdsprache“ und „DaF für die Zukunft. Eine Zukunft für DaF!“.

Neusprachliche Mitteilungen

Die „Neusprachlichen Mitteilungen aus Wissenschaft und Praxis“ (nm) werden vom Fachverband Moderne Fremdsprachen (FMF) herausgegeben und erscheinen viermal im Jahr im Pädagogischen Zeitschriftenverlag. Sie enthalten Berichte über Forschung und praktische Erfahrungen aus dem Bereich des neusprachlichen Unterrichts (nicht speziell für DaF).

Praxis Fremdsprachenunterricht

Die Zeitschrift „Praxis Fremdsprachenunterricht“ erscheint ab 2004 sechsmal pro Jahr im Pädagogischen Zeitschriftenverlag. Sie ist aus den Zeitschriften „Praxis des neusprachlichen Unterrichts“ und „Fremdsprachenunterricht“ hervorgegangen.

Frühes Deutsch

„Frühes Deutsch: Fachzeitschrift für Deutsch als Fremdsprache und Zweitsprache im Primarbereich“ wird vom Goethe-Institut im W. Bertelsmann Verlag herausgegeben. Sie erscheint dreimal pro Jahr und wendet sich an DaF-Lehrkräfte im Primarbereich (Grundschulen) im In- und Ausland. Die Hefte widmen sich jeweils einem Schwerpunktthema. Sie bieten Berichte aus der Praxis für die Praxis, Arbeitsmaterialien, Vorschläge für die Unterrichtsgestaltung, Hintergrundinformationen und vieles mehr.

Zielsprache Deutsch

„Zielsprache Deutsch. Die Zeitschrift für den Deutschunterricht in der Erwachsenenbildung“ erscheint viermal im Jahr im Stauffenburg Verlag. Veröffentlicht werden Beiträge über neuere Untersuchungen im Bereich Gegenwartsdeutsch, angewandte Linguistik, Didaktik und Unterrichtspraxis DaF. Zudem enthält sie eine Auswahlbibliographie und einen Rezensionsteil, der über einschlägige Buchpublikationen unterrichtet.

ZIF

Die „Zeitschrift für Interkulturellen Fremdsprachenunterricht. Didaktik und Methodik im Bereich Deutsch als Fremdsprache“ wird von Britta Hufeisen und Manfred Prokop herausgegeben. Sie erscheint online unter http://zif.spz.tu-darmstadt.de und enthält Beiträge zu einem Schwerpunktthema sowie Rezensionen.

Erfahrungsbericht aus Russland:

Eindrücke eines DAAD-Lektors aus der russischen Provinz

Eine vielfältige Region

„Nun wurde die Sowjetmacht in der Heimat Lenins wiederhergestellt“, erklärte der jüngst gewählte Gouverneur des Uljanowsker Gebiets. Wladimir Iljitsch Uljanow (Lenin) konnte ganze Passagen aus Goethes Faust rezitieren. Und dennoch war er das genaue Gegenteil von einem Humanisten, auch das Gegenteil seines Vaters, der im ehemaligen Simbirsk (so hieß Uljanowsk bis 1924) viel für die nationalen Minderheiten getan hat.

Heute ist es mit den Deutschkenntnissen nicht mehr so weit her, häufig erinnert sich der russische Durchschnittsbürger, vor allem wenn er männlich ist, nach einigen Jahren schulischen Deutschunterrichts (immerhin war Deutsch erste Fremdsprache in der Sowjetunion) gerade mal an „Hände hoch!“ und „Hitler kaputt“. (Die ausgezeichneten Deutschkenntnisse Germanistikstudierender seien hier ausgenommen!)

Dass gute Deutschkenntnisse nicht unbedingt mit einer toleranteren Einstellung anderen Kulturen oder Nationalitäten gegenüber einhergehen, kann man auch heute beobachten.

Das bunte kulturelle Mosaik ist für mich eigentlich das Interessante im Gebiet der mittleren Wolga. Dieser Reichtum spiegelt die Geschichte, in deren Verlauf Finnougrier, türkische Nomadenvölker, Ostslawen, Animisten, Muslime, Christen hier siedelten, um die Vorherrschaft kämpften, sich vermischten. Ich gewann den Eindruck, dass dort, wo die Vielfalt von Identitäten zum Alltag gehört, auch die Einstellung Ausländern gegenüber offener ausfällt. Andere Sprachen, andere Erfahrungen sind hier selbstverständlicher als in überwiegend monoethnischen, monolingualen Regionen, in denen „das andere“ zunächst mal als „das Fremde“, zuweilen gar mit bedrohlichem Beigeschmack, empfunden wird.

Zehn Jahre nach dem Zerfall des sowjetischen Imperiums ist Russisch hier nicht mehr erste und einzige Sprache. Obwohl gerade heute von russischer Seite wieder verstärkt versucht wird, anderen Sprachen (zum Beispiel dem Tschuwaschischen) das

Existenzrecht als „zivilisierte" Sprache abzusprechen, haben die jungen Republiken in der Wolgaregion auf dem Gebiet der sprachlichen Gleichberechtigung einiges erreicht. Allerdings ist die Republik Tatarstan die einzige mit offiziell zwei Staatssprachen. Am dominantesten ist Russisch dagegen in Mordwinien.

Auch für das Erlernen einer Fremdsprache wird die Bedeutung eines mehrsprachigen kulturellen Umfeldes häufig unterschätzt: Wer mit Russisch und Tatarisch oder Tschuwaschisch oder Ersianisch aufwuchs – also mit einer slawischen und Turk- bzw. finnougrischen Sprache –, integriert später in der Regel eine weitere Sprache, andere Sprachstrukturen viel selbstverständlicher in sein Bewusstsein.

Seit dem offiziellen Ende der Sowjetherrschaft sind die Unterschiede zwischen den Regionen, die Erfolge und Rückschläge beim Aufbau postsowjetischer Gesellschaften unübersehbar geworden: Kommt man aus dem konservativen, vom militärisch-industriellen Komplex und sowjetischem Habitus beherrschten Uljanowsk nach Kasan (Hauptstadt Tatarstans) oder Tscheboksary (Hauptstadt der Republik Tschuwaschien), wähnt man sich zuweilen in einer anderen Welt.

Hier herrscht auch eine andere, zivilere Atmosphäre: Die hell erleuchteten, sauberen Straßen der Innenstädte laden auch abends zum Bummeln ein, neu erbaute oder restaurierte Moscheen, Kirchen und Museen drücken Traditionsbewusstsein aus.

Eigeninitiative der Regionen war anscheinend dort besonders erfolgreich, wo man kulturelle Eigenheiten und Besonderheiten betonen und gegenüber dem Moskauer Zentrum behaupten konnte. Auf diese Weise konnten sich mehr Menschen persönlich mit den Veränderungen identifizieren. Sie nahmen selbst Anteil an der Gestaltung ihrer Lebenswelt, ihres kulturellen Rahmens und erlebten diese Veränderungen nicht als fremdbestimmt oder schicksalhaft, wie zum Beispiel im Uljanowsker Gebiet, wo die Abhängigkeit vom Zentrum Sowjetnostalgie, Korruption und Stagnation begünstigte.

Das Deutschlandbild

Im Rahmen meiner Seminare zur interkulturellen Kommunikation habe ich Umfragen zum Deutschlandbild Deutsch-Studierender aus verschiedenen Hochschulen in Uljanowsk, Saransk und Tscheboksary ausgewertet. Als „typisch deutsche“ Eigenschaften wurden besonders häufig genannt: Sauberkeit, Ordnungsliebe, Zielstrebigkeit und Sparsamkeit. Deutsche gelten bei vielen auch als „kultiviert“, arbeitsam, ernst und materialistisch. Von Studierenden mit Deutschlanderfahrung wurde häufig angemerkt, dass es schwer sei, als Ausländer mit Deutschen in Kontakt zu kommen. Das Interesse für Ausländer wird von Seiten der Bewohner Russlands höher eingeschätzt als das der Deutschen ihnen gegenüber. Etwa ein Viertel der Befragten beschreibt Deutsche auch als ausländerfeindlich. Eine Studentin verglich Deutsche mit Adlern.

Der Einfluss von Medienberichterstattung oder deutscher Literatur ist nach wie vor hoch. Das Deutschlandbild wird in den letzten Jahren zunehmend durch Reiseerfahrungen von Verwandten und Bekannten geprägt. Nicht selten finden sich im Umfeld der Studierenden auch ehemalige Angehörige der Roten Armee, die in der ehemaligen DDR „gedient“ haben.

Interkulturelles Textverstehen

Schwierigkeiten im interkulturellen Verstehen ergeben sich immer wieder aus der Tatsache, dass der Lernende das Gelesene nach seiner eigenen kulturellen Kompetenz zu interpretieren geneigt ist. Die Interpretation des Gehörten, Gesehenen, Gelesenen geschieht nach kulturellen Regeln der Herkunftsgesellschaft. Deshalb sollten Auslandsgermanistik und Kulturwissenschaften enger zusammenarbeiten.

Ich bin jedoch geneigt, in dieser Fremdheit die Chancen, weniger die Probleme zu sehen: Zunächst sollte Fremdheit einmal wahrgenommen und thematisiert werden, genauso wie wir uns Stereotype erst einmal eingestehen müssen, um sie überhaupt hinterfragen zu können.

Mir scheint Migrantenliteratur besonders geeignet, kulturelle Perspektiven zu thematisieren: Migrationsliterarische Texte beziehen sich auf mindestens zwei ethnische, sprachliche, religiöse und kulturelle Gruppen. Thematisch, sprachlich und stilistisch weist Migrantenliteratur Bezüge sowohl zur Literaturtradition in den Herkunftsländern wie auch zur deutschen Literatur auf. Mehrkulturelle Autoren sind auch unter landeskundlichen Aspekten besonders interessant: Die satirischen Texte Sinasi

Dikmens, Essays von Yoko Tawada und märchenhaften Erzählungen Rafik Schamis beispielsweise sind eine wahre Fundgrube für landeskundliche Studien. Nicht immer ist es der „echte Deutsche", der am besten Auskunft über Deutschland geben kann, oder der Russe, den man über Russland befragen sollte. Wer im interkulturellen Dialog aufgewachsen ist, hat eine andere, oft breitere Perspektive in Bezug sowohl auf Ziel- wie auf Herkunftskultur als jemand, der im monokulturellen Umfeld weniger zur Auseinandersetzung mit scheinbar Selbstverständlichem gezwungen wurde. So fallen Migranten Dinge auf, über die „Alteingesessene" vielleicht noch nie nachgedacht haben. Die Darstellung des „anderen" kann gerade unter landeskundlichem Aspekt von großer Bedeutung sein. Stereotype Vorstellungen über Zielland und Zielsprache lassen sich vor dem Hintergrund von Migrationserfahrungen und dem damit verbundenen Perspektivenwechsel hinterfragen: Wie werden Deutsche aus der Innen- bzw. Außenperspektive gesehen?

Jean-Paul Sartre antwortete einmal, als ihn jemand fragte, wie er schreiben solle: „Darüber kann ich nicht viel sagen, denn dafür müssten sie meine Augen haben. Emigrantenaugen sehen die Welt anders, weil sie voll von Wunden, Brüchigkeit und Zwiespältigkeit sind. Die Emigrantenaugen sehen die Welt gespalten, und so wollen sie es auch ausdrücken."

Interkulturelle Kommunikation mit russischer Bürokratie

Immer wieder werde ich gefragt, ob ich mich nach anderthalb Jahren in Uljanowsk schon an „unser" Leben gewöhnt habe. Viele meinen, das könne man als Ausländer nie, manche erwarten dagegen rasche Assimilation.

Ich pflege dann zu antworten, an „ihr" Leben gewissermaßen, das ist durchaus möglich, jedoch nicht an „ihre Bürokraten" – im Russischen gibt es dafür den unübersetzbaren Begriff „tschinowniki".

Als DAAD-Lektor begegnet man, ohne vorher gefragt zu werden, zwangsläufig dieser spezifischen Variante des Homo sovieticus. Ich werde hier stellvertretend nur eine Episode erzählen:

Nachdem ich bereits einige Büchersendungen von Inter Nationes zum Aufbau des Lektorenhandapparates ohne Zwischenfälle erhalten hatte, wähnte ich mich in Uljanowsk relativ sicher vor den Fängen des berüchtigten russischen Zolls. Bis eines Abends ein Telegramm dieser Organisation eintraf, das unmissverständlich dazu aufforderte, sich am nächsten Morgen, neun Uhr beim Zollamt einzufinden, um ein Paket zu deklarieren.

Mit einer Kopie des Kulturabkommens in deutscher und russischer Fassung bewaffnet, leisteten der Prorektor der Technischen Universität und ich der Aufforderung Folge. Beim Zoll beschäftigten sich im Laufe der folgenden Monate mindestens acht verschiedene Abteilungen mit meinen weiteren Büchersendungen und mit mir. Eine ausländische juristische Person, die hier lebt und dennoch Bürger eines fremden Staates ist, immer wieder große Pakete aus dem Ausland empfängt (wozu braucht einer so viele Bücher, deren Titel und Inhalt hier niemand verstehen kann?), bereitete diesen Abteilungen viel Kopfzerbrechen. Besonders gefährlich erschienen drei Plakate des Goethe-Instituts mit Abbildungen einer Alpenregion im Engadin und eines Kaffeehauses in Wien. Diese wurden vier Monate lang untersucht, in drei verschiedenen Abteilungen deklariert und – nachdem diverse Strafen bezahlt waren – unter der Auflage freigegeben, dass sie im Büro des Prorektors sicher und für Fremde unzugänglich aufbewahrt und keinesfalls benutzt werden („das werden wir überprüfen").

Unsere ganzen Hoffnungen setzten wir nun bei unserer Beschwerde gegen diese „rechtswidrige" Praxis auf das deutsch-russische Kulturabkommen mit dem ausdrücklichen Hinweis, dass DAAD-Lektoren sämtliche Literatur und Lehrmaterialien zollfrei bekommen dürfen.

Die russische Kopie und ein russischer Rechtsratgeber, der das Abkommen ebenfalls zitiert, wurden nun von einer Zollkommission untersucht. Nach zwei Monaten durften wir als Beschwerdeführer vor einen staatlichen Ausschuss treten, bestehend aus acht Personen, diversen Juristen und der Vorsitzenden der Uljanowsker Zollbehörde, ein echtes Schwergewicht, der Hundertschaften weiterer „tschinowniki" gehorchen. Nach einer längeren Beratungszeit trug die Vorsitzende das „Urteil" vor: Es könne keinesfalls als erwiesen angesehen werden, dass es sich bei dem Papier um ein Dokument handele. Weder sie selbst noch ihr Stab hätten dort einen einzigen Originalstempel oder eine Originalunterschrift finden können. Wenn wir nicht in der Lage seien, das Originalabkommen vorzulegen, müsse die Kommission leider eine Strafe wegen Täuschung des russischen Zolls mit falschen Dokumenten gegen uns verhängen ...

Das Original aus dem Jahre 1994 müsste doch irgendwo im Kreml oder vielleicht bei Altbundeskanzler Kohl zu finden sein? Ob man es uns für den Uljanowsker Zoll kurz ausleiht?

Wir haben verstanden. Auch, warum wohl keine russische Universität so mächtig und gut ausgestattet ist wie ein russisches Zollamt.

Winfried Berndt, DAAD-Lektor in Uljanowsk, Russland

3. Ausbildungen im DaF-Bereich

3.1 Was bringt eine Ausbildung?

Will man als DaF-Lehrerin oder -Lehrer arbeiten, so hat es viele Vorteile, eine Ausbildung in diesem Bereich zu machen.

Trotz Germanistik?

Wenn Sie Germanistin oder Germanist sind, werden Sie zwar vielleicht fragen: „Was?! Jetzt habe ich mich durch das Germanistik-Studium gekämpft und dann soll ich auch noch eine Ausbildung in DaF machen?“ Und natürlich sind Sie nach Ihrem Studium vermutlich im Bereich der deutschen Literatur- und Sprachwissenschaft bereits gut ausgebildet. Auch nach einem Lehramtsstudium in einer modernen Fremdsprache sind Sie beispielsweise mit der Didaktik und Methodik des Fremdsprachenunterrichts vertraut. Dennoch können Ihnen ein Reihe von wichtigen Kenntnissen aus dem DaF-Bereich fehlen, die Ihnen bei der Planung und Durchführung Ihres Unterrichts helfen können.

Trotz Muttersprache Deutsch?

Oder Sie sagen sich als Muttersprachlerin oder Muttersprachler: „Meine Güte, ich kann doch perfekt Deutsch – das bisschen Unterricht kriege ich schon hin.“ Natürlich, man sollte meinen, dass man seine Muttersprache perfekt beherrscht. Doch auch wenn man weiß, was richtig oder falsch ist, weiß man noch lange nicht, warum. Was man nur kann, kann man noch lange nicht lehren. Man unterscheidet daher auch zwei Typen des Sprachwissens: das implizite Sprachwissen (eine Sprache können) und das explizite Sprachwissen (eine Sprache kennen).

Fremdsprachengrammatik

Haben Sie schon mal was von Substantivklassen gehört? Kennen Sie das Problem der Wechselpräpositionen? Könnten Sie sagen, welche Regeln es zur Verbstellung im Deutschen gibt? Eine Behandlung der deutschen Grammatik als einer Fremdsprachengrammatik gibt Ihnen eine neue Perspektive auf Ihre Muttersprache, sensibilisiert Sie für Probleme Ihrer zukünftigen Schülerinnen und Schüler und eröffnet einen systematischen Zugang zu den Regeln des Deutschen.

> *Ursprünglich war meine Hauptmotivation für dieses Austauschjahr, „alte" Kontakte in Frankreich von meinem relativ zentralen Einsatzort aus zu pflegen und gleichzeitig eine mir noch unbekannte Gegend zu entdecken. In der ersten Zeit allerdings entdeckte ich stattdessen die Geheimnisse der deutschen Grammatik (für Nichtgermanisten eine viele Abende bzw. Wochenenden füllende Beschäftigung ...) und der französischen Deutsch-Lehrbücher.*
>
> Isa, deutsche Austauschlehrerin in Frankreich (1995/96)

Problembewusstsein

Eine Ausbildung im DaF-Bereich macht eine ganze Reihe von Problemen des DaF-Unterrichts bewusst. Einen ähnlichen Effekt können Sie zwar auch mit viel Lehrerfahrung oder vielen Stunden der Hospitation erzielen. Das Modell „Learning by Doing" hat ja auch hier nicht ausgedient – nur kann man viel Zeit sparen, wenn man sich theoretisch mit solchen Problemen und den Lösungsvorschlägen anderer befasst. Schließlich müssen Sie das Rad nicht neu erfinden und nicht alle Fehler in der Praxis erst selbst machen, um daraus zu lernen. Eine Ausbildung vermittelt wichtige Kenntnisse, auf deren Grundlage sich in der Unterrichtspraxis deutlich schneller Kompetenzen entwickeln können.

Ausbildung als Voraussetzung

Dennoch sind im DaF-Bereich oftmals nicht speziell ausgebildete Sprachlehrkraft tätig. An vielen privaten Sprachschulen im Inland haben beispielsweise (ehemalige) Studierende der Germanistik gute Chancen, eine Stelle auf Honorarbasis zu bekommen. Und selbst auf Lektorenstellen (etwa in Korea) sitzen keineswegs immer nur DaFler oder Germanisten. Einige Arbeitgeber halten die Qualifikation „Muttersprachler" für den DaF-Unterricht für völlig ausreichend.

Wenn Sie sich die Voraussetzungen für die in Kapitel 4 beschriebenen Unterrichtstätigkeiten im Ausland ansehen, dann wird Ihnen vielleicht auffallen, dass eine Ausbildung im DaF-Bereich in sehr wenigen Fällen eine Voraussetzung ist, die durch nichts anderes ersetzt werden kann. Oft ist es der Abschluss in Germanistik, die Lehrbefähigung in einer Fremdsprache oder etwa auch Unterrichtserfahrung, die eine DaF-Ausbildung oder ein DaF-Zertifikat ersetzen können.

Bessere Chancen

Andererseits ist eine DaF-Ausbildung immer zumindest eine gern gesehene Zusatzqualifikation, die die Chancen auf eine Einstellung deutlich verbessert – vor allem bei begehrten Stellen, für die es zahlreiche Bewerber gibt (zum Beispiel Lektorate im westlichen Europa oder Dozenturen am Goethe-Institut).

Bei Bedarf haben wir Interesse an qualifizierten DaF-LehrerInnen mit Unterrichtserfahrung auf allen Kursstufen. Bewerber ohne Ausbildung und Erfahrung haben so gut wie keine Chance.
Rudolf Seipel, Leiter der Spracharbeit am Goethe-Institut in Bangkok, Thailand

3.2 Berufsaussichten

Verschiedene Berufsfelder

Die Ausbildung im Bereich DaF qualifiziert für die Tätigkeit in verschiedenen Berufsfeldern. Sie können die deutsche Sprache und Kultur an Institutionen der Erwachsenenbildung im In- und Ausland (etwa an Volkshochschulen und Sprachschulen) ausländischen Jugendlichen und Erwachsenen vermitteln. Sie können auch als Lektorin oder Lektor für deutsche Sprache und Kultur an Hochschulen im europäischen und außereuropäischen Ausland arbeiten. Möglich ist auch der Einsatz an Goethe-Instituten oder Österreich Instituten im In- und Ausland in der Sprach- oder Kulturarbeit. Vielleicht hat Ihnen das Studium ja auch so gut gefallen, dass Sie gleich an der Uni bleiben und im Bereich DaF lehren und forschen möchten.

Auch in der Industrie findet man mit einer DaF-Qualifikation Arbeitsmöglichkeiten. Vor allem bei international agierenden Firmen werden Sprachlehrer für die Ausbildung ausländischer Mitarbeiter eingesetzt. Zumeist handelt es sich dabei um die Vermittlung von Fachsprache in Firmensprachkursen.

Oder vielleicht landen Sie ja nach einem DaF-Studium im Bereich der Medien und erstellen Unterrichtsmaterialien und Lehrerhandreichungen.

Arbeit ist vielfältig und kreativ

Die Arbeit im DaF-Bereich kann also sehr vielfältig sein. Meist haben Sie mit vielen verschiedenen Menschen aus anderen Kulturen, mit fremden Sitten und Bräuchen zu tun. Die Arbeit ist vielfach sehr kreativ: Denken Sie etwa an die Entwicklung von Lernmaterialien.

Chancen auf dem Arbeitsmarkt

Die Chancen auf dem Arbeitsmarkt im In- und Ausland sind zudem gar nicht schlecht. DaF-Lehrkräfte werden immer gesucht. So erhalten beispielsweise die Lehrstühle und Anbieter von Fachstudiengängen immer wieder Anfragen von Sprachschulen und anderen Sprachkursanbietern im In- und Ausland nach ausgebildeten DaF-Lehrerinnen und -Lehrern.

Ein Traum: Gefragte Geisteswissenschaftler? Leider gibt es auch eine Kehrseite der Medaille. Sprachschulen zahlen ihren Lehrern meist nicht viel; als DaF-Lehrkraft gehört man generell keineswegs zu den Spitzenverdienern. Oft sind auch die Rahmenbedingungen, unter denen man arbeitet, nicht eben günstig. So bieten die Arbeitgeber häufig nur befristete Honorarverträge und drücken sich vor den Abgaben für die Sozialversicherung. Aber zum Glück gibt es daneben natürlich Arbeitgeber, die die Leistungen ihrer qualifizierten Angestellten zu schätzen wissen und sie entsprechend honorieren.

Arbeitsbedingungen

3.3 Geschichte des Fachs

Zunächst nur Sprachunterricht

Noch Anfang der 70er Jahre gab es in der deutschsprachigen Hochschullandschaft keine ernsthafte Diskussion darüber, ob es ein akademisches Fach Deutsch als Fremdsprache geben sollte. Damals gab es DaF an west- und ostdeutschen Universitäten nur in Form von Sprachunterricht für Nichtmuttersprachler. Diese Sprachkurse fanden meist studienbegleitend oder in Form von Sommerkursen statt.

Die Entwicklung einer gezielten berufsqualifizierenden akademischen und praxisbezogenen Ausbildung zur DaF-Lehrkraft, die mit einer Art Referendariat des staatlichen Schulwesens zu vergleichen ist, ging nur langsam voran.

Debatte um DaF als Fach

Die Debatte um eine akademische Disziplin Deutsch als Fremdsprache kam in Deutschland im Zuge der Gründung des Arbeitskreises Deutsch als Fremdsprache (AKDaF) beim DAAD und der Herausgabe einschlägiger Publikationsorgane wie der Zeitschriften „Info DaF“ und „Deutsch als Fremdsprache“, der Reihe „Materialien Deutsch als Fremdsprache“, des „Jahrbuchs Deutsch als Fremdsprache“ in Gang. Auch die Durchführung regelmäßiger Tagungen (Jahrestagung Deutsch als Fremdsprache) hat die Diskussion um DaF als Hochschulfach angefacht. In dieser Diskussion stand zumeist der Bedarf an qualifizierten DaF-Lehrkräften im Vordergrund, vor allem im Zusammenhang mit den ständig wachsenden Zahlen der Migranten.

Erster DaF-Studiengang in Deutschland

Den ersten Magisterstudiengang in diesem Bereich hat die Universität Heidelberg unter der Bezeichnung „Deutsch als Fremdsprachenphilologie“ angeboten. Er wurde im Herbst 1976 begründet. Mit der Einrichtung dieses Studiengangs begann die Geschichte der akademischen Etablierung des Faches – allerdings beschränkt auf die Ausbildung ausländischer Studierender.

Entwicklung

Seit Ende der 70er und bis heute richten weitere Universitäten in Deutschland, Österreich und der Schweiz eigenständige Magister- und Promotionsstudiengänge DaF ein. Gleichzeitig wurden an vielen Universitäten so genannte Zusatz- und Ergänzungsstudiengänge mit unterschiedlichen Bezeichnungen wie „Deutsch als Fremdsprache", „Deutsch als Zweitsprache", „Ausländerpädagogik einschließlich DaF/DaZ", „Interkulturelle Pädagogik" etc. ins Leben gerufen.

Abgrenzung von der Germanistik

Entscheidend war in der Debatte um ein eigenständiges Universitätsfach DaF immer die Abgrenzung von der traditionellen Inlandsgermanistik (auch Binnengermanistik genannt). Deutsch als Fremdsprache versteht sich – im Kontrast zur Germanistik – als ein multidisziplinäres Fach, das kontrastiv und komparatistisch arbeitet. Es ist sowohl theorie- als auch praxisorientiert, hat seinen Schwerpunkt aber eindeutig auf der praxisnahen Ausbildung von DaF-Lehrerinnen und -Lehrern.

Die Debatte um das noch junge Fach ist aber längst nicht abgeschlossen. In den einschlägigen Fachzeitschriften findet man auch heute noch Diskussionsbeiträge und neue Thesen zur Rolle, Konsolidierung und Weiterentwicklung des Faches.

3.4 Verschiedene Schwerpunkte der Ausbildung

Im Allgemeinen unterscheidet man zwischen zwei Bereichen: Deutsch als Fremdsprache (DaF) und Deutsch als Zweitsprache (DaZ). Dabei wird Deutsch als Fremdsprache auch als Oberbegriff für beide Bereiche verwendet.

DaZ

Unter DaZ versteht man die Vermittlung des Deutschen an Fremdsprachige im deutschen Sprachraum. Die Lerngruppen bestehen aus im deutschsprachigen Raum lebenden Nichtmuttersprachlern und sind in der Regel sehr heterogen (was das Herkunftsland und die Muttersprache betrifft).

DaF

Im engeren Sinne wird mit DaF die Vermittlung des Deutschen als Fremdsprache im Ausland bezeichnet. Die Lerngruppen sind im Ausland meist homogen (was das Herkunftsland und die Muttersprache betrifft).

Einige Ausbildungsstätten unterscheiden sehr deutlich zwischen diesen beiden Bereichen. Im Fach Deutsch als Zweitsprache stehen dann meist die unterschiedlichen Herkunftssprachen und die Beschäftigung mit interkulturellen Problemen – wie Leben und Arbeit im deutschsprachigen Land – stärker im Vordergrund als bei der Ausbildung im Bereich DaF.

Da es in diesem Ratgeber in erster Linie um Deutschunterricht im Ausland geht, werden im Folgenden die DaF-Ausbildungen schwerpunktmäßig berücksichtigt.

3.5 Inhalte der DaF-Ausbildung

Ziele der Ausbildung

Ein Studium des Fachs Deutsch als Fremdsprache oder Zweitsprache soll die Studierenden auf den eigenen DaF-Unterricht vorbereiten. Zudem soll es die Kenntnisse und Fähigkeiten vermitteln, die notwendig sind, um im Bereich der Aus- und Weiterbildung von Deutschlehrkräften im Ausland tätig sein zu können.

Außenperspektive

Wichtig ist bei allen Inhalten der Standpunkt: die Außenperspektive auf die deutsche Sprache und die Kultur des deutschsprachigen Raums. Diese Außenperspektive ist letztlich auch die zentrale Differenz zur herkömmlichen Binnengermanistik, die die Verselbstständigung des Faches DaF begründete.

Sprache, Literatur, Landeskunde

Die Inhalte der Ausbildungen im DaF-Bereich variieren je nach Studienort und Studiengang. Es lassen sich jedoch drei zentrale Teilbereiche der Ausbildung nennen: Sprache, Literatur und Landeskunde. Dabei lehnt sich das Fach DaF an Nachbardisziplinen wie die germanistische Sprach- und Literaturwissenschaft, die Sprachlehr- und Sprachlernforschung (Zweitspracheneerwerbsforschung), die Sprachpsychologie sowie die Sozialwissenschaften an.

Sprachwissenschaft

In einem Studiengang DaF wird eine Vielzahl von Kompetenzen im Bereich der Sprachwissenschaft vermittelt.

Sprache beschreiben

Die zukünftigen DaF-Lehrerinnen und -Lehrer sollen lernen, Formen und Funktionen, Struktur und Gebrauch der deutschen Sprache im grammatischen und lexikalischen Bereich mit fremden Augen zu sehen. Sie sollten die deutsche Gegenwartssprache – vor allem im Hinblick auf die sprachlichen Phänomene, die für die jeweilige Lernergruppe relevant sind – analysieren und beschreiben können.

Vergleichende Analyse

Die Ausbildung macht mit den Methoden der vergleichenden Sprachwissenschaft vertraut, die für die komparative Analyse zweier Sprachen (auch im Hinblick auf die Interpretation der Lernerfehler) genutzt werden können.

Varietäten

Hinzu kommen kann auch ein Einblick in die nationalen und regionalen Varietäten des Deutschen in Deutschland, Österreich und der Schweiz.

Die Beschreibung und Analyse der deutschen Standardsprache erfolgt auf unterschiedlichen Ebenen – ganz grob gesprochen: auf der Ebene der Laute, der Silben, der Wörter und der Sätze.

Phonetik

Kennen Sie das folgende Phänomen? Sie versuchen, ein Wort einer fremden Sprache auszusprechen. Der Muttersprachler korrigiert Sie, doch Sie haben den Unterschied zwischen Ihrem Versuch und der Korrektur nicht einmal gehört. Ein korrektes Nachsprechen ist von vornherein zum Scheitern verurteilt. Geschulte DaF-Lehrkräften sollten in der Lage sein, solche Probleme zu verstehen. Dazu müssen sie ihr Gehör entsprechend schulen und eine ungefähre Ahnung davon haben, wie und wo die entsprechenden Laute gebildet werden.

Dass eine Reihe von Asiaten beispielsweise „r" und „l" nicht unterscheiden können, ist ja nun schon sprichwörtlich. Dennoch erstaunt es doch, wenn man bei einer Runde „Stadt, Land, Fluss" mit Koreanern beim Durchgang mit dem Buchstaben „L" als Stadt „Lom" angeboten bekommt. Ob man „l" oder „r" sagt, spielt also offenbar im Koreanischen keine Rolle, was gleichzeitig heißt, dass es im Koreanischen keine zwei Wörter gibt, die sich nur durch diese beiden tatsächlich sehr verwandten Laute unterscheiden (wie im Deutschen etwa „Reise", „leise"). Will man nun aber als Lehrerin oder Lehrer dafür sorgen, dass ein Koreaner diesen Unterschied sprechen kann, muss er zunächst lernen, ihn zu hören.

In einer Übung zur kontrastiven Phonetik lernen Sie beispielsweise das Laut- bzw. Phoneminventar verschiedener Sprachen kennen. Sie lernen, dass Vokale in der deutschen Sprache nur kurz und geschlossen oder lang und offen sein können. Das ist aber keineswegs in allen Sprachen so.

Sie lernen den berühmten Schwa-Laut kennen (das „e“ am Wortende – wie in „Berge“, „lebe“ etc.) und erfahren, warum das Deutsche in den Ohren Fremdsprachiger oft so abgehackt klingt – der Knacklaut an Silben- und Wortgrenzen trägt die Schuld.

Apropos Silbe: Deutsch ist eine Sprache, in der Silben mit äußerst vielen Konsonanten gebildet werden können. Während im Japanischen die Silbe fast ausschließlich entweder aus einem Vokal oder aus der Kombination Konsonant + Vokal (KV) gebildet wird, neigt das Deutsche zu Konsonanten-Clustern, die nicht nur Japaner beim Sprechen zum Verzweifeln bringen können. Denken Sie nur mal an die Wörter „schimpfst“ (KVKKKKK) oder „spricht“ (KKKVKK). Die Japaner behelfen sich, indem Sie einen möglichst „unauffälligen“ Vokal zwischen die Konsonanten schieben, der ihnen die Aussprache erleichtert – beispielsweise „ryukkusakku“. Es ist ein ehrgeiziges Ziel, diese lieb gewonnene „Angewohnheit“ wegzutrainieren.

Erster Schultag in Otaru. Der Vorstand der Lehrmittelabteilung fragte mich, ob ich ein „Meik“ brauche. „Meik“? Was ist ein „Meik“? Meikurofon, klärte er mich auf. Wozu ein Mikrophon? Nun, Sie haben 119 Studenten im großen Hörsaal.

Fritz Opitz, DAAD-Lektor (1961 – 1966) in Japan
(aus: Spuren in die Zukunft, Bd. 3, S. 167)

Morphologie

Die Abteilung Morphologie beschäftigt sich mit den kleinsten Bausteinen einer Sprache, die eine Bedeutung tragen. Dabei ist mit Bedeutung nicht nur die semantische, sondern auch eine grammatische gemeint – etwa Kennzeichen der Pluralbildung bei Substantiven oder der Vergangenheitsbildung bei Verben.

Wichtig ist dabei zu verstehen, wie Sprachen Bedeutungen ausdrücken. Brauchen sie dazu einzelne Wörter oder nur Silben, die angehängt werden? Werden Kennzeichen wie Tempus, Numerus, Kasus, Verneinung durch Suffixe ausgedrückt oder treten ganze Wörter hinzu?

Deutsche Koreanischlerner bringt es zum Beispiel zum Verzweifeln, dass im Koreanischen alles Mögliche an bedeutungsvollen Silben an einen Wortstamm angehängt werden kann. Der Überblick schwindet, und der Kopf beginnt zu rauchen ...

Syntax

Die Stellung der Wörter im Satz – ein weiteres Thema, das bei Sprachenlernern Stöhnen hervorrufen kann. Die schreckliche so genannte Verbalklammer im Deutschen – das alles entscheidende Verb taucht oft erst ganz am Ende des Satzes (mit all seinen Einschüben) auf – macht es den DaF-Lernern nicht gerade leicht; ebenso wenig wie die Nominalklammer übrigens. Ja, ja, das schwer zu durchschauende und oftmals nur mühsam zu erlernende Deutsch.

Darüber und über vieles mehr machen sich sogar die Dichter lustig.
„Es darf daher getrost, was auch von allen, deren Sinne, weil sie unter Sternen, die, wie der Dichter sagt: ‚zu dörren statt zu leuchten' geschaffen sind, geboren sind, vertrocknet sind, behauptet wird, enthauptet werden, dass hier einem sozumaßen und im Sinne der Zeit, dieselbe im Negativen als Hydra betrachtet, hydratherapeutischen Moment ersten Ranges – immer angesichts dessen, dass, wie oben, keine mit Rosenfingern den springenden Punkt ihrer schlechthin unvoreingenommenen Hoffnung auf eine, sagen wir, schwansinnige oder wesenzielle Erweiterung des natürlichen Stoffgebietes zusamt mit der Freiheit des Individuums vor dem Gesetz ihrer Volksseele zu verraten sich zu entbrechen den Mut, was sage ich, die Verruchtheit haben wird, einem Moment, wie ihm in Handel, Wandel, Kunst und Wissenschaft allüberall dieselbe Erscheinung, dieselbe Tendenz den Arm bieten und welchen bei allem, ja vielleicht eben trotz allem, als ein mehr oder minder modulationsfähiger Ausdruck einer ganz bestimmten und im weitesten Verfolge exzösen Weltauffasserraumwortkindundkunstanschauung kaum mehr zu unterschlagen versucht werden zu wollen vermag – gegenübergestanden und beigewohnt werden zu dürfen gelten lassen zu müssen sein möchte."
Christian Morgenstern: Einleitung zu „Galgenlieder"

Pragmatik

Sprechen ist Handeln – doch funktioniert sprachliches Handeln nur dann unfallfrei und in der beabsichtigten Intention, wenn man Größen wie Situation, Beziehung zum Kommunikationspartner und Thema richtig bewerten und einschätzen kann. Und schon ist man mitten drin im interkulturellen Schlamassel.

Gerade in streng hierarchisch aufgebauten Gesellschaften schlägt sich diese Struktur auch auf die Sprache nieder. Oder ist die Gesellschaft deswegen streng hierarchisch aufgebaut, weil die Sprache die Struktur vorgibt? Wie dem auch sei: Will man die Probleme seiner Lerner verstehen, sollte man sich über das Funktionieren der eigenen Sprache in Bezug auf die kommunikative Praxis bewusst werden – und das am besten in Kontrast zu einer deutlich anders funktionierenden Sprache. Dazu gehören – um ein einfaches Beispiel zu wählen – „Kleinigkeiten" wie Höflichkeitsformeln oder Duzen und Siezen.

Literaturwissenschaft

Die zukünftigen DaF-Lehrkräfte sollen außerdem während der Ausbildung Theorien und Modelle der Literaturwissenschaft und der Textlinguistik kennen lernen und sie dann bei der Analyse und Vermittlung von Texten anwenden können.

Auswahl der Texte

Sie sollten nach der Ausbildung fähig sein, für die Lernergruppe geeignete (literarische) Texte auswählen zu können. Gerade unter dem interkulturellen Aspekt des Spracherwerbs sollte man dabei berücksichtigen, dass es nicht allein um das reine Kennenlernen eines Gedichts, einer Erzählung, eines Romans geht. Gerade anhand literarischer Texte kann man eine Fülle von interkulturellen Differenzen erarbeiten.

> *Woche um Woche haben wir über Goethes Gedicht „Prometheus" diskutiert oder doch es zum Ausgangspunkt von weiteren Diskussionen gemacht, und immer blieben diese Diskussionen spannend.*
>
> Ingrid Rissom, DAAD-Lektorin (1984 – 89) in Kampala, Uganda
> (aus: Spuren in die Zukunft, Bd. 3, S. 191)

Überblick über Literatur

Wichtig ist dabei natürlich, dass die DaF-Lehrkräfte selbst exemplarische Texte der deutschsprachigen Literatur kennen und einen – zumindest groben – Überblick über literarische Epochen und Gattungen haben. Daneben hilft die Kenntnis der Literatur anderer Länder, wenn es darum geht, die literarischen Entwicklungen im deutschsprachigen Raum einzuordnen oder zu vergleichen.

Landeskunde

Material recherchieren, didaktisieren

Nach einer Ausbildung im DaF-Bereich sollte man in der Lage sein, Materialien kultur- und landeskundlichen Inhalts zu recherchieren, zu dokumentieren und zu analysieren. Zudem sollten die DaF-Lehrer landeskundliche Materialien für eine spezifische Lernergruppe didaktisieren können.

> *Allerdings ist ein Unterricht, der verhältnismäßig häufig die Medien und die Übungsformen wechselt, um die Studenten auf keinen Fall zu langweilen, doch recht zeitaufwendig – zumindest, wenn man so wie ich noch nicht viel Erfahrung hat. Dabei bestand mein Problem nicht bloß darin, zündende Unterrichtsideen überhaupt zu finden, sondern auch darin, sie vernünftig zu didaktisieren. Den Aufwand dafür habe ich anfänglich sehr unterschätzt.*
>
> Michael Dobstadt, DAAD-Lektor in Salamanca, Spanien

Interkulturelle Kompetenz

Auch die interkulturelle Kompetenz der angehenden Lehrkräfte soll in der Ausbildung gefördert werden. Unter interkultureller Kompetenz versteht man hier in der Regel, dass die Lehrerinnen und Lehrer fähig sind, einen Perspektivenwechsel von der eigenen zur fremden Kultur zu vollziehen. Nur so wird es möglich, Normen und Werte aus dem Blickwinkel des Auslandes zu analysieren und zu einem Vergleich von Selbst- und Fremdbildern der Deutschen, der Österreicher oder der Schweizer zu kommen.

Fremdsprachendidaktik und Sprachlernforschung

Theorien und Methoden

Die Didaktik als die Lehre vom Lehren und die Sprachlernforschung bilden weitere Schwerpunkte der DaF-Ausbildung. Dabei soll den Studierenden vermittelt werden, mit Theorien, Methoden und Ergebnissen der Zweitsprachenerwerbsforschung und Sprachlernforschung sowie der Fremdsprachendidaktik kritisch umzugehen.

Theorie und Praxis

Dabei ist die Auseinandersetzung mit pädagogischen und lernpsychologischen Theorien sowie Modellen des Lehrens und Lernens kein Selbstzweck. Während der DaF-Ausbildung sollen Sie lernen, diese Theorien und Modelle – oder was Ihnen davon brauchbar erscheint – bei der Planung, Durchführung und Bewertung Ihres eigenen Unterrichts einzubeziehen.

Die zukünftigen DaF-Lehrer müssen Ziele und (darauf abgestimmt) die Inhalte und Methoden ihres Unterrichts bestimmen und auswählen können.

Lehrwerkanalyse

Ein weiterer Bestandteil der Ausbildung ist die Lehrwerkanalyse. Unter Lehrwerk versteht man in diesem Zusammenhang ein kurstragendes Lehrbuch, das Buch also, mit dem ein großer Teil des Unterrichts bestritten wird. Studierende im DaF-Bereich werden darin geschult, Lehrwerke (deren Konzeption und Umsetzung) zu analysieren und in Bezug auf die Brauchbarkeit in einer bestimmten Lernsituation zu bewerten.

Medieneinsatz reflektieren

Während ihrer Ausbildung lernen die Studierenden auch, Informationsmedien wie Tonträger, Filme, Internet oder Computerprogramme auf die Brauchbarkeit für die Vermittlung der deutschen Sprache und Kultur hin zu analysieren und im Unterricht einzusetzen.

Wichtig ist zudem (nicht nur beim Einsatz von Medien) die Fähigkeit zur Analyse und Entwicklung von Übungsformen, die auf die Adressaten und das Lernziel abgestimmt sind. Erinnern Sie sich auch an langweilige Französischstunden, in denen Sie und Ihre Leidensgenossen im Klassenraum fortwährend Übungen des gleichen Typs durchgekaut haben? Fazit: Grammatik ist nun mal trocken und langweilig; Grammatik muss man eben pauken? Mag sein. Doch auch Übungsphasen können durchaus abwechslungsreich und unterhaltsam gestaltet werden. Es gibt zahlreiche Übungstypen, die sich nach Lernertyp, Lernziel oder zu schulenden Fertigkeiten (Lesen, Sprechen, Hören, Schreiben) kategorisieren lassen. Allein diese verschiedenen Typen zu kennen ist bereits ein großer Schritt in die Richtung einer abwechslungsreichen und effektiven Übungsphase.

Übungstypologie

In der Ausbildung sollten die DaF-Lehrkräfte auch lernen, die Lernergruppe zu analysieren, um einzuschätzen zu können, welche Unterrichtsmethoden wohl den größten Lernerfolg bringen.

Analyse der Lernergruppe

Zudem sollte man lernen, auch den eigenen Unterricht und den Lernerfolg der Kursteilnehmerinnen und -teilnehmer kritisch zu reflektieren.

Kritische Reflexion

Praktikum

In vielen DaF-Ausbildungsgängen ist ein Praktikum Teil des Pflichtprogramms. Ein Lehrpraktikum wie auch Hospitationen schulen Ihren Blick für das Unterrichtsgeschehen im Allgemeinen und für konkrete Probleme in der Unterrichtspraxis. Während eines solchen Praktikums können Sie wichtige Praxiserfahrung sammeln.

Praxiserfahrung

> *Ich war sehr nervös in den ersten Tagen. Niemals zuvor hatte ich ein Klasse unterrichtet, ganz zu schweigen von einer Englisch sprechenden. […] Man ist auf sich alleine gestellt, und das ist gut so. Durch diese Erfahrung habe ich mehr gelernt als durch sämtliche Pädagogikseminare in Deutschland.*
> Christoph, Fremdsprachenassistent (PAD) in den USA (1997/98)

Dabei sind Sie nicht immer auf sich allein gestellt, sondern haben im günstigsten Fall Mentoren an Ihrer Seite, die Hilfestellung geben können.

Begleitendes Seminar

Die Praktika im Rahmen eines DaF-Studiengangs werden meist durch ein Seminar begleitet, in dem das Praktikum vorbereitet und die Erfahrungen anschließend reflektiert werden.

Vermittlung von Praktikumsplätzen

Oft haben die DaF-Seminare der Hochschulen Kontakte zu Institutionen im In- und Ausland, die Praktikumsplätze anbieten. Zum Teil ist auch eine finanzielle Förderung der Praktikanten möglich. (Näheres dazu finden Sie in Kapitel 4.)

Selbstprüfung

Nicht zuletzt kann man sich während eines Praktikums selbst prüfen und dabei herausfinden, wo die eigenen Stärken und Schwächen liegen. Vielleicht stellen Sie ja am Ende fest, dass Ihnen das Unterrichten gar nicht liegt. Oder: Es macht Ihnen so großen Spaß, dass Sie den Schritt ins Berufsleben kaum noch erwarten können. Probieren Sie's aus!

Alles in allem ist es für mich die ideale Chance gewesen, auszuprobieren, ob der Schulalltag, das Unterrichten, Korrigieren usw. wirklich das ist, was mir als mein „Traumberuf" so vorschwebt. Und ob ich den Anforderungen gewachsen bin. Wirklich positiv fand ich dabei, dass man alles ohne großen Leistungsdruck ausprobieren konnte und zudem noch große Freiheiten zum Herumexperimentieren hatte.
Claudia, Fremdsprachenassistentin (PAD) in der Republik Irland (1997/98)

Kontrastsprache

In vielen DaF-Studienordnungen ist auch vorgeschrieben, dass die Studierenden eine Kontrastsprache erlernen.

Nichtindoeuropäische Sprache

Die Kontrastsprache ist dann meist eine Sprache, die aus einer anderen Sprachfamilie stammt als die eigene Muttersprache (im Fall des Deutschen: Indoeuropäisch). Zu den nichtindoeuropäischen Sprachen zählen beispielsweise Finnisch, Ungarisch, Arabisch, Türkisch und Japanisch.

Diese Sprachkurse können Ihnen aus der Lerner-Perspektive für Ihre zukünftige Tätigkeit als Lehrkraft viele wichtige Aha-Erlebnisse bescheren.

Spracherwerbsprozess verdeutlichen

Dabei geht es nicht darum, die fremde Sprache perfekt zu beherrschen, sondern eher darum, sich einen Spracherwerbsprozess am Beispiel einer Sprache zu verdeutlichen, die ganz anders funktioniert als die eigene Muttersprache. Außerdem werden Sie auf einem ganz praktischen Weg noch einmal mit Sprachlerntechniken vertraut.

Ihnen wird es danach sicher leichter fallen, Sprachschwierigkeiten Deutsch lernender Ausländer (aufgrund des Sprachkontrastes zwischen Ausgangssprache und Zielsprache) zu erkennen und im Unterricht zu berücksichtigen.

Probleme erkennen

Typische Fragen im chinesischen Deutsch-Intensivkurs: Wie viele Wörter müssen wir am Ende des Jahres können? Warum schreibt man Deutsch mit englischen Buchstaben?
Andreas Guder, DAAD-Lektor in Beijing, China

3.6 Studiengänge DaF/DaZ

Die verschiedenen Möglichkeiten

Es gibt zahlreiche Studiengänge an deutschsprachigen Hochschulen in der BRD, Österreich und der Schweiz im Bereich DaF bzw. DaZ. Dabei werden folgende Arten der Ausbildung unterschieden: grundständige Studiengänge (Lehramts-, Magister- und Diplomstudium, neuerdings auch Bachelorstudium) sowie weiterführende Studiengänge (Aufbau-, Zusatz- oder Ergänzungsstudiengänge). Daneben werden auch Fernstudien angeboten.

Die folgenden Ausführungen beziehen sich im Wesentlichen auf deutsche Hochschulstudiengänge. In Österreich und der Schweiz verlaufen die Ausbildungsgänge aber im Grunde sehr ähnlich.

Grundständige Studiengänge

Die klassischen grundständigen Studiengänge mit Lehramts-, Magister- oder Diplomabschluss setzen sich in der Regel aus einem Grundstudium und einem Hauptstudium (jeweils vier Semester) zusammen.

Im Lehramtsstudium wird man meist in zwei Fächern zum (Schul-) Lehrer ausgebildet. Das Studium endet mit dem Ersten Staatsexamen. An dieses Examen schließt sich ein Referendariat (in Österreich: Unterrichtspraktikum) an, das mit einem Zweiten Staatsexamen abgeschlossen wird.

Im Diplomstudiengang studiert man in der Regel nur ein Fach. Die Ausbildung gilt als sehr praxisorientiert und endet – wie der Name sagt – mit dem Diplom als Abschluss.

Im Magisterstudium belegt man in der Regel ein Haupt- und zwei Nebenfächer; die Ausbildung ist vielfach theoriebezogener als im Diplomstudiengang. Sie endet mit dem Magister als Abschluss.

Daneben werden von den Universitäten in Europa im Zuge des Bologna-Prozesses immer mehr Bachelor- und Masterstudiengänge eingerichtet, die die alten Studiengänge Schritt für Schritt ablösen werden.

An ein erfolgreich abgeschlossenes Lehramts-, Diplom-, Magister- oder Masterstudium kann sich ein Promotionsstudiengang anschließen.

Weiterführende Studiengänge

Als weiterführende Studiengänge gelten Aufbau- oder Ergänzungsstudiengänge. Sie dauern meist ca. vier Semester, in einigen Fällen auch nur zwei. Sie werden zum Teil auch als Zusatz- oder Erweiterungsstudium bezeichnet.

Diese Zusatzausbildungen können studienbegleitend zu einem grundständigen Studium absolviert werden oder nach Abschluss eines solchen. Diese Ausbildungsgänge schließen mit einem Zertifikat ab.

Dabei ist es unterschiedlich, ob man zur Erlangung eines solchen Zertifikats eine Abschlussprüfung ablegen muss oder nicht. Zum Teil ist es so geregelt, dass man, um ein solches Zertifikat zu erhalten, „lediglich“ eine vorgeschriebene Zahl an Veranstaltungen besucht und die vorgeschriebenen Scheine gesammelt haben muss.

Zusatzqualifikation für Lehrkräfte

Zunehmend werden auch Ergänzungsstudiengänge für Lehrkräfte an Schulen im Inland angeboten (meist im Bereich DaZ). Diese Entwicklung trägt der Tendenz Rechnung, dass in einer zunehmend multikulturellen Gesellschaft von den Lehrenden auch interkulturelle Kompetenzen verlangt werden. In solchen Zusatzausbildungen kommen problematische Aspekte des Unterrichts in vielsprachigen, multikulturellen Klassen und Schulen zur Sprache.

Die Zusatzausbildung soll dabei helfen, Unterricht mit verschiedensprachigen Schülern auf systematischer Grundlage zu planen und auf ihre spezifischen Lernbedingungen in den verschiedenen Schulformen einzugehen. Die Ausbildung verschafft Einblick in die gewandelte Lage in faktischen Einwanderungsländern und damit in verschiedene kulturspezifisch andere Formen des Wissens und Lernens. Zudem werden rechtliche, soziologische, religionswissenschaftliche, linguistische und pädagogische Aspekte der Einwanderungsgesellschaft thematisiert. So soll eine bewusste und gleichberechtigte Zusammenarbeit von Menschen verschiedener sprachlicher und kultureller Traditionen in Schule und Gesellschaft gefördert werden.

Im Folgenden sind nur DaF-Studiengänge aufgelistet, die auch von deutschen Muttersprachlern absolviert werden können. Studienangebote, die sich ausschließlich an ausländische Studierende richten, sind dementsprechend nicht verzeichnet. Die Adressen der Hochschulen, die einen DaF-Studiengang anbieten, sowie die jeweiligen Ansprechpartner für weitere Informationen finden Sie im Anhang.

Liste der DaF-Studiengänge

Institution	Studiengang/Abschluss	Dauer/Umfang	Hinweise
Deutschland			
U Augsburg	Ergänzungsstudium Zertifikat DaZ/DaF Zertifikat	3 Sem. 12 SWS	
	Grundständiges Studium Magisterstudium Deutsche Philologie DaZ/DaF Magister anschl. Promotion möglich	8 Sem. 64 SWS (NF)/ 32 SWS (NF)	
	Erweiterungsstudium Didaktik von DaZ/DaF Staatsexamen	3 Sem. 15 SWS	für Lehramtsstudierende im oder nach dem Hauptstudium (alle Schultypen: Grundschule, Hauptschule, Realschule, Gymnasium)
U Bamberg	Grundständiges Studium Diplom-Germanistik, Schwerpunkt DaF Diplom anschl. Promotion möglich	9 Sem. 160 SWS	
U Bayreuth	Grundständiges Studium DaF (Interkulturelle Germanistik) Magister anschl. Promotion möglich	9 Sem. 72 SWS (HF)/ 36 SWS (NF)	auch als B.A.-Nebenfach
FU Berlin	Zusatzstudium DaF Zertifikat	4 Sem. 20 SWS	nach Grundstudium in Neuerer deutscher Literatur und Linguistik
HU Berlin	Ergänzungsstudium DaF Zertifikat	4 Sem. 20 SWS	nach Grundstudium in einem philologischen Fach

Liste der DaF-Studiengänge

Institution	Studiengang/Abschluss	Dauer/Umfang	Hinweise
HU Berlin	Zusatzstudium DaF Zertifikat	4 Sem. 20 SWS	nach Hochschulabschluss in einem sprach-/literaturwissenschaftlichen Fach
	Grundständiges Studium Germanistische Linguistik (DaF als Schwerpunktbereich) Magister	9 Sem. 80 SWS (HF)/ 40 SWS (NF)	neuer Studiengang in Planung (Stand: Januar 2004)
TU Berlin	Magister(teil)studiengang DaF Magister	9 Sem. 40 SWS (HF)/ 20 SWS (NF)	Numerus clausus Deutsch als Fremdsprache als Hauptfach kann nicht mit „Germanistische Linguistik" oder „Erziehungswissenschaft" als Hauptfach kombiniert werden.
U Bielefeld	Grundständiges Studium Magisterstudiengang DaF Magister anschl. Promotion möglich	9 Sem. 70 SWS (HF)/ 35 SWS (NF)	auslaufender Studiengang, Neuimmatrikulationen nicht mehr möglich
	Grundständiges Studium/ Konsekutiver Studiengang Bachelorstudiengang DaF Bachelor of Arts anschl. Masterstudiengang möglich Master of Arts anschl. Promotion möglich	6 Sem. 120 ECTS (HF)/ 60 ECTS (NF) 4 Sem.	Bachelorstudiengang existiert seit dem Wintersemester 2002/2003. Der Start des Masterstudiengangs ist zum Wintersemester 2005/2006 geplant.
	Zusatzstudium Zusatzstudiengang Interkulturelle Pädagogik Staatsprüfung	3 Sem. 45 SWS	nach Erstem Lehramtsexamen
	Zusatzfachstudium Zusatzfach DaF Diplom (Zusatzfach)	2 – 4 Sem. 20 SWS	nur Rahmen des Diplomstudiengangs Erziehungswissenschaft mit Wahlpflichtfach Ausländerpädagogik
U Bochum	Zusatzstudium DaF/Deutschunterricht im Ausland Zertifikat	2 Sem. 40 SWS	nach Hochschulabschluss
	Zusatzstudium Zusatzstudium „DaZ/ Interkulturelle Pädagogik" Zertifikat	2 Sem. 40 SWS	nach Hochschulabschluss
U Bonn	Ergänzungs-/aufbauendes Studium Schwerpunktstudium DaF Zertifikat	2 Sem. 30 SWS	Voraussetzung: Studium eines neuphilologischen Fachs/parallel zu einem Fachstudium oder nach einem Studienabschluss möglich (kein eigener Studiengang)

Liste der DaF-Studiengänge

Institution	Studiengang/Abschluss	Dauer/Umfang	Hinweise
U Bremen	Grundständiges Studium Spezialqualifikation DaZ Zusatzqualifikation DaZ	9 Sem.	DaF als Schwerpunkt innerhalb des Lehramtsstudiums Deutsch
TU Chemnitz	Grundständiges Studium (Nebenfach) DaF/DaZ Magister	9 Sem. 36 SWS	Magisternebenfach
TU Darmstadt	Aufbaustudium Deutsche Fachsprachen und ihre Vermittlung Magister	4 Sem. 44 SWS	nur nach Hochschulabschluss (mind. B.A.) in einem nichtphilologischen Fach
	Ergänzungsstudium DaF mit besonderer Berücksichtigung der Fachsprachen Zertifikat	nicht normiert	Zertifikat kann nach Abschluss des Germanistikstudiums (Magister, Staatsexamen) erworben werden.
TU Dresden	Grundständiges Studium Germanistik/DaF Magister	9 Sem. 72 SWS (HF)/ 36 SWS (NF)	
	Erweiterungsstudium DaZ für Lehramt Lehrbefähigung für DaZ	4 Sem. 40 SWS	Lehramtsstudierende nach dem Grundstudium oder Ersten Lehramtsexamen
U Duisburg-Essen (Campus Essen)	Zusatzstudium Zusatzausbildung DaF Zertifikat	2 Sem. 26 SWS	
	Zusatzstudium DaZ/Interkulturelle Pädagogik Lehramtsexamen	3 – 4 Sem. 40 SWS	
	Grundständiges Studium Germanistik (Schwerpunkt DaF) Magister	8 Sem. 180 SWS	
U Düsseldorf	Zusatzstudium Zusatzqualifikation DaF Zertifikat	2 Sem. 18 SWS	Läuft in der bisherigen Form zum WS 2004/05 aus. Es ist im Anschluss eine neue Form des DaF-Studiums geplant.
U Eichstätt	Grundständiges Studium DaF Magister anschl. Promotion möglich	9 Sem. 18 SWS (HF/NF)	
	Ergänzungsstudium Didaktik des DaZ Lehramtsexamen	8 Sem. 12 SWS	
U Erlangen-Nürnberg	Grundständiges Studium Germanistische Linguistik, Studienschwerpunkt DaF Magister	12 SWS (ca.)	nur als Schwerpunkt innerhalb des Magisterstudiengangs Germanistische Linguistik

Liste der DaF-Studiengänge

Institution	Studiengang/Abschluss	Dauer/Umfang	Hinweise
U Erlangen-Nürnberg	Erweiterungsstudiengang Didaktik des DaZ Erweiterung der Ersten Staatsprüfung/Promotion	3 – 4 Sem. 36 SWS	für Studierende aller Lehramtsfächer sowie nach dem Zweiten Lehramtsexamen
U Flensburg	Ergänzungsstudium DaZ/DaF Lehramtsexamen (Zusatzprüfung)	6 Sem. 30 SWS (HF)/ 26 SWS	für Lehramtsstudierende (Grund-, Haupt-, Real- und Sonderschule)
	Grundständiges Studium Deutsch als fremde Sprache Diplom/Promotion möglich	10 Sem. 22 SWS	DaF als Wahlpflichtfach im Diplomstudiengang Erziehungswissenschaft
U Freiburg	Zusatzqualifikation Deutsch als Fremdsprachenphilologie Zertifikat	2 – 4 Sem. 6 SWS	kein Studiengang, sondern Zusatzangebot (einige Vorlesungen/Seminare) für Germanistikstudierende (Staatsexamen und Magister)
U Gießen	Aufbaustudium Aufbaustudiengang DaF Diplom (Sprachlehrer DaF) anschl. Promotion möglich	4 Sem. 60 SWS	nach Hochschulabschluss (Magister, Lehramt) in germanistischem Hauptfach (auf Antrag in anderen Philologien)
	Grundständiges Studium DaF Magister anschl. Promotion möglich	9 Sem. 36 SWS (NF)	Magisternebenfach
	Grundständiges Studium Akkreditierter Masterstudiengang Sprachtechnologie und Fremdsprachendidaktik Master of Arts	4 Sem.	Voraussetzung: B.A. oder Äquivalent in Computerlinguistik oder einer Fremdsprachendidaktik
	Zusatzstudium Zusatzfach DaF Diplom (Sprachlehrer)	4 Sem. 60 SWS	Zusatzfach für Studierende des Studiengangs „Neuere Fremdsprachen"
	Erweiterungsstudium im Lehramt an Gymnasien Erweiterungsfach DaF		Voraussetzung: Erste Staatsprüfung für das Lehramt an Gymnasien im Fach Deutsch
U Greifswald	Grundständiges Studium DaF Magister	8 Sem. 72 SWS (HF)/ 36 SWS (NF)	
	Grundständiges Studium DaF B.A.	4 Sem.	
	Ergänzungsstudium Beifach DaF Zertifikat als Bestandteil der Ersten Staatsprüfung	20 SWS	

Liste der DaF-Studiengänge

Institution	Studiengang/Abschluss	Dauer/Umfang	Hinweise
U Greifswald	Zusatzstudium Zusatzstudium DaF Zertifikat	2 – 4 Sem. 24 – 36 SWS	studienbegleitend oder nach Hochschulabschluss (Erste Staatsprüfung für das Lehramt, Magister- oder Diplomprüfung)
U Halle-Wittenberg	Zusatzstudium Zusatzstudium DaF Zertifikat	4 Sem. 26 SWS	
U Hamburg	Zusatzstudium Zusatzausbildung für Lehrer von Schülern verschiedener Muttersprache Zertifikat und Prüfungszeugnis (Staatsprüfung)	4 Sem. 48 SWS	nach Erstem Lehramtsexamen
	Schwerpunktfach Interkulturelle Literaturwissenschaft und DaF Magister	9 – 10 Sem.	Studienschwerpunkt im Magisterstudium „Deutsche Sprache und Literatur"
	Schwerpunktfach Interkulturelle Literaturwissenschaft und DaF Bakkalaureat	6 – 7 Sem.	möglich im Rahmen des Magisterstudiums
	Schwerpunktfach Interkulturelle Literaturwissenschaft und DaF Erste Staatsprüfung im Fach Deutsch	9 – 10 Sem.	Studienschwerpunkt im Lehramtsstudium „Deutsche Sprache und Literatur"
	Grundständiges Studium Sprachlehrforschung mit Studienschwerpunkt DaF Magister	9 – 10 Sem.	Haupt- oder Nebenfach
	Grundständiges Studium Sprachlehrforschung mit Studienschwerpunkt DaF Bakkalaureat	7 Sem.	nur als Hauptfach möglich
U Jena	Grundständiges Studium Auslandsgermanistik/Deutsch als Fremd- und Zweitsprache Magister	9 Sem. 80 SWS (HF)/ 40 SWS (NF)	
	Aufbaustudium Internationaler Masterstudiengang DaF Master	4 Sem. modularer Aufbau: 8 Module + obligatorisches Praktikum (insgesamt: 36 SWS)	Zugangsvoraussetzung ist ein Studienabschluss in einem germanistischen Fach mit mindestens Gesamtnote „gut".

Liste der DaF-Studiengänge

Institution	Studiengang/Abschluss	Dauer/Umfang	Hinweise
U Jena	Ergänzungsstudium Ergänzungsstudium Deutsch als Fremd- und Zweitsprache Zertifikat	4 Sem. 36 SWS	für Studierende nicht-germanistischer Fächer
	Zusatzstudium Zusatzstudium Deutsch als Fremd- und Zweitsprache Zertifikat	3 – 4 Sem. 30 SWS	für Studierende/Absolventinnen und Absolventen germanistischer Fächer
	Ergänzungsrichtung Ergänzungsrichtung Deutsch als Fremd- und Zweitsprache Prüfung (Drittfach) im Rahmen der Ersten Staatsprüfung für Lehramt	1 – 2 Sem. 16 SWS	für Lehramtsstudierende mit germanistischem Fach
U Kassel	Ergänzungsstudium Ergänzungsstudiengang DaF Zertifikat	2 Sem. 36 SWS	
	Aufbaustudium Master-Aufbaustudiengang DaF Master (M.A.)	4 Sem. 32 SWS	
	Fernstudium Weiterbildender Fernstudienkurs „Fremdsprachlicher Deutschunterricht in Theorie und Praxis" Hochschulzertifikat	8 Fernstudieneinheiten	Näheres dazu in Kapitel 3.7 „Weiterbildungsangebote"
	Fernstudium Weiterbildender Fernstudienkurs Didaktik/Methodik Zertifikat (des Instituts zur Weiterbildung an der Uni Kassel)	6 Fernstudieneinheiten	Näheres dazu in Kapitel 3.7 „Weiterbildungsangebote"
U Kiel	Zusatzstudium DaF Zertifikat	14 SWS	
U Koblenz-Landau	Ergänzungsstudium „DaF – Lehrer für Kinder mit fremder Muttersprache" Erweiterungsprüfung im Rahmen der Ersten Staatsprüfung für das Lehramt an Grund- und Hauptschulen	nicht normiert	
	Zusatzstudium „DaF – Ausländerpädagogik" Zusatzzertifikat „DaF – Ausländerpädagogik"	4 Sem. 40 SWS	
U Leipzig	Grundständiges Studium Deutsch als Fremdsprache Magister	9 Sem. 72 SWS (HF)/ 36 SWS (NF)	

Liste der DaF-Studiengänge

Institution	Studiengang/Abschluss	Dauer/Umfang	Hinweise
U Leipzig	Aufbaustudium Aufbaustudium „Deutsch als Fremdsprache“ Zertifikat	3 Sem. 30 SWS	max. 20 Studienanfänger und -anfängerinnen
U Mainz	Zusatzstudium Zusatzqualifikation „Deutsch als Fremdsprache“ Zertifikat	2 – 4 Sem. 23 SWS (a)/ 31 SWS (b) + 40 UE Praktikum	(a) bei/nach Studium Deutsch/Deutsche Philologie (b) bei/nach Studium anderer neuphilologischer Fächer
U Marburg	Grundständiges Studium Magisternebenfach DaF Magister anschl. Promotion möglich	9 Sem. 36 SWS	
	Aufbaustudium Diplom-Aufbaustudiengang DaF Diplom	4 Sem. 50 SWS	
	Zusatzstudium DaF für das Lehramt Sek. II Lehramtsexamen (Erweiterungsprüfung)	4 Sem.	befindet sich im Genehmigungsverfahren
U München	Grundständiges Studium DaF Magister anschl. Promotion möglich	8 Sem. 72 SWS (HF)/ 36 SWS (NF)	
	Erweiterungsstudium Didaktik DaF Staatsexamen	3 Sem.	nach dem Ersten oder Zweiten Lehramtsexamen
U Oldenburg	Ergänzungsstudium Interkulturelle Pädagogik – interkultureller Deutschunterricht Erweiterungsprüfung	4 Sem. 60 SWS	nach dem Ersten Lehramtsexamen
	Wahlrichtung/Prüfungsgebiet Deutsch als Fremd- und Zweitsprache Staatsexamen/Magister/Diplom	ca. 16 SWS	wählbar für Studierende der Lehrämter Deutsch, des Magisterstudiengangs Germanistik, des Diplomstudiengangs „Interkulturelle Pädagogik“
U Potsdam	Grundständiges Studium Germanistische Linguistik, Spezialisierung DaF/DaZ Magister	8 Sem. 80 SWS (HF)/ 40 SWS (NF)	
	Ergänzungs-/Aufbaustudium Zusatzstudium DaF/DaZ Zertifikat	2 – 3 Sem. 28 SWS/ 18 SWS (Germanisten u. Deutschlehrer)	für Magister- oder Lehramtsstudierende, auch nach Hochschulabschluss

Liste der DaF-Studiengänge

Institution	Studiengang/Abschluss	Dauer/Umfang	Hinweise
U Regensburg	Ergänzungsstudium Zusatzausbildung Deutsch als Fremdsprachenphilologie Zertifikat	mind. 2 Sem. 20 SWS	für Magisterstudierende/ Promovenden in „Deutsche Philologie"; für Lehramtsstudierende mit „Deutsch"; für Studierende anderer Philologien/ Allgemeiner Sprachwissenschaft
U Saarbrücken	Aufbaustudium DaF Zertifikat	4 Sem. 40 SWS	nach Hochschulabschluss (Lehramtsexamen, Magister, Diplom, Promotion) in kulturwiss. Fächern
	Grundständiges Studium DaF Magister	8 Sem. 80 SWS (HF)/ 40 SWS (NF)	
	Aufbaustudiengang DaF Master		in Vorbereitung
U Trier	Grundständiges Studium DaF Magister	8 Sem. 38 SWS (NF)	nur im Nebenfach
	Zusatzstudiengang DaF Zertifikat	2 Sem. 24 SWS	auch in Verbindung mit dem Studium eines nichtphilologischen Fachs möglich
Österreich			
U Graz	Zusatzstudium Universitätslehrgang DaF Zertifikat	2 Sem. 60 ECTS	nach angeschlossenem Studium
U Salzburg	Zusatzausbildung DaF Zertifikat	1 – 2 Sem. 6 SWS + Praktikum	Praxisfelderweiterung im Studium Germanistik
U Wien	Wahlfachmodul DaF/DaZ für alle Diplomstudiengänge Eintrag im Diplomzeugnis/ Mag. phil. auch optionale Zusatzqualifikation für Lehramtsstudiengänge „DaF-Bestätigung"	8 – 9 Sem. 22 – 24 SWS	Gesamtstudiendauer 8 Sem. für Diplom-, 9 Sem. für Lehramtsstudien (DaF/DaZ-Anteil ca. 3 – 4 Sem.)
	Studienschwerpunkt im Diplomstudium Deutsche Philologie Eintrag im Diplomzeugnis/ Mag. phil.	8 Sem. 20 SWS	DaF/DaZ-Anteil ca. 3 – 4 Sem.
	Wahlfachmodul DaF/DaZ für Diplomstudium Deutsche Philologie Eintrag im Diplomzeugnis/ Mag. phil.	8 Sem. 14 SWS	DaF/DaZ-Anteil ca. 3 – 4 Sem.

Liste der DaF-Studiengänge

Institution	Studiengang/Abschluss	Dauer/Umfang	Hinweise
U Wien	Wahlpflichtangebot DaF/DaZ im Rahmen des Studienrichtung Deutsche Philologie Mag. phil, Dr. phil. auch Sponsion und Promotion in DaF/DaZ möglich	8 Sem. variabel bis zu 32 SWS Promotion: 4 Sem.	
Schweiz			
U Freiburg	Grundständiges Studium DaF Lizentiat/Gymnasiallehrerdiplom (DMG/HLA)	mind. 8 Sem.	Studium der Germanischen Philologie mit Schwerpunkt Deutsch als Fremdsprache (Lizentiatsstudium entspricht dem Magisterstudium)
	Ergänzungsstudium Ergänzungsfach zum Sekundarlehrerdiplom (SLD) Diplom	4 Sem. 10 SWS	Ergänzung zum Lehramtsstudium (Sek. I)

U = Universität
TU = Technische Universität
HU = Humboldt Universität
PH = Pädagogische Hochschule
SWS = Semesterwochenstunden
Sem. = Semester
UE = Unterrichtseinheit
HF = Hauptfach
NF = Nebenfach
B.A. = Bachelor
ECTS = European Credit Transfer System

Auch auf der Homepage der Uni Mainz finden Sie unter www.daf.uni-mainz.de/adafsg.htm Links zu vielen DaF-Studiengängen.

Zudem können Sie auf der Homepage der deutschen Hochschulrektorenkonferenz unter dem Stichwort „Deutsch als Fremdsprache“ nach Studiengängen in Deutschland suchen – unter www.hochschulkompass.hrk.de. Suchmaschinen für Studiengänge in Österreich finden Sie im Internet unter www.bmbwk.gv.at, für die Schweiz unter www.swiss-science.org/studienfuehrer/d/index.htm.

3.7 Weiterbildungsangebote

Fernstudienkurs „Fremdsprachlicher Deutschunterricht"

Uni Kassel

Die Universität Kassel bietet einen Fernstudienkurs „Fremdsprachlicher Deutschunterricht in Theorie und Praxis" an, der acht Fernstudieneinheiten umfasst. Der Fernstudienkurs versteht sich als weiterbildendes Studienangebot in den Bereichen Didaktik und Methodik des Faches Deutsch als Fremdsprache. Ein Kursbeginn ist jederzeit möglich.

Voraussetzungen

Der Kurs richtet sich an Personen mit einem Hochschulabschluss in Germanistik (Staatsexamen oder Magister). Absolventen anderer neuphilologischer Studiengänge mit mehrjähriger Unterrichtspraxis im Fach Deutsch als Fremdsprache können diesen Kurs belegen, sofern sie vorher einen „Germanistischen Vorkurs" – ein Fernstudium mit vier Fernstudieneinheiten – abschließen.

Kosten

Der Fernstudienkurs kostet einschließlich der Materialien und Versandkosten im Inland 920 €. Der „Germanistische Vorkurs" kostet 440 €.

Zertifikat

Die Absolventen erhalten ein benotetes Zertifikat der Universität Kassel, das als Dokument einer Weiterqualifizierung vom DAAD, vom Goethe-Institut und von der Zentralstelle für das Auslandsschulwesen anerkannt wird. Volkshochschulen und private Bildungsträger akzeptieren das Zertifikat als Nachweis beruflicher Spezialisierung im Fach Deutsch als Fremdsprache.

Universität Kassel – FB 9/DaF – Fernstudienkurs

D–34109 Kassel	*Tel.: +49 (5 61) 8 04-33 03* *Fax: +49 (5 61) 8 04-33 75* *E-Mail: fernkurs@uni-kassel.de* *www.uni-kassel.de/fb9/daf/infodaf.htm*

Fernstudienkurs „Didaktik und Methodik DaF/DaZ"

Institut zur Weiterbildung an der Uni Kassel

Das Institut zur Weiterbildung in Deutsch als Fremdsprache an der Universität Kassel bietet einen Fernstudienkurs mit dem Titel „Didaktik und Methodik Deutsch als Fremdsprache/Deutsch als Zweitsprache“ an, der sechs Fernstudieneinheiten umfasst. Der Fernstudienkurs versteht sich als Weiterbildungsangebot in den Bereichen Didaktik und Methodik des Faches Deutsch als Fremdsprache/Deutsch als Zweitsprache. Ein Kursbeginn ist jederzeit möglich.

Voraussetzungen

Der Kurs richtet sich an Personen mit einem Studienabschluss (Hochschule, FH etc.) und möglichst Unterrichtserfahrung in Deutsch als Fremdsprache bzw. in einer Fremdsprache oder zum Beispiel Erfahrung in einer interkulturell ausgerichteten Tätigkeit.

Kosten

Der Fernstudienkurs kostet einschließlich der Materialien und Versandkosten im Inland ca. 690 €.

Zertifikat

Die Absolventen erhalten ein benotetes Zertifikat des Instituts, in dem die einzelnen Studienleistungen aufgelistet werden. Das Zertifikat ist als Dokument einer Weiterqualifizierung anerkannt.

Personen, die zum Beispiel sehr viel Unterrichtserfahrung in Deutsch als Fremdsprache, aber keinen Studienabschluss haben, wenden sich an das Büro des Fernstudienkurses, um eine eventuell mögliche Teilnahme zu klären (Adresse siehe oben).

Fernstudienprogramm „Deutsch unterrichten“

Goethe-Institut

Das Goethe-Institut in München bietet ein kostenpflichtiges Fernstudienprogramm mit dem Titel „Deutsch unterrichten“ an, das sich an Interessenten in Deutschland und im Ausland wendet.

Je nach Kurstyp gibt es unterschiedliche Voraussetzungen für die Teilnahme. Ein Kursbeginn ist jederzeit möglich. Die Kursdauer (maximal drei Jahre) hängt davon ab, wie viel Zeit Sie investieren können; in der Regel dauern die Kurse sechs bis neun Monate. Die Kosten für das Fernstudienprogramm liegen zwischen 690 und 920 €.

Teilnehmende erwerben ein Hochschulzertifikat oder ein benotetes Zeugnis des Goethe-Instituts. Ab September 2004 wird zusätzlich ein Fernstudienkurs für Deutsch als Fremdsprache im Primarbereich eingeführt.

Goethe-Institut – Bereich 417/Fernlehre

Dachauer Str. 122
D-80637 München

Tel.: 08 00/1 80 08 00 (innerhalb Deutschlands, gebührenfrei)
Tel.: +49 (89) 15 00 12-13 (aus dem Ausland)
E-Mail: fsk@goethe.de
www.goethe.de/deutschunterrichten

Zertifikatskurs Deutsch als Fremdsprache

International House Freiburg

Das International House Freiburg (IHTT) bietet einen Zertifikatskurs Deutsch als Fremdsprache zur Aus- und Weiterbildung von DaF-Lehrern an.

Folgende Themen werden während des Kurses behandelt: Sprachanalyse, Unterrichtsplanung, Klassenmanagement, Lehrverfahren und -techniken, Lerner und Lernkontexte. Ziel der Ausbildungsmaßnahmen ist es, nicht nur Einzelfertigkeiten und Techniken zu entwickeln, die Lehrkräfte sollen nach dem Kurs auch über Strategien zur Entscheidungsfindung und die Fähigkeit zur Theoriebildung verfügen.

Das Besondere an diesem Kurs ist, dass die Teilnehmerinnen und Teilnehmer täglich selbst unterrichten. Dabei werden sie von einem Tutor begleitet. Anschließend wird über den eigenen Unterricht und den der anderen Teilnehmer diskutiert. Die Klassen, in denen Sie unterrichten werden, setzen sich aus acht bis zwölf Schülern verschiedenster Nationalitäten und Altersgruppen zusammen.

Voraussetzungen

Eingangsvoraussetzung ist die allgemeine Hochschulreife und ein Mindestalter von 18 Jahren sowie ein persönliches Interview. Der Kurs wendet sich an Teilnehmer ohne bisherige Lehrerfahrung, an Lehrkräfte ohne formale Ausbildung im Bereich Deutsch als Fremdsprache und an DaF-Lehrkräfte, die nach neuen Impulsen für ihren Unterricht suchen.

Kosten

Die Kosten für einen vierwöchigen Kurs betragen ca. 1.250 €. Es gibt jeweils drei Kurse pro Jahr (zwei im Frühjahr und einen im Herbst).

International House Freiburg

Werderring 18
D-79098 Freiburg

Tel.: +49 (7 61) 3 47 51
Fax: +49 (7 61) 38 24 76
E-Mail: ihtt@sampo.de
http://home.sampo.de/ihtt

Institut für Internationale Kommunikation

Zahlreiche mehrtägige Fortbildungsveranstaltungen zu ganz unterschiedlichen Themen (etwa: Wirtschaftsdeutsch, Internet im Sprachunterricht, Deutsche Kulturgeschichte) bietet regelmäßig das Institut für Internationale Kommunikation in Düsseldorf an. Die Fortbildungen sind kostenpflichtig (je nach Länge der Veranstaltung kosten sie zwischen ab 520 und 620 €), allerdings besteht für Teilnehmerinnen und Teilnehmer aus einem EU-Land die Möglichkeit, dafür ein Sokrates-Stipendium zu beantragen.

IIK Düsseldorf e.V. – Institut für Internationale Kommunikation in Zusammenarbeit mit der Heinrich-Heine-Universität

Geb. 23.31, Raum U1.73
Universitätsstr. 1
D-40225 Düsseldorf

Tel.: +49 (2 11) 81-1 51 82
Fax: +49 (2 11) 81-1 25 37
E-Mail: daf@iik-duesseldorf.de
www.iik-duesseldorf.de

Weitere Möglichkeiten der Weiterbildung

Universitäten

Es gibt zudem eine ganze Reihe von Angeboten von Fort- und Weiterbildungen im DaF-Bereich. Viele Universitäten, die einen Studiengang im DaF-Bereich anbieten, führen auch Fortbildungsveranstaltungen durch. Sehen Sie sich dazu die Homepages der Universitäten an. Die Adressen finden Sie im Anhang.

Verbände und Vereine

Zudem bieten zahlreiche Verbände und Vereine, die in Kapitel 2.4 vorgestellt werden, Fortbildungsveranstaltungen (nicht nur für ihre Mitglieder) und Workshops an.

Goethe-Institut

Daneben bietet das Goethe-Institut vielfältige Materialien zur Fort- und Weiterbildung und veranstaltet Fortbildungsseminare mit unterschiedlichen Schwerpunktthemen. Nähere Informationen finden Sie auf der Homepage des Goethe-Instituts (www.goethe.de).

Datenbanken Hilfreich kann auch die Suche in KURS, der Datenbank für Aus- und Weiterbildung der Bundesagentur für Arbeit, sein. Geben Sie dazu auf der Site www.arbeitsagentur.de (unter „KURS") als Stichwort „Deutsch als Fremdsprache" ein. Über Fortbildungen in der Schweiz können Sie sich unter www.w-a-b.ch informieren, für Österreich unter www.ams.or.at und http://seminar.at. Viele der in diesen Datenbanken aufgelisteten Angebote wenden sich vor allem an Nichtmuttersprachler, doch mitunter werden auch Muttersprachler hier fündig.

Verlage Auch die Verlage, die DaF-Lehrwerke herausgeben, organisieren zum Teil Fortbildungen. Eine Reihe dieser Verlage sind in Kapitel 5.3 aufgelistet. Außerdem informieren die einschlägigen DaF-Zeitschriften über Weiterbildungsangebote.

Materialien zur Weiterbildung

Fernstudieneinheiten Begleitend zu den Fernstudienkursen der Universität Kassel und des Goethe-Instituts wurde eine Publikationsreihe von Studieneinheiten entwickelt. Diese ist nicht nur für Teilnehmerinnen und Teilnehmer der Fernstudienkurse interessant; sie bietet auch DaF-Lehrkräften, die ihre Kenntnisse auffrischen wollen, ausgezeichnetes Material.

Die Publikationsreihe nennt sich Fernstudienprojekt „Fremdsprachlicher Deutschunterricht in Theorie und Praxis" und erscheint im Langenscheidt Verlag in München. Sie ist ein Gemeinschaftsprojekt des Goethe-Instituts, des Deutschen Instituts für Fernstudienforschung der Universität Tübingen (DIFF) und der Universität Gesamthochschule Kassel. Zudem sind der DAAD und die Zentralstelle für das Auslandsschulwesen an diesem Projekt beteiligt.

Insgesamt sind 50 Fernstudieneinheiten geplant. 24 Bände sind bereits erschienen, unter anderem Titel wie „Grammatik lehren und lernen", „Landeskunde und Literaturdidaktik", „Methoden des fremdsprachigen Deutschunterrichts" und „Fertigkeit Schreiben".

Handbuch Spracharbeit Zudem gibt das Goethe-Institut das umfangreiche „Handbuch Spracharbeit" heraus. „Teil 6: Fortbildung" wendet sich an alle, die in der Fortbildung tätig sind, ist aber auch für die eigene Fortbildung sehr hilfreich. Das Handbuch (eine Loseblattsammlung) enthält aus verschiedenen Teilen der Welt gesammelte Dokumentationen von Fortbildungsveranstaltungen zu diversen Themen mit den dazugehörigen Arbeitsblättern und Kopiervorlagen.

Erfahrungsbericht aus Brasilien:

Grönemeyer im Busch

Auf was habe ich mich hier nur eingelassen? In den ersten Tagen meines Brasilienaufenthaltes zweifelte ich oft an meinem Entschluss, ein halbes Jahr auf einer Fazenda mitten im Cerrado-Gebiet zu leben und zu arbeiten. Die Besitzer, eine schweizerisch-brasilianische Familie mit drei Kindern, hatten hier, mitten im Nichts bzw. Urwald, vor sieben Jahren eine Fazenda aufgebaut, mit dem Ziel, durch den Bauernhofbetrieb eine möglichst umfassende Selbstversorgung und durch Führungen vorwiegend Deutsch sprechender Touristen in das nahe gelegene Pantanal, das weltgrößte Überschwemmungsgebiet, eine finanzielle Unabhängigkeit zu erreichen.

Meine Aufgabe war es, die drei Kinder nach dem Lehrplan der Schweizer Grundschule sowie die einheimischen Angestellten der Fazenda in Deutsch als Fremdsprache zu unterrichten. Mag sich das auch anhören wie die Arbeitsbeschreibung einer Hauslehrerin aus einem Viktoria-Holt-Roman, die Realität war eine andere.

Meine bescheidene Unterkunft teilte ich mit einer ganzen Menge von Untermietern. Die Frösche, Kröten, Eidechsen, Fledermäuse und Vogelspinnen nahmen mein Eindringen in ihren bzw. meinen Unterschlupf ziemlich emotionslos auf. Einzig die Baumschlange, welche in meiner Klospülung hauste, schien sich über mich zu ärgern, zischelte sie doch immer davon, sobald ich die Klospülung betätigte und damit ihr Badewasser abließ. Aber nicht nur die vielen Acht-, Vier- und Nullbeiner um mich herum waren gewöhnungsbedürftig; es dauerte auch seine Zeit, bis ich mich an die Dauerhitze von fast 40 Grad gewöhnt hatte.

Die drei Kinder hatten sich sehr auf ihre neue Lehrerin gefreut. Ihre Offenheit und Neugier auf mein mühsam mitgeschlepptes

Schulmaterial erleichterten mir den Einstieg als Buschlehrerin. In der zweiten Woche startete ich dann auch mit dem Deutschunterricht. Ziel war es, den Angestellten so viel Deutsch beizubringen, dass sie in der Lage wären, von den Touristen Wünsche und Reklamationen entgegenzunehmen. Da ich all meine Gepäckstücke mit Grundschulmaterial gefüllt hatte, stand ich nun ohne spezifisches DaF-Material da und, schlimmer noch, ohne eine Ahnung, wie ich das Unternehmen Deutschkurs angehen sollte. Die fünf Männer und die Frau waren unterschiedlich alt, mit unterschiedlicher Vorbildung und unterschiedlichen Betätigungsfeldern auf der Fazenda. Da saßen nun der Vaquero (Cowboy), der Koch, der Vorarbeiter, die Wäschereiverantwortliche und der Junge für alles an dem sehr havarierten Schultisch und strahlten mich fröhlich und erwartungsvoll an. Ich strahlte zurück und fügte erklärend „lächeln" hinzu und zeigte auf meinen Mund. Sofort tönte es aus aller Munde: „Lächeln, lächeln, lächeln." Dazu wurde nicht mehr nur gelächelt, sondern lauthals gelacht.

Ich versuchte, meinen Unterricht mit dem spärlichen Material abwechslungsreich zu gestalten. Mit dem Würfel konjugierten wir die Verben „sein" und „haben", übten die Zahlen und machten sonstige Auflockerungsspiele. Dabei hatte ich die Stimme meiner Didaktiklehrerin im Hinterkopf: „Braucht immer wieder dasselbe Lernmaterial." Und so würfelten wir weiter, verschiedene Adjektive, Gegenstände aus der Küche, Vergangenheitsformen ... Marcos, der Vaquero, versuchte bis zum Schluss, die Augenzahl des Würfels durch eine bestimmte Wurftechnik zu beeinflussen und trug damit zur allgemeinen Heiterkeit bei. Überhaupt waren die Stunden meist sehr heiter, und ich genoss diesen neuen Zugang zu den Angestellten. Mein Leben auf der Fazenda wurde dadurch um einiges bunter: Der Koch kochte mir jeden Morgen mit den Worten „sehr stark Kaffee" meinen Espresso, mit Acacia unternahm ich mehrere kleine Fahrradtouren, vor meiner Türe lagen eines Abends fünf riesige Mangos, Edevaldo brachte mir einen Rahmapfel in die Stunde mit. Und wollte ich ausreiten, stand mein Pferd immer schon gesattelt bereit. Wenn Marcos mich aufgeregt vor dem Unterricht rief, ich solle schnell mitkommen, lief ich ihm neugierig nach: Einmal schwamm ein Kaiman im Swimmingpool, dem man nur mit Mühe in sein Gewässer zurückhelfen konnte, einmal setzte eine Kuh vor unserem Schulhäuschen ihr Kälbchen in die Welt.

Im Gegenzug versuchte ich, meinen Lernern auch etwas von meiner (alten) Welt zu vermitteln. Ich schrieb für alle den Text von Herbert Grönemeyers „Mensch“ ab, übersetzte den Refrain ins Portugiesische: „und der Mensch heißt Mensch, weil er hofft und weil er liebt, und weil er lacht und vergibt“. Während wir das deutsche Lied in die tropische Nacht hinaussangen, dachte ich über die Bedeutung von „Mensch“ nach. Er heißt und ist eben überall Mensch. In einem Land, in dem so viele Kulturen und soziale Unterschiede so augenscheinlich aufeinander prallen, bekommt diese Erkenntnis für mich eine neue Bedeutung.

Ich habe es in dem halben Jahr nicht geschafft, dem Koch beizubringen, dass es „sehr starker Kaffee“ und nicht „sehr stark Kaffee“ heißt. Auch der Junge, der die Touristen auf ihrem Ausritt begleitete, konnte sich nicht dazu überwinden, sich ihnen auf Deutsch vorzustellen. Acacia hingegen fragte die Gäste mit sichtlichem Stolz, ob sie Kaffee „mit oder ohne Zucker“ trinken wollen.

Und als der Gärtner (65) nach einer Schulstunde schüchtern in das Schulzimmerchen ohne Fenster hereinschaute, in der Hand eine riesige Papaya, und mich fragte, ob ich ihm nicht Lesen und Schreiben beibringen könne, erlebte ich als Lehrerin eine richtige Sternstunde. Bei jemandem eine solche Neugierde und Freude an der Sprache wecken zu können, scheint mir mit das Größte zu sein, was ich als Buschlehrerin erreicht habe. Dabei erscheint es mir zweitrangig, ob es nun Deutsch als Fremdsprache oder Portugiesisch ist.

Silke Hägi, von August 2003 bis Februar 2004 Primarlehrerin auf einer Fazenda in Brasilien

Erfahrungsbericht aus Südkorea:

„Wie heißen Sie? – Sind Sie verheiratet? – Warum nicht?"

Ein Lehrpraktikum in Korea

„Wie heißen Sie? – Sind Sie verheiratet? – Warum nicht?" Mit diesen und ähnlichen immer wiederkehrenden, teilweise etwas befremdlichen – weil für mein Verständnis intimen – Fragen begannen fast alle Interviews, die koreanische Studenten mit mir als Gast in ihrem Unterricht führten. Und nicht zuletzt diese waren es, die mich dann später doch von meinem ersten Eindruck „Ach, eigentlich ist es hier doch gar nicht so anders" abbrachten: Irgendwie ist in Korea alles anders!

Mein fast dreimonatiger Aufenthalt in Südkorea zwecks eines Lehrpraktikums für den Studiengang Deutsch als Fremdsprache war für mich nicht nur in fachlicher Hinsicht (Unterrichtspraxis, Informationen zu DaF in Korea und zu Berufsaussichten in diesem Bereich) interessant, sondern auch weil ich durch ihn einen vielseitigen Eindruck von der Kultur des Gastlandes erhalten habe. Die Konfrontation mit dieser Kultur und dem Gefühl, sich stets fremd zu fühlen, bewirkte eine Auseinandersetzung mit oder vielleicht eher eine Bewusstwerdung der eigenen Kultur.

Sommerschule auf Cheju-do

Den ersten Teil des Lehrpraktikums verbrachte ich auf Cheju-do. Bereits zum vierten Mal fand dort an der Cheju National University in Kooperation mit dem Sprachlernzentrum der Universität Bonn ein vierwöchiger Sommerkurs statt. Dazu entsandte die Uni Bonn in diesem Jahr eine Dozentin und drei Praktikantinnen. Die Praktikantinnen waren für zwei Unterrichtsstunden am Nachmittag zuständig, die unter dem Motto Sprachübungen standen und nach eigenen Vorstellungen selbstständig gestaltet werden konnten. Meine Gruppe bestand aus zehn Studierenden (acht Frauen, zwei Männer), deren geringe Fähigkeiten – vor allem in den Bereichen Hörverstehen und mündlicher Ausdruck – mich zunächst erstaunten. Die Unterrichtsbedingungen waren nahezu ideal (nicht nur die Umgebung, denn vom Campus blickt man auf den Halla-san – den höchsten Berg der Insel – und das Meer): klimatisierte Räume (bei dem herrschenden Klima keine Nebensache) und hoch motivierte, interessierte und sympathische Studierende unterschiedlicher Studiengänge und Unis. Für ein Lehrpraktikum, in dem man zum einen praktisch umsetzen will, was man sich in Seminaren zur Fremdsprachendidaktik theoretisch angeeignet hat, und zum anderen sich selbst in der Rolle des Lehrers erproben will, kann ich mir kaum angenehmere Bedingungen vorstellen. Alle Angebote, Arbeitsaufträge oder Themen, die ich an die Studierenden herantrug, wurden gut aufgenommen. Meine Lehrerfahrungen an einem französischen Lycée gingen in eine ganz andere Richtung: eine tobende Masse, die alles erst einmal langweilig und schlecht fand. Hier jedoch erledigte man Gruppen- und Partnerarbeiten mit Kreativität und Enthusiasmus – vor allem alles, was im weitesten Sinne dem Thema Liebe zuzuordnen ist, stieß auf große Begeisterung; das Ergebnis waren sehr lustige Texte oder Szenen, die am bunten Abend aufgeführt wurden. Bemerkenswert war die Aufgeschlossenheit der Studierenden allen Sozialformen gegenüber, die von dem altbekannten Frontalunterricht abwichen.

Was den Unterricht für mich noch dazu interessant machte, war das echte Wissensdefizit über die Kultur und das Alltagsleben des anderen auf beiden Seiten. Ich hatte nicht erwartet, dass man mir aus dem Stegreif Schubertlieder vorsingen konnte, und auch wenn man Karajan für einen Komponisten hielt, musste ich im Gegenzug zugeben, nicht einen einzigen koreanischen Musiker, Schriftsteller oder Künstler zu kennen. „Vielleicht Herr Kim?“ konnte allenfalls von meiner Unkenntnis ablenken. (Jeder dritte Koreaner heißt Kim.) Schon allein, wenn man nach dem Alter fragte, gab es Verwirrung – es wollte mir doch nicht in den Kopf, in Korea 27 Jahre alt zu sein, wo ich doch in Deutschland noch einige Monate als 25-jährig galt (nach koreanischer Rechnung ist man bei der Geburt schon ein Jahr alt und befindet sich nach dem Geburtstag immer bereits im folgenden Lebensjahr). Ich fragte mich zunächst auch, warum man die Kopien, die ich verteilte, mit beiden Händen entgegennahm oder warum bereits die dritte Frage in einen Gespräch lautete „Hast du einen Freund?“ (und das, wo doch nicht mal meine Hobbys geklärt waren). Auf die Frage „Warum schminkst du dich nicht?“ weiß ich bis heute keine befriedigende Antwort. Man könnte meinen, dies seien Kleinigkeiten, doch allmählich schöpfte ich den Verdacht, auf Indizien einer völlig anderen Gesellschaftsstruktur gestoßen zu sein.

Der Kontakt zu den Studierenden beschränkte sich nicht nur auf den Unterricht; wir verbrachten auch einen großen Teil der Freizeit gemeinsam. Einige der Kursteilnehmer besuchte ich auf meiner zweiwöchigen Reise durch das Land und traf sie in Seoul wieder, wo ich den zweiten Teil meines Praktikums am Goethe-Institut absolvierte.

Goethe-Institut Seoul

Zu dem für mich interessantesten Teil des Praktikums am Goethe-Institut – neben zahlreichen Gesprächen mit einigen koreanischen Mitarbeiterinnen – gehörten Unterrichtshospitationen. Meine Bitte, dem Unterricht der koreanischen Vertragslehrer beiwohnen zu dürfen, wurde mit unangenehmer Bestimmtheit abgelehnt. Zum Glück waren die deutschen Honorarlehrer aber gerne bereit, mich in ihren Goethe- sowie Uni-Kursen oder im Schulunterricht hospitieren zu lassen und mir ausgiebig Auskunft über ihre Situation zu erteilen.

Erst in Seoul wurde mir klar, in welchem Maße sich die Sommerschule von dem gewöhnlichen Universitätsbetrieb unterschied. Kurse mit ca. 45 Teilnehmern, größtenteils unmotiviert und ohne Interesse am Fach, mit extrem unterschiedlichem Niveau und Vorkenntnissen in einem Raum ohne erkennbare Sitzordnung gehörten ebenso zum Alltag wie „Luxus-Kurse" mit nur sieben Studierenden. Neben interessantem, abwechslungsreichem und strukturiertem Unterricht standen eintönige, scheinbar unvorbereitete Stunden. Während sich das Engagement des einen an den schlechten Rahmenbedingungen aufrieb, nutzte der andere die günstigen Umstände wenig; man trug bereits deutliche Spuren der Resignation oder hatte vielleicht nie einen höheren Anspruch, als den Unterricht plangemäß abzuhalten. Und letztlich gab es auch zufriedene Lektoren! Kurz: Ich traf fast alle möglichen Konstellationen an und war erstaunt, dass von einem Lektor weder ein DaF- noch Germanistik-Studium erwartet wird.

Meine eigenen Unterrichtsversuche beschränkten sich in Seoul auf drei Unterrichtseinheiten in der Mittelstufe am Goethe-Institut. Mein positives Bild vom Unterrichtsverhalten der Koreaner wurde dabei noch bestärkt. Mit ungeheurer Nachsicht harrten sie geduldig und froher Laune aus, als ich wieder vergessen hatte, dass der Kassetten-Recorder ein Zählwerk aufweist, dass das Aufsuchen einer bestimmten Stelle ungemein erleichtert. In der besagten französischen Klasse hätte es zumindest lautstarke Unmutsäußerungen gegeben. Man bestach mich mit einem Schokoladenriegel, und so sang ich mutterseelenallein „Der Mond ist aufgegangen“ und – auf speziellen Wunsch – die deutsche Nationalhymne (glücklicherweise legte man mir dazu den Text vor). Hätte man mir das drei Monate zuvor prophezeit ...

„Irgendwie ist alles anders“

Viele Vorurteile, die in meinem Kopf herumgegeistert waren, wurden während meines Aufenthalts über den Haufen geworfen. Die viel beschworene Schüchternheit der Asiaten konnte ich beispielsweise nicht finden (natürlich gibt es überall auch ein paar schüchterne Menschen). Verwundert war ich über spontane Gefühlsäußerungen in Form von kollektiven Aufschreien – vor allem an Frauen-Unis, zum Beispiel als ich unangekündigt an der Seite des deutschen Lektors die Klasse betrat und man mich für seine Freundin hielt. Auffällig fand ich die große Angst der Kursteilnehmer, Fehler zu machen, oder auch ihr Bestreben, den Lehrer nicht in seinem Vortrag zu stören. So werde direktes Aufrufen der Lerner nach Aussage einer Studentin nicht wie in Deutschland als autoritär empfunden, sondern sei eben Teil der traditionellen Lehrerrolle und keineswegs negativ besetzt.

Je mehr Gedanken ich mir über die kulturellen Unterschiede machte, desto unklarer wurden mir diese. Schließlich hörte ich mich sogar sagen: „Ach, eigentlich ist alles gar nicht so anders.“ Oder doch?

Dagmar Giersberg, Bericht über ein Lehrpraktikum in Südkorea 1996

4. Wege ins Ausland

4.1 Generelle Möglichkeiten und Chancen

In diesem Kapitel werden eine Reihe Möglichkeiten beschrieben, wie Sie als Muttersprachler im Ausland Deutsch unterrichten können.

Schulen und Erwachsenenbildung

Arbeitsmöglichkeiten im Bereich DaF gibt es außerhalb des deutschen Sprachraums zuhauf. Man kann Deutsch als Fremdsprache an Schulen (Grund- oder Sekundarschulen) unterrichten. Zudem steht den DaF-Lehrenden der große Bereich der Erwachsenenbildung offen. Goethe-Institute, Österreich Institute, private Sprachschulen und Universitäten sind nur einige der zahlreichen Möglichkeiten, im Ausland Deutsch zu unterrichten. Auch Firmen, die ihre Mitarbeiterinnen und Mitarbeiter sprachlich auf einen Aufenthalt im deutschsprachigen Raum vorbereiten wollen, suchen dafür Muttersprachler. Vom Ferienjob über ein befristetes Arbeitsverhältnis bis zur unbefristeten Festanstellung ist alles möglich. Daneben gibt es noch die Möglichkeit, ein Praktikum im Ausland zu absolvieren. Und schließlich bieten Organisationen eine Reihe von Austauschprogrammen für Studierende und Graduierte an.

Vom Schulabsolventen bis zum Lehrer

Die Programme und Möglichkeiten, die im Folgenden vorgestellt werden, richten sich an ganz unterschiedliche Zielgruppen: einige (wenige) bereits an Schulabsolventen, der Großteil jedoch an Studierende, Graduierte und ausgebildete Lehrpersonen. Dabei werden sowohl unbezahlte Praktika also auch feste Arbeitsstellen berücksichtigt.

Anpassungsfähigkeit und Flexibilität

Oft werden in den Ausschreibungen für die vorgestellten Programme gar nicht so viele Qualifikationen oder Erfahrungen verlangt. Was Sie jedoch auf jeden Fall brauchen, ist ein hohes Maß an Anpassungsfähigkeit und Flexibilität.

Laut Fax-Kopie vom 9. September 1994 erhielt ich um 9:06 Uhr in der Früh in Hamburg ein Anschreiben mit der Bitte, dass ich doch möglichst schnell nach Shanghai an die Fudan Universität als „foreign teacher" für die Deutschabteilung kommen möge. Man brauche ganz schnell einen Lektor für Deutsche Sprache und Literatur. Der Vertrag war gleich mitgefaxt und für ein akademisches Jahr von Oktober 1994 bis 30. Juni 1995 ausgestellt. [...] Am 3. Oktober landete ich mit Air China aus Frankfurt kommend auf dem alten Shanghaier Flughafen Hongqiao.

Torsten Flüh, ehemaliger Lektor in Shanghai, China

Kennenlernen der fremden Kultur

Die Arbeit im DaF-Bereich im Ausland ist in jedem Fall eine spannende Erfahrung und eine ausgezeichnete Gelegenheit, Land und (vor allem) Leute intensiv kennen zu lernen. Im Unterricht werden Sie nämlich nicht nur Mittler der Kultur der deutschsprachigen Länder; Sie erhalten auch die Möglichkeit, von Ihren Lernenden etwas über die Kultur des Gastlandes zu erfahren.

Die Studenten erklären mir ihr Land, so wie sie es verstehen. [...] Tatsächlich wird so der Unterricht zum guten Tauschgeschäft. Deutschkenntnisse gegen Erklärungen über Uganda. Da ein echtes Informationsbedürfnis auf beiden Seiten besteht, kommt es auch zu einem echten Gespräch.

Ingrid Rissom, DAAD-Lektorin (1984 – 89) in Kampala, Uganda
(aus: Spuren in die Zukunft, Bd. 3, S. 191)

Der DaF-Unterricht und vor allem die Auseinandersetzung mit der eigenen Kultur im Bereich der Landeskunde verdeutlicht Ihnen aber auch Ihre eigenen kulturellen Wurzeln.

Kennenlernen der eigenen Kultur

Vielleicht werden Ihnen viele Dinge, die Sie zu Hause immer gestört haben, in der Ferne fehlen. Vielleicht finden Sie aber auch in der Ferne genau das, was Sie in Ihrer Heimat immer schon vermisst haben, ohne dass Sie es benennen konnten. In jedem Fall aber: Im Kontrast zu einer anderen Kultur – mag sie Ihnen auch zu Beginn Ihres Aufenthalts als sehr verwandt erscheinen – wird Ihnen vielleicht deutlicher, was Ihr eigener kultureller Hintergrund ist.

Mit dem Einblick in die französische Kultur, Politik und Lebenseinstellung habe ich gleichzeitig einen Begriff davon bekommen, was deutsch sein heißt und bedeutet; Landeskunde verläuft bekanntlich kontrastiv.

Renate, Fremdsprachenassistentin (PAD) in Frankreich (1997/98)

Sie werden in viele Situationen geraten, in denen Sie sich vielleicht im Hinblick auf die im fremden Land herrschenden Normen falsch verhalten. Sie werden anecken und müssen lernen, sich auf andere Normen und Werte einzustellen. Sie werden vergleichen und bewerten – und vor allem: nach- und überdenken.

Während der Jahre als Lektor in China änderte sich mein Blick auf Deutschland. Ich sah es einerseits kritischer: China ließ mir Selbstverständliches wieder fragwürdig werden; andererseits loyaler: Ich begann, Deutschland zu verteidigen, wo ich es früher vehement kritisiert hatte.
Werner Roggausch, DAAD-Lektor (1983 – 87) in Peking, China

Das Überdenken der eigenen kulturellen Herkunft fördert in jedem Fall das Verständnis für andere Kulturkreise, kann aber auch zu einem neuen Verständnis der eigenen Kultur führen. Es wird spannend!

Vielfältige Aufgaben

Interessant ist vielleicht auch noch zu wissen, dass sich Ihre Tätigkeiten im Ausland in den wenigsten Fällen auf den Sprachunterricht beschränken werden. Je nach Programm oder Einsatzort werden mit Sicherheit viele Menschen auf Sie zukommen und nach Rat oder Unterstützung fragen. Wenn Sie eine gute Portion Offenheit und Engagement mitbringen, werden Sie sich auf keinen Fall langweilen.

Was mir unter den Aktivitäten außerhalb des Unterrichts am meisten Spaß bereitete: Beim Privatsender „Radio 99“ moderierte ich freitags abends wiederholt eine Sendung mit deutschsprachigen Kulturnotizen, Nachrichten und Musik (genannt „Hallo Deutschland“).
Christoph Ludszuweit, DAAD-Lektor (1995 – 99) in Windhoek, Namibia
(aus: Spuren in die Zukunft, Bd. 3, S. 187)

Programm oder eigene Suche

Es gibt grundsätzlich zwei Möglichkeiten, eine Stelle als DaF-Lehrerin oder -Lehrer im Ausland zu bekommen. Sie können im Rahmen eines Programms tätig werden oder die Suche auf eigene Faust unternehmen. Die Arbeit innerhalb eines Programms hat Vorteile, da viele Formalitäten von den Organisatoren übernommen werden. Zudem erhalten Sie von der vermittelnden Stelle in Deutschland, Österreich oder der Schweiz einen finanziellen Zuschuss, wenn der Lohn, den die Hochschule im Ausland zahlt, nicht ausreicht, um einen angemessenen Lebensstandard zu halten.

In den folgenden Kapiteln werden die Programme, die es für die unterschiedlichen Zielgruppen gibt, vorgestellt. In Kapitel 4.8 erhalten Sie dann Hinweise und Tipps für die eigenständige Suche nach einer Stelle.

4.2 Rechtliche und finanzielle Rahmenbedingungen

Visum und Arbeitserlaubnis

Beschaffung oft schwierig

In vielen Ländern ist es schon allein aus rechtlichen Gründen nicht so einfach möglich, zu arbeiten oder auch nur ein Praktikum zu machen.

Die Beschaffung eines Visums und einer Arbeitserlaubnis ist nicht nur für die klassischen Einwanderungsländer wie die USA, Kanada, Australien oder Neuseeland, sondern auch zum Beispiel für Malaysia und Singapur mitunter schwierig. Selbst für Praktika braucht man beispielsweise in den USA ein besonderes Visum. Nur mit einem Touristenvisum in den USA zu jobben ist auch dann illegal, wenn die Tätigkeit nicht bezahlt wird. Sie müssen, wenn Sie erwischt werden, mit einer sofortigen Ausweisung und einem mehrjährigem Einreiseverbot rechnen.

Für Länder, in denen eine Arbeitsaufnahme nicht ohne weiteres möglich ist, ist die Teilnahme an einem Programm der einfachste Weg, da die formalen Hindernisse von den Vertragspartnern (meist der deutschen, österreichischen oder Schweizer und der ausländischen Organisation) ausgeräumt werden.

Visa-Programme

Es gibt aber auch Programme, die dazu geschaffen sind, den Austausch mit den Ländern zu fördern, in denen die Beschaffung eines Visums für einen Arbeits- oder Praktikumsaufenthalt recht schwierig ist.

„Working Holiday Maker"-Visum

Deutschland hat mit einigen Ländern bilaterale Abkommen geschlossen, die es jungen Leute zwischen 18 und 30 bzw. 35 Jahren ermöglichen, Visa für einen bis zu zwölfmonatigen Aufenthalt mit begrenzter Arbeitsmöglichkeit zu bekommen. Solche Abkommen gibt es zwischen Deutschland und Australien, Neuseeland, Kanada und Japan.

Anders als beim Praktikantenvisum, das meist erst dann ausgestellt wird, wenn der Antragsteller bereits eine Stellenzusage in der Tasche hat, können die Teilnehmer am „Working Holiday"-Programm ihre Arbeitgeber vor Ort suchen.

Die Visa können in der Regel bei den jeweiligen Botschaften beantragt werden. Nähere Informationen gibt es unter:
www.australian-embassy.de
www.nzembassy.com
www.kanada.de („Young Workers Exchange Program")
www.botschaft-japan.de und www.jawhm.or.jp

Für österreichische Studierende, die in Kanada arbeiten wollen, gibt es das „Student Work Abroad Program". Näheres dazu unter www.kanada.at.

AIPT für Arbeitsaufenthalte in den USA

Eine sehr einfache und funktionale Lösung für das Visa-Problem bietet das Programm „Association for International Practical Training" (AIPT). Es wendet sich an Fachkräfte ab 18 Jahren, die sich beruflich und sprachlich in den Vereinigten Staaten fortbilden möchten. Mit diesem Programm ist es relativ einfach möglich, die notwendige Genehmigung für ein befristetes Arbeitsverhältnis von maximal 18 Monaten Dauer zu erlangen (in diesem Fall das J1-Visum). Das Besondere am AIPT-Programm ist, dass es sich auch an Hochschulabsolventen und bereits Berufstätige wendet.

Mit AIPT sind normale Arbeitsverhältnisse möglich, denen ein Fortbildungscharakter zugesprochen werden kann. Die Gebühr für die Teilnahme an diesem Programm kann bis zu 1.000 US-$ betragen. Weitere Informationen erhalten Sie unter www.aipt.org und bei der:

Zentralstelle für Arbeitsvermittlung (ZAV)
Internationaler Arbeitsmarkt, Team 211

D-53107 Bonn	*Tel.: +49 (2 28) 7 13-12 75 oder -11 14* *Fax: +49 (2 28) 7 13-12 07* *www.arbeitsagentur.de*

Hinweis:
Im Rahmen der zahlreichen Visa-Programme, die der Council on International Educational Exchange (www.councilexchanges.de) für Praktika und Arbeitsaufenthalte in den USA, in Kanada, Australien und Neuseeland anbietet, sind Lehrtätigkeiten leider ausgeschlossen.

Finanzen

Ein Auslandsaufenthalt kann aber auch ganz schön teuer sein. Wenn man sich für sein Praktikum etwa Ziele in Asien oder Amerika, Ozeanien oder Afrika aussucht, dann sind allein die Reisekosten schon ziemlich hoch. In den wenigsten Fällen sind Praktika im DaF-Bereich bezahlt. Wenn man Glück hat, bekommt man eine Unterkunft und vielleicht sogar noch Verpflegungsgeld. Sonderlich lukrativ sind die Angebote im DaF-Bereich in der Regel nicht, weil sie ja meist von öffentlichen Einrichtungen oder Kulturinstituten kommen, deren finanzielle Ausstattung nicht eben üppig ist.

Förderungsmöglichkeiten

Guter Rat ist hier jedoch nicht teuer! Es gibt eine Reihe von Stipendien oder anderen Förderungsmöglichkeiten. Näheres dazu finden Sie in Kapitel 4.4.

Verhältnis von Lohn und Kosten

Geht man zum Arbeiten in ein Land, wird man darauf achten müssen, dass der Lohn (allein oder zusammen mit anderen sicheren Verdienstmöglichkeiten) die Lebenshaltungskosten deckt. Das ist im DaF-Bereich keinesfalls immer der Fall, selbst wenn es sich um eine volle Stelle handelt.

So verdienen Hochschullehrkräfte in Entwicklungs- oder Schwellenländern beispielsweise erschreckend wenig (Näheres dazu unter 4.8). Erkundigen Sie sich also genau, welche Kosten im Ausland auf Sie zukommen. Denn auch hier gilt: erst rechnen, dann unterschreiben!

Hinweis zu den Programmen:
Der Binnenmarkt der Europäischen Union hat die freie Wahl des Arbeitsplatzes aller EU-Bürger innerhalb der Union gebracht. Staaten der EU sind daher verpflichtet, ihre Programme für alle EU-Bürger zu öffnen. Eine Beschränkung des Bewerberkreises erfolgt dann durch die Forderung nach der Muttersprache Deutsch und oft auch durch die Forderung, dass der Lebensschwerpunkt in den letzten Jahren in dem Land gelegen hat, das das Programm anbietet.

4.3 Praktikumsprogramme und -angebote

Auslandserfahrung sammeln

Die viel beschworenen Praktika! Studentenzeitschriften, Karriere-Magazine und Institutionen im Bildungsbereich verbreiten es unermüdlich: Auslandserfahrung ist ein Muss. In einer Gesellschaft, in der die Begriffe Globalisierung und Internationalisierung in den Überschriften der Zeitungen prangen, gilt die Auslandserfahrung fast als Grundvoraussetzung für einen Berufseinstieg.

Vielsprachigkeit und interkulturelle Kompetenz sind nicht nur Schlagwörter, sondern wichtige Entscheidungskriterien eines Arbeitgebers bei der Auswahl seines Führungsnachwuchses. Für moderne Betriebe, insbesondere international tätige Firmen, Institutionen und Großkonzerne, ist es bei anhaltender Globalisierung und zunehmendem Wettbewerbsdruck unerlässlich, sich mit hoch qualifiziertem Personal für die Zukunft zu wappnen.

Pluspunkt im Lebenslauf

Mit einem Auslandspraktikum sammeln Sie Pluspunkte in Ihrem persönlichen Werdegang und beweisen ein hohes Maß an Eigenständigkeit, Anpassungsfähigkeit und Handlungskompetenz. Zudem haben Sie im Ausland die Gelegenheit, Ihre Fremdsprachenkenntnisse zu verbessern.

Persönliche Entwicklung

Doch nicht nur den Lebenslauf wertet ein Auslandsaufenthalt auf. Ihre Auslandserfahrungen sind von unschätzbarem Wert für die Persönlichkeitsentwicklung – sie ermöglichen einen Blick über den Tellerrand und bescheren Ihnen vielleicht Freundschaften fürs Leben.

Es gibt eine Reihe von Programmen für Praktikanten; viele werden unten vorgestellt. Zudem erfahren Sie noch in Kapitel 4.8, wie Sie bei der selbstständigen Suche nach einer Praktikumsstelle im DaF-Bereich vorgehen können.

Verein für internationalen und interkulturellen Austausch

Unterrichtspraktikum

Der Verein für internationalen und interkulturellen Austausch (VIA e.V.) führt zweimal im Jahr (im Frühjahr und im Herbst) Programme für Unterrichtspraktika in verschiedenen Ländern durch. Angeboten werden Unterrichtsprogramme in Afrika, Russland, Kirgistan, Usbekistan, der Mongolei sowie in Mexiko und Ecuador.

An den Programmen von VIA können Studierende teilnehmen. Die Praktikanten unterrichten fünf bis zehn Stunden pro Woche an Schulen oder Hochschulen Deutsch. VIA vermittelt die Praktikumsstellen und Gastfamilien.

Für Studierende

VIA e.V. – Geschäftsstelle

Katzenstr. 2	*Tel.: + 49 (41 31) 73 22 23*
D-21335 Lüneburg	*Fax: + 49 (41 31) 73 22 24*
Postanschrift:	*E-Mail: info@via-ev.org*
Postfach 29 28	*www.via-ev.org*
D-21319 Lüneburg	

Afrika, Russland, Zentralasien

Das Unterrichtspraktikum wird an den Deutschfachbereichen der Hochschulen und an Schulen mit Deutschunterricht in Ghana, Uganda, Russland, Usbekistan, Kirgistan und der Mongolei angeboten.

Wesentliche Bestandteile des Programms sind neben dem Praktikum selbst ein Sprachkurs (auf Wunsch), ein kleines Rahmenprogramm, der Aufenthalt in einer einheimischen Gastfamilie und der Gegenbesuch des Austauschpartners in Deutschland.

Die zwei Haupttermine liegen in den Semesterferien: Anfang März bis Mitte April und Anfang September bis Mitte Oktober. Eine Verkürzung/Verlängerung oder die Teilnahme außerhalb dieser Termine ist nach Absprache möglich.

Das Praktikum steht allen Interessenten offen. Auch mit sehr geringen Vorkenntnissen im Unterrichten und ohne Kenntnisse der Landessprache können Erfahrungen im Bereich „Deutsch als Fremdsprache“ an der Gastschule oder Gasthochschule gesammelt werden. Man steht den einheimischen Lehrerinnen und Lehrern als Muttersprachler zur Seite. In der Regel hospitiert und unterrichtet man acht bis zwölf Wochenstunden.

Für die eigenen Unterrichtsstunden ist der Einsatz zumeist in Konversationskursen vorgesehen, so dass eine spezielle linguistische Vorbildung nicht unbedingt nötig ist.

Gegenbesuch in Deutschland

Das Programm beruht auf dem Gedanken des Austauschs. Sie werden in einer Gastfamilie untergebracht, bei Deutschstudierenden bzw. jungen Deutschlehrerinnen oder -lehrern. In der Familie erhalten Sie Frühstück und Abendessen. Im Gegenzug wird auch von Ihnen erwartet, einen Praktikanten für zwei Wochen aufzunehmen und zu versorgen. Da die Reisekosten für die Partner für einen Gegenbesuch in Deutschland unerschwinglich sind, werden sie aus einem Teil Ihres Beitrages finanziert.

Kosten Zudem können Sie vor Ort einen Sprachkurs belegen (Extrakosten: 75 bis 100 €). Unmittelbar vor dem Abflug findet ein zweitägiges Vorbereitungsseminar zu methodisch-didaktischen, kulturellen und landeskundlichen Themen statt.

Der Teilnehmerpreis einschließlich Flug, Visum, Unterkunft, Verpflegung, Organisation, Rahmenprogramm und Vorbereitungsseminar hängt vom Zielland und Alter der Praktikanten ab:

Accra (Ghana)	1.365 €	ab 25 Jahre (Studierende ab 30): 1.470 €
Kampala (Uganda)	1.335 €	ab 30 Jahre: 1.375 €
St. Petersburg (Russland)	990 €	
Samarkand (Usbekistan)	1.260 €	
Bischkek (Kirgistan)	1.175 €	ab 30 Jahre: 1.345 €
Ulan Bator (Mongolei)	1.420 €	Nichtstudierende: 1.450 €

Ausführliche Informationen erhalten Sie bei:

VIA e.V. – Programmleiterin Afrika, Russland und Zentralasien – Frau Karen Engelke

Tarnowitzer Weg 16
D-22049 Hamburg

Tel.: +49 (40) 63 60 96-18
Fax: +49 (40) 63 60 96-19
E-Mail: karen.engelke@via-ev.org

Mexiko Das Unterrichtspraktikum in Mexiko findet in Preparatorias (Oberstufen) und an Universitäten in Guadalajara, Monterrey und Guanajuato statt. Es wird zweimal pro Jahr in den Semesterferien angeboten und dauert ca. sechs Wochen (Ende Februar bis Anfang April und Ende August bis Anfang Oktober). Das Praktikum wird an Universitäten oder in der Sekundarstufe II absolviert.

Das Praktikum steht allen Interessenten offen: Weder Spanischkenntnisse noch Erfahrungen im Unterrichten werden vorausgesetzt.

In der Schule übernehmen Sie im Rahmen des Praktikums selbstständig einen Anfängerkurs. Die Schüler sind zwischen 15 und 17 Jahre alt. An den Universitäten unterrichten Sie nach einer Hospitationsphase entweder Deutsch oder Englisch – in der Regel ein bis zwei Stunden pro Tag.

Die Praktikanten werden bei einer mexikanischen Gastfamilie untergebracht. Hier bekommen Sie täglich Frühstück und Abendessen. Die Gastgeber erhalten ein Entgelt von ca. 255 € für die Dauer des Aufenthalts. Teil der Abmachung ist es, dass ein Mitglied der Gastfamilie im Gegenzug für zwei Wochen zu Ihnen nach Deutschland kommt.

Zum Praktikumsprogramm gehört ein Sprachkurs in Spanisch, der ca. sechs Unterrichtsstunden pro Woche umfasst (Extrakosten: 90 €). Unmittelbar vor dem Abflug findet ein zweitägiges Vorbereitungsseminar zu methodisch-didaktischen, kulturellen und landeskundlichen Themen statt.

Kosten

Die Teilnahme am Programm kostet ca. 1.320 €. Darin sind Flugkosten und das Entgelt für die Gastfamilie enthalten. Ausführliche Informationen erhalten Sie bei:

VIA e.V. – Programmleiterin Mexiko – Frau Angelika Cremer

Florastr. 2	*Tel.: +49 (2 01) 6 16 27 94*
D-45131 Essen	*Fax: +49 (2 01) 6 16 27 95*
	E-Mail: angelika.cremer@via-ev.org

Ecuador

Das Unterrichtspraktikum in Ecuador wird zweimal pro Jahr in Quito angeboten (September bis Oktober und März bis April). Die Gesamtdauer des Aufenthaltes beträgt etwa fünf Wochen. Dabei dauert das Unterrichtspraktikum vier Wochen, so dass etwa eine Woche freie Zeit für Reisen und Ausflüge zur Verfügung steht.

Das Praktikum steht allen Interessenten offen: weder Spanischkenntnisse noch Erfahrungen im Unterrichten werden vorausgesetzt.

Das Praktikum wird in Quito an so genannten Colegios (Sekundarbereich) absolviert. Sie übernehmen im Rahmen des Praktikums selbstständig einen Anfängerkurs. Die Schüler sind zwischen 12 und 16 Jahre alt. Der Unterricht findet entweder mittags oder nachmittags im Anschluss an den normalen Schulbetrieb statt und dauert ca. 60 Minuten.

Die Praktikanten werden bei einer ecuadorianischen Gastfamilie untergebracht. Hier bekommen Sie täglich Frühstück und Abendessen. Die Gastgeber erhalten ein Entgelt von ca. 255 € für die Dauer des Aufenthalts. Teil der Abmachung ist es, dass ein Mitglied der Gastfamilie im Gegenzug für zwei Wochen zu Ihnen nach Deutschland kommt.

Zum Praktikumsprogramm gehört ein Sprachkurs in Spanisch (Extrakosten: 100 €). Unmittelbar vor dem Abflug findet ein eintägiges Vorbereitungsseminar zu methodisch-didaktischen, kulturellen und landeskundlichen Themen in Frankfurt statt.

Kosten

Die Teilnahme am Programm kostet ca. 1.300 €. Darin sind Flugkosten und das Entgelt für die Gastfamilie enthalten. Ausführliche Informationen erhalten Sie bei:

VIA e.V. – Programmleiter Ecuador – Herrn Heiko Luithardt

Carl-Zuckmayer-Str. 14	*Tel.: +49 (6 21) 3 06 98 30*
D-68169 Mannheim	*Fax: +49 (6 21) 3 06 98 31*
	E-Mail: heiko.luithardt@via-ev.org

Zentralstelle für Arbeitsvermittlung

Die Zentralstelle für Arbeitsvermittlung (ZAV) bietet in Kooperation mit anderen Organisationen eine ganze Reihe von Praktikumsprogrammen an. Einige dieser Programme werden im Folgenden vorgestellt. Weitere Hinweise finden Sie auch auf der Homepage www.arbeitsagentur.de unter „Arbeitnehmer Informationen“, „Internationales“.

Live and Work in Britain

Das Programm „Live and Work in Britain“ wird von der Zentralstelle für Arbeitsvermittlung (ZAV) und der gemeinnützigen britischen Organisation GAP angeboten. Die Programmteilnehmerinnen und -teilnehmer sind an Internaten für die Betreuung von Schülerinnen und Schülern zuständig und unterstützen die Lehrkräfte beim Deutschunterricht. Im Zusammenhang mit dem Internatsleben wirken „assisting teachers“ auch bei Aktivitäten wie zum Beispiel beim Sport, bei Theatergruppen, Kunst-AGs etc. mit.

Für Abiturienten und Studierende bis 23 Jahre

Teilnehmen können Abiturienten und Studierende im Alter zwischen 18 und 23 Jahren. Voraussetzungen sind gute Englischkenntnisse, Erfahrung im sozialen Bereich sowie die erfolgreiche Teilnahme an einem Informations- und Auswahlgespräch in Bonn.

Das Programm wird vorwiegend in Süd- und Mittelengland für sieben bis elf Monate (September bis März/Juli) durchgeführt. Bewerbungsschluss ist in der Regel Ende Januar.

Bei freier Unterkunft und Verpflegung bekommen die Teilnehmerinnen und Teilnehmer ein Taschengeld von 45 £ pro Woche. Die Kosten für die Vermittlung und Betreuung betragen 1.130 € (darin sind die Kosten für ein Einführungsseminar in Großbritannien sowie für Unterbringung und Verpflegung während des Seminars, aber nicht die Reisekosten enthalten). Informationen gibt es bei der ZAV und unter www.gap.org.uk.

Zentralstelle für Arbeitsvermittlung (ZAV) –
Internationaler Arbeitsmarkt

D-53107 Bonn

Tel.: +49 (2 28) 7 13-14 64
Fax: +49 (2 28) 71 32 70 14 99
E-Mail: Bonn-ZAV.jobs-und-praktika-im-ausland@arbeitsagentur.de

Live and Work in Australia

Das Programm „Live and Work in Australia" wird von der Zentralstelle für Arbeitsvermittlung (ZAV) und der gemeinnützigen britischen Organisation GAP angeboten. Die Programmteilnehmerinnen und -teilnehmer unterstützen die Lehrkräfte an Tagesschulen und Internaten beim Deutschunterricht und arbeiten bei Sport- und Theaterveranstaltungen sowie bei Outdoor-Aktivitäten mit.

Für Abiturienten und Studierende bis 23 Jahre

Teilnehmen können Abiturienten und Studierende im Alter zwischen 18 und 23 Jahren. Voraussetzungen sind gute Englischkenntnisse, Erfahrung im sozialen Bereich sowie die erfolgreiche Teilnahme an einem Informations- und Auswahlgespräch in Bonn.

Die Schulen liegen hauptsächlich in Nordaustralien: Victoria, New South Wales und Queensland. Von den Großstädten Melbourne, Sydney, Brisbane, Townsville, Cairns und Darwin sind alle Arbeitsstellen gut zu erreichen. Der Aufenthalt dauert sieben bis elf Monate (Februar bis August bzw. Oktober bis August).

Bei freier Unterkunft und Verpflegung bekommen die Teilnehmerinnen und Teilnehmer eine finanzielle Unterstützung von ca. 100 AUS-$ pro Woche. Die Kosten für die Vermittlung und Betreuung durch GAP betragen 1.130 €. Zusätzlich fallen Kosten für eine Einführungsveranstaltung in Australien, Visum, Versicherung und Reise an. Informationen gibt es bei der ZAV und unter www.gap.org.uk. Die Adresse der ZAV finden Sie oben, unter „Live and Work in Britain“.

Live and Work in New Zealand

Das Programm „Live and Work in New Zealand“ wird von der Zentralstelle für Arbeitsvermittlung (ZAV) und der gemeinnützigen britischen Organisation GAP angeboten. Die Programmteilnehmerinnen und -teilnehmer unterstützen die Lehrkräfte an Schulen und Internaten beim Unterricht und arbeiten bei Sport- und Theaterveranstaltungen sowie bei Outdoor-Aktivitäten mit.

Für Abiturienten und Studierende bis 20 Jahre

Teilnehmen können Abiturienten und Studierende der Anfangssemester im Alter zwischen 18 und 20 Jahren. Voraussetzungen sind gute Englischkenntnisse, Erfahrung im sozialen Bereich sowie die erfolgreiche Teilnahme an einem Informations- und Auswahlgespräch in Bonn.

Die Einsatzorte liegen auf der Nord- und Südinsel Neuseelands. Der Aufenthalt dauert elf Monate (von August bis Juli). Bewerbungsschluss ist in der Regel im Dezember.

Bei freier Unterkunft und Verpflegung bekommen die Teilnehmerinnen und Teilnehmer eine finanzielle Unterstützung von ca. 100 NZ-$ pro Woche. Die Kosten für die Vermittlung und Betreuung durch GAP betragen 1.130 €. Zusätzlich fallen Kosten für eine Einführungsveranstaltung in Neuseeland, Visum, Versicherung und Reise an. Informationen gibt es bei der ZAV und unter www.gap.org.uk. Die Adresse der ZAV finden Sie oben, unter „Live and Work in Britain“.

Kinder-Ecole-Programm

Der deutsch-französische Kindergarten „Kinder-Ecole“ in Paris entstand 1974 durch eine Elterninitiative. Die Idee dieses pädagogischen Projektes besteht darin, den Kindern die Möglichkeit zu geben, die deutsche Sprache in Alltagssituationen und beim Spiel zu erlernen. „Kinder-Ecole“ besteht aus vier Kindergärten im Zentrum von Paris und bietet etwa 100 Kindergartenplätze.

Für junge Leute ab 18 Jahren

Das Team Nachwuchsförderung der Zentralstelle für Arbeitsvermittlung (ZAV) sucht für das Programm „Kinder-Ecole“ junge Leute zwischen 18 und 25 Jahren mit deutscher Muttersprache und Staatsangehörigkeit eines EU-, EWR-Landes oder der Schweiz.

Neben guten Grundkenntnissen der französischen Sprache wird Erfahrung in der Arbeit mit Kindern vorausgesetzt. Die Beschäftigungsdauer beträgt elf Monate, kürzere Verträge sind nicht möglich. Sie arbeiten von Montag bis Freitag jeweils fünf Stunden.

Elf Monate

Der Arbeitgeber zahlt ein Praktikantenentgelt von monatlich 282 € sowie das Mittagessen und die Hälfte der Monatskarte für die Pariser Metro. Die Reisekosten werden nicht übernommen. Nähere Informationen unter:

Zentralstelle für Arbeitsvermittlung
Internationaler Arbeitsmarkt – 242.10

Villemombler Str. 76 *D-53123 Bonn*	*Tel.: +49 (2 28) 7 13-11 44* *(Martina Reitz),* *7 13-13 71 (Margret Mies)*

Im Rahmen eines Programms, das von der Zentralstelle für Arbeitsvermittlung (ZAV) mit dem Fénix Language Institute in Cuernavaca, Mexiko angeboten wird, sind Praktika in grundsätzlich allen Berufsbereichen möglich.

Fénix-Praktikantenprogramm

Teilnehmen können Studierende aller Fachrichtungen, Berufstätige und bei persönlicher Eignung auch Abiturienten. Voraussetzungen sind gute Spanischkenntnisse, Interesse an den deutsch-mexikanischen Beziehungen, Eigeninitiative und Selbstständigkeit.

Für Abiturienten, Studierende, Berufstätige

Die Einsatzorte liegen in Cuernavaca und Umgebung im Bundesstaat Morelos, eine Autostunde südlich von Mexico City. Der Aufenthalt kann von sechs Wochen bis zu einem Jahr dauern. Bewerbungen sind jederzeit möglich, die Unterlagen sollten zwei bis drei Monate vor der geplanten Ausreise eingereicht werden. Die Praktikantenstellen sind in der Regel unbezahlt. Je nach Praktikumsdauer kostet die Teilnahme am Programm zwischen 380 und 420 € (inkl. eines einwöchigen Einführungsseminars über Wirtschaft, Politik, Gesellschaft und Arbeitsleben in Mexiko). Hinzu kommen die Kosten für die Reise, Unterkunft, Verpflegung, Visum und Versicherung. Weitere Informationen gibt es bei der ZAV; die Adresse finden Sie oben, unter „Live and Work in Britain".

Kommission für Bildungsaustausch

Praktikum in Argentinien

Die Kommission für Bildungsaustausch e.V. bietet das Programm „Praktikum in Argentinien“ an. Im Rahmen des Programms werden Praktikumsplätze (unter anderem im DaF-Bereich) in Córdoba und Buenos Aires vermittelt.

Für Studierende

Die Bewerber sollten die Hochschul- oder Fachhochschulreife besitzen sowie in der Regel bereits zwei Jahre des Studiums oder eine entsprechend lange sonstige berufliche Ausbildung absolviert haben. Erforderlich sind außerdem gute Spanischkenntnisse. Bei nicht ausreichenden Spanischkenntnissen besteht die Möglichkeit, unmittelbar vor Beginn des Praktikums an einem vorbereitenden Spanischintensivkurs von COINED in Argentinien teilzunehmen.

Das Praktikum kann von einem bis zu zwölf Monaten dauern und grundsätzlich zu jeder Zeit des Jahres begonnen werden. Auch die Bewerbung ist jederzeit möglich. In der Regel ist ein Vorlauf von wenigstens zwei bis drei Monaten bis zur Abreise erforderlich. Für alle Fragen, die das Praktikum betreffen, steht vor Ort ein deutschsprachiger Ansprechpartner zur Verfügung. Für die Praktikantentätigkeit wird kein Entgelt bezahlt. Die Praktikantinnen und Praktikanten werden von der Kommission für Bildungsaustausch in Familien oder Wohngemeinschaften untergebracht (Einzelzimmer mit Bad- und Küchenmitbenutzung). Die Reisekosten müssen von den Teilnehmern selbst getragen werden. Allerdings kann ein Reisekostenzuschuss beim DAAD beantragt werden.

Kosten

Das Programm kostet für ein Praktikum von vier Wochen ca. 500 €. In den Kosten sind die Unterbringung in einer Familie, die Vermittlung des Praktikumsplatzes, eine Insolvenz- und Unfallversicherung sowie die Betreuung vor Ort enthalten.

Kommission für Bildungsaustausch e.V.

Lindenstr. 10 *D-21745 Hemmoor*	*Tel.: +49 (47 71) 8 88 59 79* *Fax: +49 (47 71) 8 88 59 80* *E-Mail: info@coined.de* *www.coined.de*

InterSwop e.V.

Praktikum in Übersee

InterSwop ist ein unabhängiger, politisch und konfessionell neutraler Verein, der Auslandsaufenthalte zur Förderung der internationalen Zusammenarbeit in Übersee (Lateinamerika, Australien, Kanada, Neuseeland, Südafrika und USA) vermittelt. Ziel des Programms ist es, durch mehrmonatige Berufspraktika eine enge Anbindung an die Gastfamilien und an die ausländische Berufswelt zu schaffen, die auch nach Ende des Programms fortdauern.

Für Studierende, Graduierte, Berufstätige, Arbeitslose

Die Auslandsaufenthaltsprogramme von InterSwop wenden sich an Studierende, Graduierte, Berufstätige und Arbeitslose. Grundsätzlich können Angehörige jeder Nationalität an den InterSwop-Programmen teilnehmen, sofern die notwendigen Visa- oder Aufenthaltsgenehmigungen seitens des Ziellandes erteilt werden. Da der überwiegende Teil der Programme sehr individuell ausgestaltet ist, kann der Auslandsaufenthalt an die Bedürfnisse und Wünsche der Interessenten angepasst werden. Es existieren keine grundsätzlichen Einschränkungen der Teilnehmerschaft, sondern vielmehr steht die Durchführbarkeit des einzelnen Vorhabens als ausschlaggebendes Kriterium im Vordergrund. Auch eine spezielle Altersgrenze besteht nicht. Die Teilnehmerinnen und Teilnehmer sollten jedoch volljährig sein.

Der Verein führt seine Programme in zahlreichen Ländern durch, aber nur in China bestehen realistische Chancen dafür, auch im Bereich Deutsch als Fremdsprache eingesetzt zu werden.

Dauer

Der Beginn des Programms ist während des ganzen Jahres möglich. Es sollte eine Vorlaufzeit von mindestens zwei bis drei Monaten eingehalten werden. Die Praktika in China dauern in der Regel zwei Monate. In den allermeisten Fällen handelt es sich aber um unbezahlte Praktika.

Den Praktikanten stehen ortsübliche Unterkünfte in angemieteten Wohnungen, bei einheimischen Familien oder in Wohngemeinschaften zur Verfügung. Teilweise werden auch Verpflegung und ein Wäscheservice angeboten.

Kosten

Die Programme sind kostenpflichtig. Für China liegen die Preise zwischen 5.450 und 6.580 € und beinhalten Flug, Unterkunft und eventuell Verpflegung sowie einen vierwöchigen Sprachkurs.

InterSwop e.V.

Osterstr. 42 *D-20259 Hamburg*	*Tel.: +49 (40) 4 10 80-28* *Fax: +49 (40) 4 10 80-29* *E-Mail: info@interswop.com* *www.interswop.de und* *www.interswop.com*

Hochschulen in Tadschikistan

Der DAAD-Lektor in Duschanbe wirbt mit folgendem Text für die Praktikumsmöglichkeiten an Hochschulen in Tadschikistan:

Tadschikistan gehört sicherlich nicht zu den bekanntesten Zielen für ein DaF-Praktikum. Aber gerade das Neue kann ja auch manchen neugierig machen: Tadschikistan ist geeignet für alle, die gerne in eine orientalische und zugleich noch sowjetisch geprägte Kultur eintauchen möchten, die improvisieren können und nicht allzu viel Wert auf Luxus legen und die sich vor Hochgebirge (bis zu 7.500 m) nicht fürchten.

Das Praktikum sollte zwischen zwei und sechs Monate dauern und kann an verschiedenen Hochschulen in der Hauptstadt Duschanbe oder am Deutschen Zentrum in Chudschand durchgeführt werden.

Farsi- oder Russischkenntnisse sind hilfreich. Ein Germanistikstudium ist für Praktikanten nicht erforderlich. Interessant ist das Land zum Beispiel auch für Orientalisten oder Iranisten. Es ist auch möglich, Farsi bzw. Tadschikisch vor Ort zu lernen.

Stipendium für Studierende möglich

Die Hochschulen sind sehr an muttersprachlichen Lehrkräften interessiert. Leider können sie kein ausreichendes Stipendium bieten. Es ist empfehlenswert – insbesondere wenn der Aufenthalt auch mit eigenen wissenschaftlichen Forschungen verbunden ist –, sich beim DAAD zum Beispiel um ein „go east"-Stipendium (go-east@daad.de) oder um einen Reisekostenzuschuss im Internationalen Praktikantenaustausch (Ref. 411) zu bemühen.

Der DAAD-Lektor ist bei der Wohnungssuche und bei der Praktikumsorganisation behilflich. Die Kosten für Unterkunft betragen zwischen 50 und 150 US-$ monatlich.

Weitere Informationen erhalten Sie bei:

Herrn Winfried Berndt – DAAD-Büro Duschanbe
Internationales Kulturzentrum „Baktria"

Fazlidin Schachobowa 26 *734018 Duschanbe* *Tadschikistan*	*E-Mail: winfriedberndt@yahoo.com*

Uljanowsker Universität

Praktikum in Russland

Die Technische Universität in Uljanowsk bietet Praktikumsplätze im DaF-Bereich an und wirbt dafür auf folgende einladende Art:

Für Studierende

Wer hat Lust, an der Technischen Universität in Uljanowsk Russisch zu studieren und Deutsch zu unterrichten? Wer traut sich, auf den Spuren Lenins zu wandeln und in die Tiefen der Wolga einzutauchen?

Jährlich studieren an der Uljanowsker Universität Studenten aus Deutschland, England, Schottland, China, Korea, Indien und anderen Ländern. Die Universität stellt jedem Praktikanten eine kleine Wohnung im Wohnheim. Der Aufenthalt sollte ein Semester oder ein Studienjahr dauern, kann aber auch kürzer sein.

Ein Germanistikstudium ist nicht zwingend erforderlich, da es sich bei dem Deutschunterricht um die Leitung eines freiwilligen Konversationsunterrichtes handelt. Bei mangelnden Russischkenntnissen wird vor Ort durch Sprachunterricht nachgeholfen. Entsprechende Vorlesungen können nach freier Wahl besucht werden.

Der Lehrstuhl für Fremdsprachen freut sich immer über neue Gesichter!

Weitere Informationen beim:

Lehrstuhl für angewandte Linguistik
Technische Universität Uljanowsk – Frau Ivetta Arsamaszeva

ul. Severny Venez, 32 *RU-432027 Uljanowsk*	*Tel./Fax: +7 (84 22) 43 03 01* *E-Mail: lingua@ulstu.ru* *www.ulstu.ru*

Sprachschule in Qingdao

Seit 2000 besteht ein Jointventure zwischen dem Carl Duisberg Centrum (CDC) und einem chinesischen Partner, in dessen Rahmen eine Sprachschule in Qingdao/VR China eröffnet wurde. Dort finden zurzeit überwiegend Anfängerkurse für Studienbewerberinnen und -bewerber statt. Die chinesischen Teilnehmerinnen und Teilnehmer werden in der Regel vier Monate lang sprachlich trainiert, kommen dann nach Deutschland und werden an einem Carl Duisberg Centrum auf die Aufnahmeprüfung an Studienkollegs bzw. auf die DSH vorbereitet.

Praktikum in China

Am Zentrum in Qingdao sind (neben Dozenten-Tätigkeiten) auch Praktika im DaF-Bereich möglich. Es wird allerdings kein Honorar gezahlt; auch die Reise- und Lebenshaltungskosten müssen selbst getragen werden.

Carl Duisberg Centren Gemeinnützige Ges. mbH

Hansaring 49 – 51 *D-50670 Köln*	*Tel.: +49 (2 21) 16 26-2 53* *Fax: +49 (2 21) 16 26-2 56* *E-Mail: info@cdc.de* *www.cdc.de*

Lehrstuhl Deutsch als Fremdsprache der Universität Wien

Auslandspraktika

Der Lehrstuhl Deutsch als Fremdsprache der Universität Wien ist zuständig für die österreichischen DaF-Praktika. Das österreichische Ministerium für Bildung, Wissenschaft und Kultur vergibt dafür Stipendien, die von der Österreich-Kooperation verwaltet werden.

Für Studierende

Das Praktikumsprogramm richtet sich an Studierende deutscher Muttersprache in Wien, Graz, Salzburg, Innsbruck und Klagenfurt. Bewerben können sich auch Studierende mit deutscher Muttersprache aus anderen EU-Ländern, sofern sie ihren Lebensmittelpunkt in Österreich haben, bzw. Studierende aus Südtirol.

Gefördert werden Studierende im zweiten Studienabschnitt. Vorausgesetzt wird die Teilnahme der an der jeweiligen Hochschule vorgesehenen Lehrveranstaltungen aus dem Studienschwerpunkt DaF; verpflichtend ist die Teilnahme an einer Praktikumsvorbereitung in Wien.

Dauer und Aufgaben

Ziel des Praktikums ist es, Studierenden mit einem Studienschwerpunkt Deutsch als Fremdsprache die Möglichkeit zu geben, erste Auslandserfahrungen unter dem Gesichtspunkt der „Fremdheit" und Unterrichtserfahrungen an einer Universität im Ausland zu machen (Unterrichtsverpflichtung bis acht Stunden pro Woche) und dabei das Gastinstitut zu unterstützen. Das Praktikum soll mindestens drei, maximal fünf Monate dauern.

Zielländer

Jährlich stehen ca. 40 – 50 Praktikumsplätze zur Verfügung. Die aktuelle Liste der Zielländer kann über die Homepage des Instituts für Germanistik der Uni Wien/Deutsch als Fremdsprache und die Homepage der Österreich-Kooperation (www.oek.at/praktika/index.html) eingesehen werden.

Stipendium

Die Teilnehmer am Praktikumsprogramm können ein Stipendium beantragen. Ansprechpartner und für das Programm verantwortlich sind Prof. Dr. Hans-Jürgen Krumm und Dr. Renate Faistauer, Universität Wien. Die Ausschreibung für das jeweils folgende Studienjahr erfolgt im Januar eines jeden Jahres. Die Bewerbungen sind an die Koordinatorinnen und Koordinatoren der einzelnen Hochschulen oder an die Wiener Koordinatoren zu richten: Prof. Dr. Paul R. Portmann-Tselikas und Dr. Sabine Schmölzer-Eibinger (Uni Graz), Dr. Monika Dannerer (Uni Salzburg), Prof. Dr. Wolfgang Hackl (Uni Innsbruck), Dr. Manuela Glaboniat (Uni Klagenfurt). Die Adressen der Universitäten finden Sie im Anhang.

4.4 Förderungsmöglichkeiten für Praktika

In vielen DaF-Studiengängen sind Praktika Pflicht. Und warum nicht die Pflicht mit dem Angenehmen verbinden und die Semesterferien zum Beispiel in Asien verbringen? Vielleicht bekommen Sie ja sogar ein Stipendium – einige Förderungsmöglichkeiten werden hier vorgestellt.

Amt für Ausbildungsförderung

Auslands-Bafög für Studierende

Alle deutschen Studierenden können für ein Praktikum im Ausland das so genannte Auslands-Bafög beantragen. Es lohnt sich auf jeden Fall, einen Antrag zu stellen, auch wenn Ihnen für das Studium im Inland kein Bafög zusteht.

Sie können Bafög für ein Auslandspraktikum im Rahmen eines Studiums bekommen, wenn das Praktikum in der Prüfungsordnung vorgeschrieben und inhaltlich geregelt ist. Zudem muss Ihre Hochschule anerkennen, dass die Praktikumsstelle den Anforderungen der Prüfungsordnung genügt sowie dass das Praktikum Ihrem Studium im Inland förderlich ist. Das Praktikum muss mindestens zwölf Wochen dauern. Die Bewerber müssen über ausreichende Sprachkenntnisse verfügen.

Eine frühzeitige Planung des Auslandsaufenthalts ist notwendig, da Sie Ihren Antrag spätestens sechs Monate vor Beginn des Auslandsaufenthalts bei dem zuständigen Amt für Ausbildungsförderung einreichen müssen. Hier bekommen Sie auch weitere Informationen und die notwendigen Bewerbungsunterlagen.

Welches Amt für Ausbildungsförderung für Sie bzw. für Ihr Zielland zuständig ist, erfahren Sie im Internet unter www.bafoeg.bmbf.de.

Deutscher Akademischer Austauschdienst

Kurzstipendium

Der DAAD vergibt Kurzstipendien für ein zwei- bis dreimonatiges Praktikum im Ausland im Rahmen von auslandsbezogenen Studiengängen.

Für Studierende

Das Praktikum muss als Pflichtpraktikum ausgewiesen oder vom Fachbereich dringend empfohlen werden. Die Praktikumsstelle müssen Sie sich selbst besorgen.

Die Förderung des DAAD besteht aus einem Teilstipendium zur Deckung der Lebenshaltungskosten und einer Reisekostenpauschale. Die Höhe der monatlichen Raten für ein Teilstipendium ist vom Zielland abhängig, liegt aber bei etwa 800 €.

Die Bewerbungen müssen über die Akademischen Auslandsämter bzw. den Fachbereich der Hochschule beim DAAD eingereicht werden und mindestens zwei Monate vor Praktikumsbeginn vorliegen. Nähere Auskünfte erteilen die jeweiligen Fachbereiche, akademischen Auslandsämter oder das Referat Internationaler Praktikantenaustausch (411) im DAAD.

Der DAAD vergibt im Übrigen auch Fahrtkostenzuschüsse für studienbezogene Praktika außerhalb Westeuropas.

Fahrtkostenzuschüsse

Deutscher Akademischer Austauschdienst (DAAD)
Referat Internationaler Praktikantenaustausch (411)

Kennedyallee 50	*Tel.: +49 (2 28) 8 82-0*
D-53175 Bonn	*Fax: +49 (2 28) 8 82-4 44*
	E-Mail: postmaster@daad.de
	www.daad.de

Lehrstuhl Deutsch als Fremdsprache der Universität Wien

Der Lehrstuhl Deutsch als Fremdsprache der Universität Wien ist zuständig für die österreichischen DaF-Praktika. Für diese Praktika vergibt das österreichische Ministerium für Bildung, Wissenschaft und Kultur Stipendien, die von der Österreich-Kooperation verwaltet werden. Das Stipendium ist an das Praktikumsprogramm gekoppelt, dass in Kapitel 4.3 näher beschrieben wird. Dort erfahren Sie auch, wer die richtigen Ansprechpartner sind.

Stipendium für Praktikanten

StudEx

Die Schweizer Organisation StudEx vermittelt und unterstützt im Auftrag des Bundesamts für Bildung und Wissenschaft drei- bis zwölfmonatige Auslandspraktika für Studierende sowie Graduierte in 32 europäischen Ländern.

Für Studierende und Graduierte

StudEx unterstützt Praktikantinnen und Praktikanten mit einem monatlichen Stipendium sowie einer Entschädigung für die Reise- und Sprachkurskosten. Diese Unterstützung erfolgt im Rahmen des europäischen Berufsbildungsprogramms „Leonardo da Vinci II", in welchem StudEx für die deutsch- und räteromanischsprachigen Landesteile die Koordinationsstelle innehat. Das Leonardo-Programm sieht eine finanzielle Unterstützung eines Auslandspraktikums vor, auch wenn Ihr Praktikum nicht von StudEx vermittelt wurde. Die Teilfinanzierung umfasst einen monatlichen Beitrag zu den Lebenskosten sowie einen Beitrag zu den Reisekosten (max. 250 CHF) und Sprachkurskosten (max. 300 CHF).

Leistungen Jährlich unterstützt StudEx mit Bundesgeldern je 70 bis 80 in- und ausländische Praktikantinnen und Praktikanten. Da die Nachfrage nach Stipendien die verfügbaren Mittel übersteigt, können nicht alle eingereichten Stipendienanträge berücksichtigt werden. Weitere Informationen erhalten Sie bei:

StudEx – c/o HTI

CH-2501 Biel-Bienne	*Tel.: +41 (32) 3 21 63 21* *Fax: +41 (32) 3 21 65 94* *E-Mail: info@studex.ch* *www.studex.ch*

4.5 Sprachassistentenprogramme

Für Studierende und Graduierte Sprachassistentinnen und -assistenten arbeiten für einen begrenzten Zeitraum (mehrere Monate) an Schulen oder Universitäten im Ausland. Im Unterschied zu den Praktikantinnen und Praktikanten sind sie innerhalb eines Programms (der BRD, Österreichs, der Schweiz oder der EU) mit einem Vertrag tätig. Sie erhalten in der Regel einen Lohn, mit dem sich der Aufenthalt im Ausland gut finanzieren lässt. Sprachassistenzprogramme richten sich meist an Studierende in einem Lehramtsstudiengang – vor allem in den Fächern der modernen Fremdsprachen –, zum Teil aber auch an Graduierte und fertig ausgebildete Lehrkräfte.

Amity

Das Amity Institute ist eine Nonprofit-Organisation, die die Völkerverständigung über den Weg des Austauschs von Lehrerinnen und Lehrer fördern will. Das Institut unterstützt ausländische Lehrkräfte, die in Schulen der USA unterrichten wollen, mit mehreren Programmen.

Für Studierende und Graduierte Das „Intern Teacher program" wendet sich an Studierende und Graduierte im Alter zwischen 20 und 30 Jahren. Sie arbeiten bis zu 20 Stunden pro Woche als „Assisting teacher", geben Konversationskurse und Einführungen in die eigene Kultur, machen Ausspracheübungen, erstellen Unterrichtsmaterial etc. Die Teilnehmerinnen und Teilnehmer sind in Gastfamilien untergebracht.

Nähere Informationen erhalten Sie beim:

Amity Institute

3065 Rosecrans Place	*Tel.: +1 (6 19) 2 22-70 00*
Suite 104	*Fax: +1 (6 19) 2 22-70 16*
San Diego, California, 92110	*E-Mail: interns@amity.org*
USA	*www.amity.org*

Deutscher Akademischer Austauschdienst

Sprachassistenten an Universitäten

Der Deutsche Akademische Austauschdienst (DAAD) bietet seit dem Studienjahr 2000/2001 Jahresstipendien für Sprachassistentinnen und -assistenten im Fach Deutsch als Fremdsprache an. Ziel des Stipendiums ist die fachliche Fortbildung durch praktische Lehrerfahrung im Ausland.

Für Graduierte bis 30 Jahre

Die Ausschreibung richtet sich an jüngere Absolventen der Studienfächer Germanistik, Deutsch als Fremdsprache oder der jeweiligen Philologien. Praktische Lehrerfahrung auf dem Gebiet DaF ist erwünscht. Zum Zeitpunkt der Ausreise muss der erste akademische Abschluss vorliegen (Master, Magister, Diplom, Erstes Staatsexamen Sek. II). Das Studium muss an einer deutschen Hochschule abgeschlossen worden und überwiegend im deutschen Sprachraum erfolgt sein. Die Bewerberinnen und Bewerber müssen in den beiden Jahren vor der Ausreise ihren Lebensmittelpunkt in Deutschland gehabt haben. Das Höchstalter zum Zeitpunkt der Bewerbung liegt bei 30 Jahren. Kenntnisse der jeweiligen Landessprache sind erwünscht.

Aufgaben

Die Stipendiatinnen und Stipendiaten übernehmen Deutschunterricht, Konversation und deutschkundliche Lehrveranstaltungen für Studierende der Germanistik im Rahmen einer Dolmetscher-/Übersetzerausbildung oder im studienbegleitenden Deutschunterricht in einem Umfang von in der Regel acht Wochenstunden.

Sie werden an Hochschulen vermittelt, an denen in der Regel eine Betreuung durch DAAD-Lektorinnen und -Lektoren möglich ist. Die Gasthochschulen werden vom DAAD ausgewählt. Individuellen Platzierungswünschen wird nach Möglichkeit Rechnung getragen.

Stipendium

Die Sprachassistenten erhalten für die Dauer der Tätigkeit (neun oder zehn Monate) ein Stipendium des DAAD, in einigen Ländern auch einen Arbeitsvertrag von der Hochschule. Die Laufzeit des Stipendiums kann nicht verlängert werden. Die Höhe des monatlichen Stipendiums ist nach Ländern gestaffelt und liegt bei ca. 1.000 bis 1.200 €. Der DAAD zahlt einen Pauschalbetrag für die Reisekosten und übernimmt Kosten für eine Kranken-, Unfall- und Privathaftpflichtversicherung während des Auslandsaufenthalts. Die Auswahlentscheidung wird von einer Kommission nach einem persönlichen Vorstellungsgespräch getroffen. Die ausgewählten Sprachassistentinnen und -assistenten werden vor der Ausreise in einem Seminar vorbereitet.

Die Ausschreibungen finden Sie in der Wochenzeitung „Die Zeit" oder auf der Homepage des DAAD. Für das Studienjahr 2003/2004 galt der Bewerbungsschluss Anfang November 2002, die Ausschreibung erfolgte im Oktober. Im Angebot waren folgende Länder: Ägypten, Argentinien, Bénin, Chile, Estland, Großbritannien, Jemen, Jordanien, Kasachstan, Kirgistan, Kuba, Laos, Malaysia, Mazedonien, Mexiko, Mongolei, Namibia, Nicaragua, Polen, Rumänien, Russische Föderation, Schweden, Syrien, Thailand, Tschechische Republik, Türkei, Uganda, Ungarn, Venezuela, Vietnam, VR China und Weißrussland. Nähere Informationen gibt es beim DAAD und im Internet unter www.daad.de/ausland/de/3.3.4.html.

Deutscher Akademischer Austauschdienst

Postfach 20 04 04 *D-53134 Bonn*	*Tel.: +49 (2 28) 8 82-0* *Fax: +49 (2 28) 8 82-4 44* *E-Mail: postmaster@daad.de* *www.daad.de*

EU-Programm: COMENIUS

Assistenzzeit an Schulen im Ausland

Im Rahmen des EU-Programms SOKRATES zur Förderung des Fremdsprachenerwerbs wurde das Programm „Assistenzzeiten für angehende Fremdsprachenlehrer als COMENIUS-Sprachassistenten" eingerichtet.

Mit dem Programm sollen zukünftige Sprachlehrkräfte die Möglichkeit erhalten, ihre Fremdsprachenkenntnisse sowie ihr Wissen über die Kultur und die Bildungssysteme anderer europäischer Staaten zu erweitern. Zudem sollen sie den Schülerinnen und Schülern des Gastlandes die Lebensgewohnheiten und die

Kultur ihres Heimatlandes vorstellen und das Interesse für ihre Muttersprache wecken bzw. vertiefen.

Mit dem Programm soll das Erlernen der weniger verbreiteten Sprachen gefördert werden; die Sprachassistentinnen und -assistenten werden daher vorrangig in Mitgliedstaaten der EU vermittelt, deren Amts- und Muttersprache bislang wenig oder gar nicht unterrichtet werden.

Für Studierende und Graduierte

Bewerben können sich zukünftige Fremdsprachenlehrerinnen und -lehrer ab dem dritten Studienjahr oder nach Abschluss des Studiums, die eine Amtssprache der am SOKRATES-Programm teilnehmenden Staaten als Fremdsprache unterrichten werden, andere Fächer in einer Fremdsprache unterrichten oder beispielsweise als Grund- oder Sonderschullehrkraft voraussichtlich Fremdsprachenunterricht erteilen werden.

Neben den 15 EU-Staaten beteiligen sich an dem Programm auch die drei EWR-Staaten Island, Liechtenstein und Norwegen, die baltischen Staaten Estland, Lettland und Litauen sowie Bulgarien, Polen, Rumänien, die Slowakische Republik, Slowenien, die Tschechische Republik, Ungarn, Zypern und Malta. Die Teilnahme der Türkei ist geplant.

Aufgaben

Den Sprachassistenzkräften steht an den Schulen im Gastland eine qualifizierte und erfahrene Lehrkraft als Betreuung zur Verfügung. Die konkreten Aufgaben werden mit der jeweiligen Gastschule abgestimmt. Die Assistentinnen und Assistenten werden im Umfang von zwölf bis 16 Wochenstunden als Deutschlehrkraft eingesetzt.

Rahmenbedingungen

Je nach Zielland wird ein monatlicher Unterhaltszuschuss zwischen 351 und 849 € sowie eine einmalige Reisepauschale gezahlt. Der Aufenthalt sollte mindestens drei und maximal acht Monate dauern. Bewerbungstermin beim PAD ist der 1. März eines Jahres. Nähere Informationen erhalten Sie beim PAD.

Sekretariat der Ständigen Konferenz der Kultusminister der Länder in der Bundesrepublik Deutschland Pädagogischer Austauschdienst

Postfach 22 40	*Tel.: +49 (2 28) 5 01-2 24/-2 57*
D-53012 Bonn	*Fax: +49 (2 28) 5 01-2 59*
	E-Mail: pad@kmk.org
	www.kmk.org/pad/home.htm

Fulbright Commission (Österreich)

Für Lehrkräfte, Studierende, Graduierte

Das „Fulbright German Language Teaching Assistantship"-Programm richtet sich an österreichische Lehrkräfte, Studierende sowie Jungakademiker und -akademikerinnen, die ein Jahr an einer amerikanischen Hochschule als Fremdsprachenassistenten verbringen möchten.

Dieses Programm bietet einerseits die Chance, Lehrerfahrung im Fach Deutsch als Fremdsprache in einem englischsprachigen Land zu sammeln, andererseits haben die Stipendiatinnen und Stipendiaten auch die Möglichkeit, Lehrveranstaltungen an der Gastinstitution zu besuchen und die Einrichtungen der Gastuniversität für eigene Forschungsarbeiten bzw. Literaturstudien zu nutzen.

Voraussetzungen

Bewerbungsvoraussetzungen sind die österreichische Staatsbürgerschaft, ein abgeschlossenes Lehramtsstudium für Englisch (PÄDAK oder Universität) oder ein Abschluss (Magisterium bzw. Bakkalaureat) oder Studium im 2. Studienabschnitt der Studienrichtungen Anglistik/Amerikanistik, Germanistik, Romanistik, Vergleichende Literaturwissenschaft, Dolmetscher- und Übersetzerausbildung oder Deutsch als Fremdsprache. Zudem werden gute Englischkenntnisse erwartet. Unterrichtserfahrung ist von Vorteil, aber keine Vorraussetzung.

Aufgaben

Die Sprachassistentinnen und -assistenten arbeiten im Rahmen des Deutschunterrichts an Universitäten oder Colleges im Konversationsunterricht, in Sprachlabors bzw. als Betreuerinnen und Betreuer in so genannten German Houses (Studentenheimen, in denen mit den Studierenden im Alltag Deutsch gesprochen wird).

Alle Teaching Assistantships, die im Rahmen dieses Programms vermittelt werden, sind Teilzeitstellen im Ausmaß von ca. 20 Wochenstunden.

Einsatzorte

Bei den Hochschulen, die an diesem Programm teilnehmen, handelt es sich zum überwiegenden Teil um Institutionen in ländlichen Gegenden. Nur wenige Stellen finden sich in den Großstädten. Stellen gibt es unter anderem am College of Wooster (Wooster, Ohio), Macalester College (Saint Paul, Minnesota), Agnes Scott College (Atlanta, Georgia), Hartwick College (Oneonta, New York), der Bowling Green State University (Bowling Green, Ohio), der University of Montana (Missoula,

Montana), der University of Oklahoma (Norman, Oklahoma) sowie an der University of New Orleans (Louisiana).

Gehalt

Die Bezahlung erfolgt durch die amerikanische Hochschule und beinhaltet in den meisten Fällen Unterkunft und Verpflegung, Studiengebührenbefreiung für mindestens zwei Kurse pro Semester sowie ein zusätzliches Taschengeld, das innerhalb studentischer Maßstäbe die Lebenshaltungskosten abdeckt. Zudem erhalten die Teilnehmerinnen und Teilnehmer ein Fulbright-Reisestipendium in Höhe von 800 € und eine Kranken- und Unfallversicherung.

Bewerbung

Zwischen dem 15. August und dem 15. November können Sie sich um eine Stelle für das jeweils kommende akademische Jahr bewerben. Nähere Informationen und Bewerbungsunterlagen finden Sie unter www.fulbright.at/oe/fbglta.htm.

Fulbright Commission

Schmidgasse 14 *A-1082 Wien*	*Tel.: +43 (1) 3 13 39-56 85* *Fax: +43 (1) 4 08 77 65* *www.fulbright.at* *Hinweis: Bitte keine Anfragen per E-Mail senden.*

Goethe-Institut

Sprachassistentenprogramm GUS

Das Goethe-Institut führt im Auftrag des Auswärtigen Amts sprachliche und kulturelle Fördermaßnahmen für die deutschen Minderheiten in einigen Staaten Osteuropas und Zentralasiens durch. Gesucht werden für die Mithilfe bei diesen Maßnahmen Sprachassistentinnen und -assistenten, die für neun Monate (vom 1. September bis 31. Mai) in Russland, Kasachstan, Kirgistan und der Ukraine an verschiedenen Einsatzorten (meist im ländlichen Raum) tätig sind. Eine freie Wahl des Einsatzortes ist dabei nicht möglich.

Ziel des Programms ist es, die landeskundlichen Kenntnisse und die Kommunikationsfähigkeit von Schülerinnen und Schülern sowie von Lehrkräften durch den längerfristigen Aufenthalt eines Muttersprachlers zu verbessern.

Für Studierende und Graduierte

Bewerber und Bewerberinnen sollten mindestens 22 Jahre alt sein, als Studierende an einer deutschen Hochschule eingeschrieben sein und eins der Fächer Slawistik, Germanistik/

Deutsch als Fremdsprache, Geschichte oder Politologie studieren. Auch Studierende anderer Fachrichtungen können sich bewerben, sofern sie über pädagogische Erfahrungen verfügen. Weitere Voraussetzungen sind die muttersprachliche Beherrschung der deutschen Sprache sowie Kenntnis der politischen, kulturellen und wirtschaftlichen Situation in Deutschland. Außerdem sind Eigeninitiative, Kreativität, Erfahrung in der Kinder- und Jugendarbeit und Unterrichtspraxis (möglichst in Deutsch als Fremdsprache) gewünscht. Russischkenntnisse sind von Vorteil.

Aufgaben

Zu den Aufgaben der Sprachassistentinnen und -assistenten zählen die Unterstützung der Deutschlehrkräfte vor Ort sowie die Vermittlung der deutschen Sprache, Landeskunde und Kultur an Sprachlernzentren, Schulen, Kulturzentren und Begegnungsstätten in der GUS im Umfang von rund 15 Unterrichtseinheiten pro Woche.

Gehalt

Die Sprachassistentinnen und -assistenten erhalten im Rahmen eines Förderprogramms für ihre Tätigkeit eine Vergütung von ca. 1.050 € im Monat. Sie werden intensiv auf den Aufenthalt vorbereitet und fachlich begleitet. Zudem werden die Reisekosten übernommen sowie die Kosten für die erforderlichen Versicherungen.

Goethe-Institut Zentrale München – Dr. Werner Jost

Postfach 19 04 19 *D-80604 München*	*Tel.: +49 (89) 1 59 21-0 (Zentrale) und -2 59* *Fax: +49 (89) 1 59 21-5 23* *E-Mail: jost@goethe.de*

Japanische Botschaft

Assistentenprogramm in Japan

Das Japan Exchange and Teaching Program (JET) der japanischen Botschaft bietet die Möglichkeit, für ein bis drei Jahre nach Japan zu gehen. Zwei Programme werden dabei im DaF-Bereich angeboten: Die Programme „Assistent(in) für die Koordination internationaler Beziehungen (CIR)“ und „Assistenzlehrer(in) für Deutsch (ALT)“. (Näheres zu beiden Programmen finden Sie unten.)

Im Allgemeinen gelten für die Tätigkeit in den beiden Programmen folgende Bedingungen, die jedoch je nach Gastinstitution auch variieren können: Die Verträge werden in der Regel ab August für ein Jahr abgeschlossen. Sie können mit gegenseitiger Zustimmung beider Vertragspartner verlängert werden, jedoch höchstens zweimal. Die normale Arbeitszeit in Japan ist Montag bis Freitag von 8.30 bis 17.15 Uhr. Die Teilnehmerinnen und Teilnehmer arbeiten durchschnittlich 35 Wochenstunden. Die Zahl der bezahlten Urlaubstage variiert nach Arbeitgeber, aber es besteht neben den 15 staatlichen Feiertagen ein Anrecht auf mindestens zehn Tage.

Die Programmleitung CLAIR (eine von den lokalen Verwaltungsbehörden Japans eingerichtete Organisation zur Unterstützung des JET-Programms) entscheidet nach Rücksprache mit den entsprechenden Stellen, welcher Gastinstitution der Teilnehmer zugewiesen wird. Die Wünsche der Bewerberinnen und Bewerber können nicht in allen Fällen berücksichtigt werden.

Gehalt

Alle Programmteilnehmer erhalten 3.760.000 Yen pro Jahr (nach Abzug der Steuern: 3.600.000 Yen, ca. 32.400 €) in monatlichen Zahlungen. Die Beiträge für Kranken- und Rentenversicherung (etwa 40.000 Yen pro Monat) sind von den Teilnehmern zu tragen. Die normalen Lebenshaltungskosten lassen sich von diesem Gehalt bestreiten. Zudem werden die Kosten für den Hin- und Rückflug (zwischen Berlin und Tokyo) übernommen. Die Gastinstitution unterstützt die Teilnehmerinnen und Teilnehmer bei der Wohnungssuche, die Miete müssen sie allerdings selbst tragen.

Die Bewerbungsunterlagen erhalten Sie gegen die Zusendung eines mit 1,53 € frankierten und adressierten DIN-C4-Rückumschlages bei der Japanischen Botschaft. Die Botschaft sowie die japanischen Generalkonsulate in Düsseldorf, Hamburg, Frankfurt oder München stehen auch für weitere Auskünfte zur Verfügung.

Botschaft von Japan – JET-desk

Hiroshimastr. 6 *D-10785 Berlin*	*Tel.: +49 (30) 2 10 94-1 54* *Fax: +49 (30) 2 10 94-2 22* *E-Mail: info@botschaft-japan.de* *www.botschaft-japan.de/ austausch/jet.html*

Assistenzlehrer für Deutsch

Das Japan Exchange and Teaching Program „Assistenzlehrer für Deutsch“ (ALT) der japanischen Botschaft hat zum Ziel, die internationalen Perspektiven in Japan durch die Intensivierung des internationalen Austauschs auf möglichst vielen Ebenen zu fördern.

Für Graduierte bis 40 Jahre

Das Programm wendet sich an Hochschulabsolventen unter 40 Jahren, die die deutsche Staatsangehörigkeit haben und möglichst ein Studium „Deutsch als Fremdsprache oder Zweitsprache" absolviert haben oder über andere Qualifikationen und Lehrerfahrungen im Sprachunterricht verfügen. Zudem werden gute Kenntnisse der englischen Sprache vorausgesetzt. Die Bewerberinnen und Bewerber dürfen in den letzten acht Jahren insgesamt nicht länger als drei Jahre in Japan gelebt haben.

Nach einem Vorbereitungsseminar beginnt die Assistenz im Deutschunterricht. Die Teilnehmerinnen und Teilnehmer werden hauptsächlich an staatlichen Schulen oder regionalen Erziehungsausschüssen, in Einzelfällen auch in Privatschulen eingesetzt. Die Assistentinnen und Assistenten führen ihre Aufgaben unter der Leitung von japanischen Deutschlehrkräften durch.

Aufgaben

Die Lehrkräfte im ALT-Programm werden zum Teil mehreren Mittel- oder Oberschulen zugeteilt. Ihre Aufgaben umfassen unter anderem folgende Bereiche: Unterstützung japanischer Lehrkräfte beim Deutschunterricht in der Klasse, bei der Vorbereitung von ergänzendem Unterrichtsmaterial, Unterstützung beim Sprachtraining für japanische Deutschlehrerinnen und -lehrer, Unterstützung von „deutschsprachigen Clubs" und anderen Aktivitäten außerhalb des Unterrichts.

Nähere Informationen erteilt die Abteilung JET-desk der Japanischen Botschaft in Berlin (Adresse oben).

Koordinator für internationale Beziehungen

Das Programm „Koordinator für internationale Beziehungen" (CIR) der japanischen Botschaft hat zum Ziel, die internationalen Perspektiven in Japan durch die Intensivierung des internationalen Austauschs auf möglichst vielen Ebenen zu fördern.

Die Teilnehmerinnen und Teilnehmer werden zumeist in den Rathäusern von Städten oder Gemeinden bzw. in Präfekturverwaltungen eingesetzt. Die Aufgaben des CIR werden unter der Leitung der Referatsleiter und Referatsleiterinnen in den Behörden der Präfekturen, Städte oder Dörfer ausgeführt und können je nach Gastinstitution sehr unterschiedlich sein. Der Schwerpunkt liegt nicht in jedem Fall auf dem DaF-Unterricht.

Aufgaben

Zu den Aufgaben können gehören das Erstellen und/oder Übersetzen fremdsprachlicher Broschüren oder Newsletter, die Assistenz bei Planung, Gestaltung und Durchführung internationaler Veranstaltungen, die Unterstützung beim Sprachunterricht für Verwaltungsangestellte und interessierte Bürger, das Vorbereiten von Reden zu allgemeinen oder spezifischen Themen, die Betreuung ausländischer Gäste und Dolmetschen bei internationalen Anlässen sowie Unterstützung der Aktivitäten lokaler privater Gruppen und Organisationen, die sich am internationalen Austausch beteiligen, Kindergarten- und Schulbesuche.

Für Graduierte bis 40 Jahre

An dem Programm können Hochschulabsolventen unter 40 Jahren teilnehmen, die die deutsche Staatsangehörigkeit haben. Zudem werden gute Kenntnisse der japanischen Sprache und sehr gute Kenntnisse der englischen Sprache vorausgesetzt. Bewerber müssen die Fähigkeit haben, sich Lebens- und Arbeitsbedingungen anzupassen, die sich von denen des eigenen Landes grundlegend unterscheiden. Sie dürfen in den letzten acht Jahren insgesamt nicht länger als drei Jahre in Japan gelebt haben und sollten motiviert sein, an internationalen Austauschaktivitäten in der jeweiligen Gemeinde teilzunehmen.

Nähere Informationen gibt es bei der Abteilung JET-desk der Japanischen Botschaft in Berlin (Adresse oben).

Pädagogischer Austauschdienst

Sprachassistenten an Schulen, Colleges und Universitäten

Der Pädagogische Austauschdienst (PAD) vermittelt deutsche Fremdsprachenassistentinnen und -assistenten an Schulen im Ausland. Dort unterrichten sie ihre Muttersprache. Der Aufenthalt soll zum einen die sprachlichen und landeskundlichen Kenntnisse der ausländischen Schüler verbessern (durch die Begegnung mit dem „native Speaker“) sowie zur Erweiterung und Vertiefung der eigenen Kenntnisse über Sprache und Kultur des Gastlandes beitragen.

> *Sei darauf gefasst, dass du von den Schülern und Schülerinnen bis aufs Letzte ausgetestet werden wirst. Nimm manches von dem, was sie sagen, nicht zu ernst und schon gar nicht persönlich. In angespannten Situationen hat ein bisschen Humor oft mehr bewirkt als permanentes autoritäres Auftreten.*
> Annette, Fremdsprachenassistentin (PAD) in Großbritannien (1997/98)

Für Studierende und Graduierte

Das Programm richtet sich an Studierende und Graduierte. Die genauen Bewerbungsvoraussetzungen sind je nach Zielregion unterschiedlich.

Europa: Studierende der Sprache des Ziellandes (Priorität haben Lehramtsstudierende), die das 4. Semester bzw. die Zwischenprüfung erfolgreich abgeschlossen haben

Frankreich und Großbritannien: Studierende aller Fächerkombinationen mit guten Kenntnissen der Sprache des Ziellandes

Übersee: Studierende mit Studienfach Englisch bzw. Französisch (Quèbec) – Priorität haben Lehramtsstudierende

Kanada und USA: Erfolgreicher Abschluss von mindestens sechs Studiensemestern

Australien und Neuseeland: Abgeschlossenes Erstes Staatsexamen

Bis 30 Jahre

Im Rahmen des Programms werden Studierende der modernen Fremdsprachen sowie Lehramtsreferendare an ausländische Bildungseinrichtungen – vorwiegend im Sekundarbereich, in Kanada und USA aber auch an Colleges und Universitäten – vermittelt. Zudem müssen die Bewerber die deutsche Staatsangehörigkeit besitzen, dürfen bei Austauschbeginn nicht älter als 30 Jahre und nicht verheiratet sein. Die Chancen auf eine Vermittlung sind sehr gut. Pro Schuljahr nehmen etwa 1.100 Menschen an diesem Programm teil.

Dauer und Gehalt

Je nach Zielland dauert der Aufenthalt sieben bis zehn Monate – in der Regel von September/Oktober bis April/Juni, in Australien und Neuseeland von Februar bis Dezember. Das Unterrichtspensum liegt bei ca. zwölf Stunden pro Woche. Dafür erhalten Sie einen Unterhaltszuschuss, der die Lebenshaltungskosten im Gastland deckt. Die Reisekosten müssen Sie selbst tragen.

Nähere Informationen zu den einzelnen Zielländern – Australien, Belgien (wallonischer und flämischer Teil), Frankreich, Großbritannien, Irland, Italien, Kanada, Neuseeland, (nichtdeutschsprachige) Schweiz, Spanien und USA – können Sie auf der Webseite des PAD abrufen.

Bewerbungsunterlagen erhalten Sie beim Akademischen Auslandsamt, in den Universitätsinstituten für Anglistik und Romanistik, bei der zuständigen Bezirksregierung oder beim PAD. Sie müssen sich bis zum 1. Dezember eines Jahres bewerben (für einen Aufenthalt in den USA dagegen bis zum 1. November).

Sekretariat der Ständigen Konferenz der Kultusminister
der Länder in der Bundesrepublik Deutschland
Pädagogischer Austauschdienst

Postfach 22 40
D-53012 Bonn

Tel.: +49 (2 28) 5 01-0 und -2 26
Fax: +49 (2 28) 5 01-3 01
E-Mail: pad@kmk.org
www.kmk.org/pad/home.htm

Auch habe ich einen differenzierten Einblick in den Alltag und die Mentalität der Menschen hier bekommen. Darüber hinaus ist es mir, so hoffe ich, gelungen, Vorurteile gegenüber meinem Heimatland abzubauen und zu zeigen, dass wir so unterschiedlich nun auch nicht sind und denken.
Silke, Fremdsprachenassistentin (PAD) in den Niederlanden (1997/98)

Österreich-Kooperation

Sprachassistenz an Schulen

Das Programm „Sprachassistenz" der Organisation Österreich-Kooperation wird durch das österreichische Ministerium für Bildung, Wissenschaft und Kultur im September jedes Jahres ausgeschrieben. Ziel des Programms ist der Erwerb von Unterrichtserfahrung an einer ausländischen Schule innerhalb eines bilateralen Abkommens mit den Staaten Frankreich, Großbritannien, Irland, Italien, Kroatien, Niederlande, Russland, Schweiz und Spanien. Das Programm soll den interkulturellen Dialog sowie das Kennenlernen anderer Schul- und Unterrichtssysteme und -formen fördern.

Für Studierende, Graduierte, Lehrer bis 30 Jahre

Zielgruppe sind jüngere Lehrkräfte mit Lehramtsprüfung für höhere Schulen, Unterrichtspraktikantinnen und -praktikanten, Sprachstudierende ab dem 5. Semester sowie Studierende und Absolventen der Pädagogischen Akademien. Je nach Angebot freier Plätze werden auch Studierende anderer Studienrichtungen vermittelt. Bewerbungsvoraussetzungen sind Deutschkenntnisse auf muttersprachlichem Niveau, die österreichische Staatsbürgerschaft und zumindest viersemestrige Studiendauer zum Zeitpunkt des Antritts der Tätigkeit. Die Bewerber sollten nicht älter als 30 Jahre sein.

Aufgaben

Die Tätigkeit besteht grundsätzlich darin, an Schulen des sekundären Schulsystems (in Frankreich auch Primarschulen) im Rahmen des vorgesehenen Deutschunterrichtes Konversationsstunden in deutscher Sprache zu halten und dabei die Schülerinnen und Schüler zum aktiven Sprachgebrauch zu animieren. Fremdsprachenassistentinnen und -assistenten arbeiten je nach Zielland sechs bis zehn Monate lang für zwölf bis 15 Wochenstunden mit den verantwortlichen Deutschlehrerinnen und -lehrern der Gastschule zusammen.

Insgesamt sind ca. 230 Stellen zu besetzen in Frankreich (ca. 100), Großbritannien (ca. 100) , Kroatien (2), Irland (2), Italien (15), Niederlande (7), Schweiz (2), Spanien (4) und Russland (1).

Gehalt Sie werden vom Gastland bezahlt und versichert. Die Unterkunft wird von den Assistenten selbst organisiert, wobei die Schulen erfahrungsgemäß hilfreich zur Seite stehen. Für Ihre Tätigkeit erhalten Sie je nach Zielland neben Reisekostenzuschüssen folgendes Gehalt:

Frankreich	*ca. 874 € brutto*	*monatlich*
England/Wales	*5.536 £ brutto*	*für den ganzen Zeitraum*
Schottland	*8.325 £ brutto*	*für den ganzen Zeitraum*
Irland	*3.648 IEP brutto*	*für den ganzen Zeitraum*
Italien	*ca. 547 € netto*	*monatlich*
Kroatien	*4.500 HRK*	*monatlich*
Niederlande	*700 € netto*	*monatlich plus Umzugszulage*
Spanien	*540 € netto*	*monatlich*
Russland	*variabel: 500 Rubel sowie ggf. ein Zuschuss von 365 €*	*monatlich*

Hinweis: Die Kooperation mit der Schweiz innerhalb dieses Programms ist noch in Planung. Daher standen die Gehaltssätze für die Schweiz bei Redaktionsschluss noch nicht fest.

Bewerbungsunterlagen sind bei der Österreich-Kooperation erhältlich. Die ausgefüllten Unterlagen werden auch hier eingereicht. Weitere Informationen gibt es unter www.oek.at/sprachassist/index.html. Bewerbungsschluss ist jeweils der 30. November eines Jahres für das folgende Schuljahr.

Österreich-Kooperation

Hörlgasse 12/14 *A-1090 Wien*	*Tel.: +43 (1) 3 17 69 93 DW 13* *(Mag. Ulla Riesenecker)* *Fax: +43 (1) 3 17 49 35 18* *E-Mail: office@oek.at und ulla.riesenecker@oek.at* *www.oek.at*

Robert Bosch Stiftung

Das Förderprogramm „Völkerverständigung macht Schule. Praktikum in Mittel- und Osteuropa“ wird von der Robert Bosch Stiftung in Zusammenarbeit mit der Zentralstelle für das Auslandsschulwesen und dem PAD durchgeführt.

Für Studierende und Graduierte

Das Programm wendet sich an Studierende der Lehramtsfächer Deutsch, Fremdsprachen, Sozialkunde und Politik sowie anderer geistes- und sozialwissenschaftlicher Studienfächer wie Deutsch als Fremdsprache, Slawistik und (Osteuropa-)Geschichte, die sich zum Zeitpunkt der Vermittlung im Hauptstudium befinden oder das Studium bereits abgeschlossen haben. Ihre Muttersprache muss Deutsch sein.

Dauer

Das Praktikum dauert von drei bis zu sechs Monaten und findet an ausgewählten Gastschulen in verschiedenen mittel- und osteuropäischen Staaten statt.

Aufgabe

Dabei hospitieren und assistieren die Praktikantinnen und Praktikanten im Unterricht bzw. übernehmen auch teilweise den Unterricht in einem Umfang von etwa zwölf Wochenstunden, überwiegend im Fach Deutsch. Zudem helfen sie bei der Durchführung von Projekten mit Schülern.

Die Praktikantinnen und Praktikanten können ihre Kenntnisse über das Gastland und dessen Kultur vertiefen, praktische Unterrichtserfahrungen sammeln und ihre interkulturelle Kenntnisse und Einsichten erweitern. In den Schulen wird durch ihren Einsatz die Vermittlung der deutschen Sprache, Kultur und eines aktuellen Deutschlandbildes gefördert sowie der weitere Kontaktaufbau nach Deutschland unterstützt.

Stipendium

Neben einem monatlichen Stipendium von 700 € erhalten die Praktikantinnen und Praktikanten Zuschüsse zu den Reise- und Versicherungskosten sowie für Sprachunterricht.

Pro Schuljahr nehmen etwa 40 Studierende an diesem Programm teil. Bewerbungsschluss ist in der Regel am 1. Februar. Die Bewerbungen sind direkt beim PAD einzureichen, wo es auch weitere Informationen gibt, wie auch im Internet unter www.bosch-stiftung.de (Rubrik „Förderung, Völkerverständigung II“).

Sekretariat der Ständigen Konferenz der Kultusminister der Länder in der BRD – Pädagogischer Austauschdienst

Postfach 22 40
D-53012 Bonn

Tel.: +49 (2 28) 5 01-0 und -4 39
Fax: +49 (2 28) 5 01-3 01
E-Mail: pad@kmk.org
www.kmk.org/pad/home.htm

Schweizerische Zentralstelle für die Weiterbildung der Mittelschullehrpersonen I

Die Schweizerische Zentralstelle für die Weiterbildung der Mittelschullehrpersonen (WBZ) bietet zwei unterschiedliche Sprachassistenz-Programme (SAP) für Schweizerinnen und Schweizer in Großbritannien und Frankreich an.

Großbritannien

Die für das Sprachassistenz-Programm Deutsche Schweiz – Großbritannien ausgewählten Assistenzlehrpersonen unterrichten an Sekundarschulen und Gymnasien Deutsch (DaF). Das Hauptgewicht der Tätigkeit liegt auf dem mündlichen Unterricht und auf der Vermittlung landeskundlicher Elemente zur Schweiz. 40 Assistenzstellen werden vergeben (30 Stellen in der deutschsprachigen Schweiz, zehn Stellen in der Suisse romande). Der Einsatz dauert in England und Wales vom 1. Oktober bis zum 31. Mai (acht Monate), in Schottland und Nordirland vom 1. September bis zum 31. Mai (neun Monate). Die Assistenzkräfte unterrichten in der Regel zwölf Stunden pro Woche.

Für Studierende, Graduierte und Lehrer bis 28 Jahre

Am Programm können Studierende der Anglistik, Studierende der Wirtschafts-, Sozial- und Geisteswissenschaften sowie der Geschichte oder Geographie mit Deutsch und/oder Englisch als Nebenfach, Studierende der Germanistik und/oder des Fachs „Deutsch als Fremdsprache“ mit guten Englischkenntnissen teilnehmen. Zudem wendet sich das Programm an Sekundarlehramtskandidatinnen und -kandidaten phil. I, Studierende und diplomierte Absolventinnen und Absolventen von Lehrerseminaren und pädagogischen Hochschulen (PH).

Voraussetzungen

Die Bewerberinnen und Bewerber im Alter zwischen 20 und 28 Jahren müssen deutsche Muttersprachler sein und in der Regel wenigstens vier Semester eines Hoch- bzw. Fachhochschulstudiums absolviert haben. Sie sollen die Schulen in der Schweiz mindestens ab der Sekundarstufe I durchlaufen haben.

Es wird ferner Wert auf folgende Fähigkeiten gelegt: gute Allgemeinbildung, klares Ausdrucksvermögen in Hochdeutsch und in Englisch sowie Kenntnisse in bzw. Interesse an kommunikativer Sprachpädagogik.

Gehalt

Die Assistenzlehrpersonen erhalten ein monatliches Bruttogehalt von mindestens 737 £ (für den Einsatz London wird ein zusätzlicher Ortszuschlag gewährt). Die Reisekosten gehen zu Lasten der Assistenzlehrperson.

Weitere Informationen zum Programm finden Sie auch auf der Homepage der Partnerorganisation in Großbritannien: British Council, London: www.languageassistant.co.uk.

Frankreich

Die für das Sprachassistenz-Programm Deutsche Schweiz – Frankreich ausgewählten Assistenzlehrpersonen unterrichten Deutsch (DaF) an Sekundarschulen (collège und/oder lycée) und, in einigen Fällen, an einem Institut universitaire de formation des maîtres (IUFM). Einige der insgesamt rund 50 Stellen werden auch im Grundschulbereich zur Verfügung gestellt. Das Hauptgewicht der Tätigkeit liegt auf dem mündlichen Unterricht und auf der Vermittlung landeskundlicher Elemente zur Schweiz.

Für Studierende, Graduierte und Lehrer bis 30 Jahre

Am Programm können Studierende und Graduierte der Fächer Romanistik, der Wirtschafts-, Sozial- und Geisteswissenschaften sowie der Geschichte oder Geographie mit Deutsch und/oder Französisch oder Englisch als Nebenfach, Studierende der Germanistik und/oder des Fachs „Deutsch als Fremdsprache“ sowie Sekundarlehramtskandidatinnen und -kandidaten phil. I, Studierende und diplomierte Absolventinnen und Absolventen von Lehrerseminaren und pädagogischen Hochschulen (PH) teilnehmen.

Die Bewerberinnen und Bewerber im Alter zwischen 20 und 30 Jahren müssen deutsche Muttersprachler sein und in der Regel wenigstens vier Semester eines Hoch- bzw. Fachhochschulstudiums absolviert haben. Sie sollen die Schulen in der Schweiz mindestens ab der Sekundarstufe I durchlaufen haben.

Es wird ferner Wert auf folgende Fähigkeiten gelegt: gute Allgemeinbildung, klares Ausdrucksvermögen in Hochdeutsch und in Französisch sowie Kenntnisse in kommunikativer Sprachpädagogik bzw. Interesse daran.

Dauer Der Einsatz dauert in den IFUM vom 1. Oktober bis zum 31. März (sechs Monate), in Collèges und Lycées vom 1. Oktober bis zum 30. April (sieben Monate) und in der Grundschule vom 1. Oktober bis zum 30. Juni (neun Monate). Die Assistenten unterrichten in der Regel zwölf Stunden pro Woche.

Gehalt Die Assistenzlehrpersonen erhalten ein monatliches Bruttogehalt von rund 910 € (vor Abzug diverser obligatorischer Abgaben). Die Reisekosten gehen zu Lasten der Assistenzlehrperson. Weitere Informationen zum Programm finden Sie auch auf der Homepage der Partnerorganisation in Frankreich: Centre international d'études pédagogiques (C.I.E.P.) www.ciep.fr/assistantetr/index.htm.

Nähere Informationen zu beiden Programme bei:

Schweizerische Zentralstelle für die Weiterbildung der Mittelschullehrpersonen – Peter A. Ehrhard (Beauftragter der WBZ) – Sprachassistenz-Programm

Bertastr. 33 *CH-8003 Zürich*	*Tel.: +41 (1) 4 63 58 48* *Fax: +41 (1) 4 63 58 42* *E-Mail: peter.ehrhard@bluewin.ch* *www.wbz-cps.ch (unter „Projekte", „Internationale Bildungszusammenarbeit")*

Schweizerische Zentralstelle für die Weiterbildung der Mittelschullehrpersonen II

Im Rahmen des Programms „Ausländische Assistenten und Assistentinnen in der Schweiz" können Interessierte ein Schuljahr als Sprachassistenten an einer Schule in der nichtdeutschsprachigen Schweiz verbringen.

Aufenthalt in der Schweiz Mit dem Sprachassistenz-Programm sollen vorzugsweise zukünftige Sprachlehrpersonen die Möglichkeit erhalten, ihre Fremdsprachenkenntnisse und ihr Wissen über die Schweiz und das schweizerische Bildungssystem zu vertiefen sowie Erfahrungen in der Fremdsprachenmethodik und -didaktik zu sammeln.

Zudem soll den Schweizer Schülerinnen und Schülern Gelegenheit gegeben werden, eine Person kennen zu lernen, die aus einem Land stammt, in dem die zu erlernende Sprache gesprochen wird. Auf diese Weise sollen nicht nur ihre Fremdsprachenkenntnisse verbessert, sondern auch ihre Lernmotivation gesteigert und ihr Interesse am Herkunftsland der Assistenzlehrperson gefördert werden.

Für Studierende und Graduierte

Bewerben können sich Studierende oder Graduierte im Alter zwischen 20 und 28 Jahren aus Deutschland und Österreich. Gewünschte Studienfächer sind Deutsch, Germanistik, Deutsch als Fremdsprache sowie der Wirtschafts- und Sozialwissenschaften und der Fachbereiche Geschichte, Geographie, Mathematik und Naturwissenschaften mit deutscher Sprache oder Literatur im Nebenfach. Die Bewerber müssen deutsche Muttersprachler sein.

Aufgaben

Assistenzlehrpersonen werden gymnasialen und berufsbildenden Schulen der Sekundarstufe II sowie Fachhochschulen zugewiesen. Bei Bedarf können Assistenzlehrpersonen auch auf der Sekundarstufe I und in Primarschulen eingesetzt werden. Die Unterrichtsverpflichtung einer Assistenzlehrperson beträgt zwölf Stunden pro Woche (16 Lektionen zu 45 Minuten). Während des Lehraufenthaltes werden die Assistenten in den schweizerischen Schulalltag integriert. Zwischen der Assistenzlehrperson und der Schule wird eine schriftliche Vereinbarung geschlossen, welche die Rechte und Pflichten der beiden Vertragsparteien beinhaltet.

Dauer

Die minimale Anstellungszeit beträgt für die Assistenzstellen in der französischsprachigen Schweiz neun Monate – vom 1. September bis 31. Mai. Der monatliche Lohn beträgt netto ca. 1.600 €.

Vorbereitung

Die Assistenzlehrpersonen werden am Anfang ihres Aufenthaltes in der Schweiz anlässlich eines Einführungsseminars (letzter Freitag im August) über das schweizerische Bildungswesen informiert und auf ihre Assistenztätigkeit vorbereitet. Im Januar findet ein Zwischenseminar, am Ende des Aufenthaltes eine Evaluation (Fragebogen) der Assistenzzeit statt.

Nähere Informationen gibt es bei der WBZ (Adresse oben).

ZAV und Zentrale für Internationale Mobilität

Lehrassistenten in Finnland

Die Zentralstelle für Arbeitsvermittlung und die finnische Zentrale für Internationale Mobilität (CIMO) führen ein Lehrassistentenprogramm durch. Ziel des Programms ist es, Studierenden die Möglichkeit zu geben, in ihrer Muttersprache finnische Kinder und Studierende zu unterrichten und gleichzeitig die finnische Kultur näher kennen zu lernen.

Für Studierende und Graduierte

Es handelt sich dabei um studienbezogene Praktika im pädagogischen Bereich. Die Teilnehmerinnen und Teilnehmer unterrichten in deutscher Sprache und assistieren beim Unterricht. Zudem gestalten sie Konversationskurse. Zielgruppen sind Kinder und Jugendliche in Kindergärten und Schulen oder Erwachsene in öffentlichen und privaten Einrichtungen und Universitäten. Lehrerfahrung ist erwünscht, aber nicht Bedingung für die Teilnahme. Das Programm wendet sich an Studierende oder Graduierte (kurz nach Abschluss des Studiums) mit Muttersprache Deutsch aus den Fachbereichen Pädagogik, Lehramt, Sprach- und weiteren Geisteswissenschaften. Im Einzelfall können auch Studierende anderer Fachbereiche teilnehmen, wenn sie Lehrerfahrung im Unterrichten der deutschen Sprache haben. Die Teilnehmerinnen und Teilnehmer sollten über gute Englischkenntnisse verfügen.

Gehalt

Das Gehalt ist abhängig von der Zahl der Unterrichtsstunden; es liegt bei ca. 600 bis 950 €. Die Fahrtkosten müssen von den Teilnehmern getragen werden. Die Arbeitgeber oder CIMO sorgen für die Unterkunft, die von den Teilnehmern gezahlt wird (ca. 250 € pro Monat).

Die Praktika dauern zwischen vier Wochen und 18 Monate; besonders aussichtsreich sind Bewerbungen für ein halbes (August/September bis Dezember oder Januar bis Mai) bzw. ein volles Schuljahr (August/September bis Mai). Eine Vermittlung während der Sommermonate (Juni bis August) ist schwierig.

Die Bewerbungsfrist läuft in der Regel am 15. Februar ab. Nähere Informationen unter http://finland.cimo.fi/ oder bei der

Zentralstelle für Arbeitsvermittlung (ZAV)
Internationaler Arbeitsmarkt

Villemombler Str. 76 *D-53123 Bonn*	*Tel.: +49 (2 28) 7 13-14 15* *und -14 64* *Fax: +49 (2 28) 7 13-11 11* *E-Mail: Bonn-ZAV.jobs-und-praktika-im-ausland@arbeitsagentur.de*

4.6 Lektorenprogramme

Lehrbeauftragte an Universitäten im Ausland

Lektorinnen und Lektoren sind in diesem Zusammenhang Lehrbeauftragte an Universitäten im Ausland. Zu unterscheiden sind dabei Sprachlektorinnen und -lektoren, die die deutsche Sprache sowie Literatur und Landeskunde der deutschsprachigen Länder unterrichten, sowie Fachlektorinnen und -lektoren, die ein bestimmtes akademisches Fach (zum Beispiel Jura, Geschichte etc.) unterrichten – allerdings finden diese Veranstaltungen dann aus der deutschen, österreichischen oder Schweizer Perspektive statt und werden zumeist in deutscher Sprache gehalten.

Für Graduierte

Um als Lektorin oder Lektor arbeiten zu können, braucht man in aller Regel einen Hochschulabschluss. Lektoren sind an vielen Universitäten fester Bestandteil im Lehrplan des Germanistik-Studiums. Dies gilt selbst für Länder mit sinkenden Deutschlerner-Zahlen, umso mehr aber für Länder mit großem Interesse an DaF oder an der Literatur und Landeskunde der deutschsprachigen Länder.

Dies sehe ich als wichtigste Aufgabe des Lektors im Unterricht: ein Vertrauensverhältnis zu schaffen, Distanzen abzubauen, zeigen, dass man unterschiedliche Meinungen akzeptiert, Toleranz, zeigen, dass Lernen Spaß machen kann, Lernstrategien vermitteln (so was gibt es hier praktisch noch nicht). Wenn die Studenten Vertrauen zum Lektor aus „dem anderen Land" haben, so ist das schon die halbe Miete. Dann nehmen sie neue Methoden, Vorschläge, Ideen dankbar an. Ich habe in dieser Hinsicht jedenfalls sehr positive Erfahrungen gemacht. Und noch ein Tipp: Der größte Fehler, der oftmals gemacht wird, ist, mit einer Einstellung ranzugehen wie: So, jetzt sage ich denen mal, wo's langgeht. Die haben ja keine Ahnung.

Christian Miller, DAAD-Lektor in Santiago de Compostela, Spanien

Deutscher Akademischer Austauschdienst

Lektoren an Hochschulen

Der Deutsche Akademische Austauschdienst (DAAD) vermittelt Lektorinnen und Lektoren für deutsche Sprache, Literatur und Landeskunde – in einzelnen Ländern auch für andere Fachrichtungen – an ausländische Hochschulen. Das heißt: Die ausländische Hochschule stellt für eine Lektorin oder einen Lektor eine entsprechende Stelle und Vergütung bereit; die ausländische Hochschule formuliert in Abstimmung mit dem DAAD Aufgaben und erforderliche Qualifikationen der Lektorin oder des

Lektors. Der DAAD sucht dann geeignete Kandidaten und schlägt sie der Hochschule vor. Zudem fördert der DAAD die von der Hochschule eingestellten Lektorinnen und Lektoren; er bereitet sie auf ihre Aufgaben vor, unterstützt sie in ihrer Tätigkeit und gewährt eine finanzielle Förderung.

Aufgaben

Die Aufgaben der Lektorinnen und Lektoren werden grundsätzlich von der Gasthochschule bestimmt und sind daher von Land zu Land und von Hochschule zu Hochschule sehr unterschiedlich. Sie umfassen in der Regel Unterricht in Deutsch als Fremdsprache, Lehrveranstaltungen auf dem Gebiet der deutschen Literatur- und Sprachwissenschaft und der Deutschlandstudien. Der Sprachunterricht wendet sich an zukünftige Deutschlehrkräfte und Germanisten sowie Hörerinnen und Hörer aller Fakultäten, zum Beispiel der naturwissenschaftlichen und technischen Disziplinen, die sich dadurch den Zugang zur deutschsprachigen Fachliteratur erschließen möchten. In einzelnen Fällen sind in Europa und Ostasien Lektorinnen und Lektoren auch im Bereich der Förderung der deutschen Sprache in anderen Fachgebieten, insbesondere Wirtschaftswissenschaften, Geschichte oder Rechtswissenschaften, tätig.

Neben den fachlichen Aufgaben, die von Lektorat zu Lektorat variieren, liegt ein Schwerpunkt der Arbeit in der Beratung von ausländischen Wissenschaftlern und Studierenden im Hinblick auf Studium, Forschung und Lehre in Deutschland und Kooperationsmöglichkeiten mit deutschen Universitäten sowie in der Beteiligung an vielfältigen Maßnahmen zur Förderung des Studienstandortes Deutschland.

Selber unterrichte ich kaum noch Deutsch, ich organisiere innerhalb der Deutschabteilung der Universidad de Guadalajara die Lehreraus- und -fortbildung, gebe manchmal Intensivseminare zur Didaktik etc., unterrichte in einem Master-Studiengang zu angewandter Linguistik und mache unendlich viel Beratungsarbeit zum Studium in Deutschland.
Ursula Esser, DAAD-Lektorin in Guadalajara, Mexiko

Außerdem nehmen die Lektorinnen und Lektoren je nach den örtlichen Verhältnissen innerhalb oder außerhalb der Hochschulen kulturelle Aufgaben wahr. In einer Reihe von Ländern bestehen Arbeitsgruppen, die in Zusammenarbeit mit einheimischen Kolleginnen und Kollegen länder- und zielgruppenspezifisches Unterrichtsmaterial erstellen.

Es gibt Länder, in denen man studentische Bewerber für ein DAAD-Stipendium mit dem Lasso einfangen muss. (Zum Beispiel in Kroatien, wie ich kürzlich von der Kollegin aus Osijek erfahren habe.) Hier in Ungarn dagegen brandet die Flut der BewerberInnen von Jahr zu Jahr stärker an unsere Bürotüren, und so gern ich grundsätzlich die Beratung durchführe, so froh bin ich doch jedes Mal, wenn der 31. Oktober erreicht ist, der „Poststempel"-Tag für die letzten fristgerechten Bewerbungen.

Dorothee Rabe, DAAD-Lektorin in Pécs, Ungarn

Für Graduierte bis 40 Jahre

Die Lektorate unterscheiden sich in ihrem Anforderungsprofil. Dementsprechend variieren auch die Voraussetzungen, die der DAAD und die Gasthochschule von den Bewerbern erwarten. In jedem Fall ist ein abgeschlossenes Studium, in der Regel mit Germanistik im Haupt- oder Nebenfach, Deutsch als Fremdsprache oder in einer für das Lektorat relevanten Philologie, erforderlich. Das Studium soll in der Regel an einer deutschen Hochschule abgeschlossen worden sein. Von den meisten ausländischen Hochschulen werden auch sprachdidaktische und praktische Lehrerfahrung, vorzugsweise auf dem Gebiet Deutsch als Fremdsprache, vorausgesetzt. Für die Vermittlung ist die Staatsangehörigkeit zu einem EU-Mitgliedstaat erforderlich. Die Lektorate werden bevorzugt mit Nachwuchskräften besetzt. Für ein Lektorat in Nord-, West- und Südeuropa liegt die Altersgrenze bei 35 Jahren (zum Zeitpunkt der Bewerbung), in den übrigen Ländern bei 40 Jahren.

Gewünscht werden zudem Interesse an interkulturellen, interdisziplinären und bildungspolitischen Fragestellungen, Lehrerfahrung an einer deutschen Universität sowie für die jeweilige Zielregion relevante Fremdsprachenkenntnisse. Die Bewerber sollten über umfassende und aktuelle Kenntnisse der deutschen Sprache (in der Regel muttersprachliche Kompetenz) und Kultur sowie des deutschen Hochschulwesens verfügen. Letztere kann durch Ableistung eines wesentlichen Teils des Studiums an einer deutschen Hochschule und durch einen deutschen Hochschulabschluss nachgewiesen werden. Erwartet werden zudem aktuelle und umfassende Kenntnisse über Deutschland – die Bewerberinnen und Bewerber sollten daher während der letzten beiden Jahre vor der Bewerbung ihren Lebensmittelpunkt in Deutschland gehabt haben.

Verdienstmöglichkeiten

Da die Lektorinnen und Lektoren mit ihrer Gasthochschule einen Dienstvertrag eingehen, werden sie in der Regel von ihr wie einheimische Mitglieder des Lehrkörpers besoldet. Die finanziellen Leistungen richten sich nach der erforderlichen Qualifikation, nach Funktion, Standort und Familienstand.

Der DAAD gewährt im Rahmen einer besonderen Vereinbarung als zusätzliche Leistungen eine monatliche Ausgleichszulage, Zuschüsse zu den Übersiedlungskosten, Schulbeihilfe, Zuschüsse zu den Kosten der Gesundheitsvorsorge einschließlich einiger Beihilfen in Krankheitsfällen sowie zur Alters- und Hinterbliebenenversorgung. Der DAAD kann auch eine Krankenversicherung mit Auslandsdeckung vermitteln. Lektorinnen und Lektoren an außereuropäischen Hochschulen können einen Reisekostenzuschuss für Heimaturlaub erhalten. Grundsätzlich kann man von einem Verdienst von ab 1.500 € (netto) monatlich ausgehen, der eventuell um funktions- oder länderbezogene Zulagen erhöht wird.

Da die Gasthochschule von den Lektorinnen und Lektoren aktuelle Informationen über die deutsche Literatur- und Sprachwissenschaft, über moderne Methoden und Hilfsmittel für die Vermittlung von Deutsch als Fremdsprache, über die deutschsprachige Gegenwartsliteratur und allgemein über die kulturellen, politischen, wirtschaftlichen und gesellschaftlichen Verhältnisse im deutschen Sprachraum erwartet, ist die Tätigkeit zeitlich befristet.

Dauer

Die Dauer der Förderung durch den DAAD beträgt in der Regel zwei bis fünf Jahre. Die meisten Lektorinnen und Lektoren bleiben länger als zwei Jahre, viele von ihnen fünf.

Setzt nun nach fünf Jahren in Namibia [...] der „Verhiesigungseffekt" ein, der einen Lektor früher oder später ereilen kann und der vielleicht den DAAD mit dazu veranlaßte, eine Lektorentätigkeit auf höchstens fünf Jahre zu begrenzen?

Christoph Ludszuweit, DAAD-Lektor (1995 – 99) in Windhoek, Namibia
(aus: Spuren in die Zukunft, Bd. 3, S. 188)

Zielländer

Der DAAD vermittelt Lektorinnen und Lektoren in zurzeit 92 Länder der Welt. In den USA liegt der Schwerpunkt des DAAD auf der Vermittlung von Fachlektoraten in den Bereichen German Studies oder European Studies.

Bewerbungen

Die Bewerbungsunterlagen können Sie im Internet abrufen (www.daad.de bzw. www.daad.de/ausland/de/3.3.3.html). Die vollständigen Bewerbungsunterlagen senden Sie an die für Ihr Zielland zuständigen Referatsleiter im DAAD. (Wer für Ihr Zielland zuständig ist, erfahren Sie im Internet unter http://lehre.daad.de/Lektoren/kontakt.html.)

Der DAAD lädt Interessenten, die für eine Vermittlung in Frage kommen, in der Regel zu einem Informationsgespräch ein. Nach diesem Gespräch werden Bewerbungen für bestimmte Lektorate entgegengenommen. Parallele Bewerbungen für verschiedene Länder sind dann nicht mehr möglich. Geeignet erscheinende Bewerber werden zu einem Auswahlgespräch eingeladen, das von einer Kommission aus Hochschullehrern geführt wird. Diese Kommission entscheidet auch über die Auswahl der Kandidaten. Der DAAD leitet die Unterlagen der ausgewählten Bewerber an die ausländische Hochschule weiter, die die endgültige Entscheidung trifft. Ein Dienstvertrag wird mit der ausländischen Hochschule, nicht mit dem DAAD abgeschlossen. Der DAAD schließt mit der von der ausländischen Hochschule akzeptierten Person eine Förderungsvereinbarung ab.

Bewerbungsaufrufe werden in der Regel in der Wochenzeitung „Die Zeit“ veröffentlicht und auch auf der DAAD-Homepage. Für Japan, Korea sowie die Länder Lateinamerikas finden Sie diese im Februar, für alle anderen Länder im September. Der Bewerbungsaufruf für Fachlektoren geht in der Regel für Frankreich, Großbritannien und Irland im Dezember heraus, für Japan und Korea im Februar. Hinweise auf offene Stellen außerhalb der regulären Bewerbungsfristen finden Sie selten, aber wenn, dann auf der Homepage des DAAD und in der „Zeit“. Weitere Informationen erhalten Sie beim DAAD und im Internet unter www.daad.de/ausland/de/3.3.3.html.

Deutscher Akademischer Austauschdienst

Postfach 20 04 04	*Tel.: +49 (2 28) 8 82-0*
D-53134 Bonn	*Fax: +49 (2 28) 8 82-4 44*
	E-Mail: postmaster@daad.de
	www.daad.de

Österreich-Kooperation

Lektoren an Hochschulen

Das Lektoratsprogramm ist ein Mobilitätsprogramm zum Unterricht der deutschen Sprache, der Literatur und Landeskunde Österreichs an ausländischen Universitäten. Es wird aus Mitteln des Bundesministeriums für Bildung, Wissenschaft und Kultur unterstützt und von der Österreich-Kooperation auf der Grundlage von Förderungsvereinbarungen mit ausländischen Universitätsinstituten und Hochschuleinrichtungen durchgeführt.

Allgemeine bildungs- und wissenschaftspolitische Zielsetzungen sind dabei die Förderung der deutschen Sprache durch praktischen Sprachunterricht und unter methodisch-didaktischen Gesichtspunkten auf universitärer Ebene. Dabei werden die Gastinstitute bei der Durchführung von Studiengängen im Bereich Germanistik sowie der Deutschlehrerausbildung unterstützt. Ein weiteres Ziel ist die Sensibilisierung für Unterrichtsmethoden und wissenschaftliche Arbeitsweisen im kontrastiven Vergleich. Zudem sollen Kooperationen zwischen ausländischen und österreichischen Universitätsinstituten sowie die akademische Mobilität gestärkt werden.

Neben der Förderung der deutschen Sprache sollen Lektoratsstellen Kultur und Wissenschaftsgeschehen in Österreich an ausländische Universitäten vermitteln. Der Großteil der Lektoratsstellen befindet sich an germanistischen Lehrstühlen, aber auch Hochschulen mit wirtschaftlichen, technischen und linguistischen Fachrichtungen werden mit Lektoratsstellen unterstützt.

Mit derzeit ca. 130 Standorten weltweit bietet dieses Programm den Teilnehmerinnen und Teilnehmern die Chance zu einer ausbildungsgemäßen Arbeitserfahrung auf internationalem Universitätsniveau, der Durchführung akademischer Forschungsvorhaben sowie der Vertiefung von Fremdsprachenkenntnissen und des Verständnisses anderer Kulturen.

Für Graduierte bis 37 Jahren

Das Programm richtet sich an Graduierte geistes- und kulturwissenschaftlicher Fachrichtungen, vorzugsweise solche mit Ausbildung in Deutsch als Fremdsprache und/oder einschlägiger Erfahrung in der Sprachvermittlung. Bewerbungsvoraussetzungen ist ein in Österreich abgeschlossenes Hochschulstudium. Die Altersgrenze für eine Bewerbung liegt bei 37 Jahren zum Zeitpunkt des Tätigkeitsantritts.

Zudem wird vorausgesetzt, dass die Bewerberinnen und Bewerber die österreichische Staatsbürgerschaft bzw. die Staatsbürgerschaft eines EU-Landes haben. Sie sollten ihren Lebensmittelpunkt und ständigen Wohnsitz zum Zeitpunkt der Bewerbung in Österreich haben und die deutsche Sprache auf muttersprachlichem Niveau beherrschen.

Gemeinsam mit meinem deutschen Kollegen habe ich den „Stammtisch der Deutsch-Studierenden" wieder ins Leben gerufen, der extrem rege frequentiert wird; zudem eine Theatergruppe gegründet, in der wir nur sehr bedächtig vorwärts kommen.
Österreich-Kooperation-Lektor/in in Nitra, Slowakei

Aufgaben

Die von der Österreich-Kooperation unterstützten Personen haben je nach Standort die Aufgabe, an einer ausländischen Universität den Deutschunterricht bzw. die Deutschlehrerausbildung zu unterstützen. Dabei halten sie eigenständig Lehrveranstaltungen in den Bereichen Sprachvermittlung, Landeskunde, Literatur- und Kulturgeschichte um Umfang von zwölf bis 14 Wochenstunden ab; sie führen Prüfungs- und Korrekturarbeiten durch und wirken bei der Studienplanerstellung und Lehrerfortbildung mit.

Eine der spannendsten Aufgaben, wenn nicht die spannendste, war die Mitarbeit an der Geschichtevorlesung für die Studenten im ersten Studienjahr. Die Vorlesung dauert zwei Wochenstunden und wird von einem Team als Ringvorlesung gehalten. Der DAAD-Kollegin und mir wurden die Abschnitte „Weimarer Republik" und „Nationalsozialismus" übertragen.
Österreich-Kooperation-Lektor/in Großbritannien

Parallel dazu wird von den Bewerbern erwartet, dass sie sich im Gastland wissenschaftlich weiterqualifizieren und gegebenenfalls ein Dissertations- oder ein anderes Forschungsvorhaben durchführen.

Dauer

Bewerber, die von einer ausländischen Universität als Lektorinnen und Lektoren ausgewählt worden sind, werden von der Österreich-Kooperation für eine begrenzte Anzahl von Jahren finanziell unterstützt. Die Dauer der Förderung hängt von der Region ab, wohin eine Vermittlung erfolgt: Sie beträgt derzeit in die Staaten Mittel-, Ost- und Südosteuropas bis maximal fünf Jahre, in alle übrigen Staaten bis maximal vier Jahre.

Gehalt

Für Lektorate in Mittel-, Ost- und Südosteuropa sowie in den außereuropäischen Ländern China, Israel und Mexiko gilt Folgendes: Im Rahmen eines Anstellungsverhältnisses bei der Österreich-Kooperation beträgt das Gehalt derzeit monatlich ca. 1.220 € (brutto). Im Rahmen eines Stipendiums werden ca. 18.170 € pro Jahr gezahlt – ohne Kranken-, Pensions- und Sozialversicherung, für die die Stipendiaten selbst aufkommen müssen. Zusätzlich zum österreichischen Gehalt bzw. Stipendium zahlt die Gastuniversität als ausländischer Dienstgeber ein Gehalt in lokaler Währung, dessen Höhe sich am Einkommen von Universitätslehrerinnen und -lehrer mit vergleichbarer Ausbildung und in vergleichbarem Alter ausrichtet. Für einige Lektorate in ost- und südosteuropäischen sowie außereuropäischen Ländern gelten gesonderte Dotierungsrichtlinien.

Bei Lektoraten in den EU-Staaten beträgt das lokale Gehalt im Rahmen der Anstellung am Gastinstitut ca. 1.000 € pro Monat (brutto), an manchen Universitäten Großbritanniens bis zu ca. 2.000 € (brutto). Hinzu kommt ein Stipendium der Österreich-Kooperation in Höhe von maximal 7.850 € im Jahr, wobei Schwankungen in der Stipendienhöhe vom lokalen Einkommen abhängen.

Die Österreich-Kooperation bietet im Rahmen eines Gruppenversicherungspakets die Vermittlung einer Krankenversicherung an. Je nach den zur Verfügung stehenden Mitteln gibt es auch diverse weitere Serviceleistungen und Sachmittelunterstützung (etwa Büchergeld, Reisekostenzuschuss, mehrtägiges Vorbereitungsseminar, regionale Fortbildungstreffen).

Bewerbung

Das Bewerbungsverfahren besteht aus einer schriftlichen Bewerbung und einem Bewerbungsgespräch vor einer Fachkommission in Österreich. Die ausgewählten Bewerbungsunterlagen werden den Universitätsinstituten in den Ländern, in denen ein österreichisches Lektorat besetzt werden soll, zur Auswahl weitergeleitet. Die endgültige Entscheidung über die Annahme einer Bewerbung trifft somit die Universität.

Die Bewerbungen sind in der Regel bis zum 15. März bei der Österreich-Kooperation einzureichen. Bewerbungen sind für ein oder mehrere Zielländer möglich. Die Anzahl der jährlich zu besetzenden Stellen liegt bei ca. 50 Stellen. Die Bewerbungsunterlagen können unter www.oek.at/neu/Lektoren/index.html heruntergeladen werden.

Österreich-Kooperation

Berggasse 21/14 *A-1090 Wien*	*Tel.: +43 (1) 3 17 69 93* *Fax: +43 (1) 3 17 49 35 18* *E-Mail: office@oek.at und* *ulla.rieseecker@oek.at* *www.oek.at*

Robert Bosch Stiftung – Mittel- und Osteuropa

An Hochschulen in Mittel- und Osteuropa

Mit ihrem Lektorenprogramm eröffnet die Robert Bosch Stiftung jungen Hochschulabsolventen die Chance, an Universitäten in Mittel- und Osteuropa zu arbeiten. Als Stipendiatinnen und Stipendiaten können sie nach dem Studium erste Lehr- und Berufserfahrung sowie qualifizierte Kenntnisse über ein mittel- oder osteuropäisches Land erwerben. Zurzeit gibt es Lektorate in Bulgarien, Estland, Georgien, Kasachstan, Lettland, Litauen, Polen, Rumänien, Russland, Serbien und Montenegro, der Slowakei, Tschechien, der Ukraine, Ungarn und Weißrussland.

Für Graduierte bis 30 Jahre

Das Lektorenprogramm steht Hochschulabsolventen offen, deren Studienabschluss nicht länger als fünf Jahre zurückliegt. Sprachlektorate werden bevorzugt an Absolventen des Studienfachs Deutsch als Fremdsprache, der Germanistik, Slawistik oder einer anderen Fremdsprachenphilologie vergeben. Wichtig ist ein starkes Interesse an Mittel- und Osteuropa. Engagement und Aufgeschlossenheit für den Lebensalltag in einem osteuropäischen Land sind unabdingbar. Landeskenntnisse, Lehrerfahrung und ehrenamtliches Engagement sind von Vorteil. Die Altersgrenze liegt für Sprachlektorinnen und -lektoren bei 30 Jahren. Die akzentfreie Beherrschung der deutschen Sprache wird vorausgesetzt.

Aufgabe

Die Sprachlektorinnen und -lektoren sind während ihres Aufenthalts Mitglieder des Lehrkörpers ihrer Gasthochschule. Zu ihren Aufgabengebieten gehören neben Lehrveranstaltungen im Rahmen des Fremdsprachenunterrichts Deutsch auch die Stipendienberatung sowie die Projektarbeit im universitären Umfeld. Das Unterrichtspensum beträgt in der Regel zwölf Semesterwochenstunden.

Die Lektorinnen und Lektoren erwerben neben der Lehrerfahrung landesspezifische Kompetenzen, indem sie sich ein bis zwei Jahre lang mit der Gesellschaft, der Mentalität und dem Hochschulsystem in ihrem Gastland auseinander setzen. Das Erlernen der Landessprache wird erwartet und finanziell unterstützt.

Vorbereitung

Die ausgewählten Lektorinnen und Lektoren werden Anfang Juni in einem Einführungsseminar auf ihren Einsatz vorbereitet. Zusätzlich wird ein zweiwöchiger Weiterbildungskurs (Unterrichtsdidaktik) angeboten. Während des Lektorats finden unter Mitarbeit der Lektorinnen und Lektoren regionale Treffen statt, die dem Erfahrungsaustausch untereinander und der Erweiterung der Landeskenntnisse dienen. Das Programmjahr wird in einem Bilanztreffen evaluiert: So soll den Lektorinnen und Lektoren die Möglichkeit gegeben werden, die in der Lehrtätigkeit gesammelten Erfahrungen zu diskutieren und sie an die nachfolgenden Lektorengenerationen weiterzugeben.

Ehemaligennetzwerk Das Ehemaligennetzwerk MitOst e.V. bietet auch über die Lektorenzeit hinaus eine Plattform, um sich über Mittel- und Osteuropa auszutauschen und sich mit Projekten weiterhin in dieser Region zu engagieren (www.mitost.de).

Stipendium Die Lektoren erhalten für die Dauer eines Studienjahres ein monatliches Stipendium der Robert Bosch Stiftung in Höhe von ca. 850 €, ggf. kommen regionale Zuschläge hinzu. Das Stipendienjahr umfasst zwölf Monate, beginnt am 1. August und endet am 31. Juli; auf Antrag kann das Lektorat um ein weiteres Jahr verlängert werden. Die Kosten für Unfall-, Kranken-, Haftpflicht- und Reisegepäckversicherung im Gastland sowie für die An- und Rückreise werden von der Robert Bosch Stiftung übernommen. In begrenztem Umfang stehen Mittel für Sprachkurse und Lehrmaterial zur Verfügung. Darüber hinaus werden Projekte von Lektorinnen und Lektoren inhaltlich und finanziell unterstützt.

Die Bewerbungsfrist endet jährlich am 31. Januar. Das Bewerbungsformular sowie detaillierte Informationen finden Sie auf der Homepage des Lektorenprogramms.

Universität Hohenheim – Osteuropazentrum (770)
Lektorenprogramm

D-70593 Stuttgart	*Tel.: +49 (7 11) 4 59-39 70* *Fax: +49 (7 11) 4 59-27 71* *E-Mail:* *lektoren@uni-hohenheim.de* *www.boschlektoren.de*

Robert Bosch Stiftung – Frankreich

Seit einigen Jahren nimmt in Frankreich die Zahl der Schülerinnen und Schüler, die Deutsch als Fremdsprache wählen, kontinuierlich ab. Um diesem Trend entgegenzuwirken, haben die Deutsch-Französischen Häuser in Aix-en-Provence, Dijon, Montpellier und Nantes/Brest in Absprache mit der „Association pour la défense de la langue allemande“ ein Projekt entwickelt, das die nötige Informationsarbeit zur Fremdsprachenwahl sowie die Sympathiewerbung bei Eltern sowie Schülerinnen und Schülern für das Erlernen der deutschen Sprache in diesen Regionen zum Ziel hat.

Deutsch-Französische Häuser

Im Rahmen dieses Projekts hat die Robert Bosch Stiftung vier Lektorinnen an die Deutsch-Französischen Häuser entsandt, die neben ihrer Unterrichtstätigkeit an den Instituten mit dem Projekt betraut wurden. Mit vier von DaimlerChrysler bereitgestellten Kleinbussen („DeutschMobil“) besuchen die Lektorinnen Primarschulen und Collèges in der Region ihrer Kulturhäuser, um vor Ort mit Spielen, lustigen Aktionen, ansprechendem Informationsmaterial und in Gesprächsrunden mit Eltern und Lehrkräften rund um das Thema Deutschland Interesse für die Sprache und das Land zu wecken, Kontakte herzustellen und zu einem positiven Deutschlandbild beizutragen.

Nähere Informationen zu den Lektoraten an deutschen Kulturhäusern in Frankreich erhalten Sie unter www.bosch-stiftung.de (unter „Förderung“, „Völkerverständigung I“) sowie unter www.deutschmobil.com. Interessenten wenden sich bitte an die

Robert Bosch Stiftung GmbH – Dr. Olaf Hahn

Heidehofstr. 31	*Tel.: +49 (7 11) 4 60 84-1 48*
D-70184 Stuttgart	*Fax: +49 (7 11) 4 60 84-10 94*
Postanschrift:	*E-Mail:*
Postfach 10 06 28	*olaf.hahn@bosch-stiftung.de*
D-70005 Stuttgart	*www.bosch-stiftung.de*

4.7 Programme für Lehrkräfte

DaF-Lehrerinnen und -Lehrer können im Ausland an unterschiedlichen Einrichtungen arbeiten. Um an Primar- und Sekundarschulen tätig sein zu können, braucht man in der Regel eine Ausbildung zur (staatlich geprüften) Lehrkraft. In Deutschland beispielsweise wird diese Ausbildung nach dem Referendariat mit dem Zweiten Staatsexamen abgeschlossen.

Sprachschulen

An vielen Sprachschulen oder anderen privaten Einrichtungen der Erwachsenenbildung braucht man einen vergleichbaren Abschluss nicht unbedingt, um als DaF-Lehrerin oder -Lehrer tätig sein zu können. Oft reichen in diesem Fall auch ein Hochschulabschluss (meist in Germanistik oder einer anderen Fremdsprache) und Lehrerfahrung.

Schulen im Ausland

Fertig ausgebildete Lehrkräfte können im Ausland an deutschen, österreichischen oder Schweizer Auslandsschulen, europäischen Schulen, bilingualen Schulen oder anderen Schulen des Gastlandes arbeiten.

Nicht nur deutschsprachige Schüler

Warum – fragen Sie sich vielleicht – haben deutsche, Schweizer oder österreichische Schulen im Ausland Bedarf an DaF-Lehrern? Dazu muss man wissen, dass nicht in allen Auslandsschulen, die Unterrichtssprache zwangsläufig Deutsch ist. Es gibt nämlich verschiedene Arten von Auslandsschulen, die von Einrichtungen in Deutschland, Österreich oder der Schweiz unterstützt werden. So unterrichten beispielsweise an deutsche Auslandsschulen vermittelte deutsche Lehrkräfte an (1) deutschsprachigen Auslandsschulen mit deutschem Schulziel, (2) zweisprachigen Schulen mit bikulturellem Schulziel, (3) landessprachigen Schulen mit verstärktem Deutschunterricht, der zum Sprachdiplom der Kultusministerkonferenz (KMK) führt, sowie an (4) schulischen Einrichtungen mit berufsorientiertem Schulziel. Solche Schulangebote richten sich nicht nur an Schülerinnen und Schüler mit Deutsch als Muttersprache.

Programme für Lehrpersonen

Für Lehrerinnen und Lehrer gibt es eine ganze Reihe von Programmen, die einen Auslandsaufenthalt und den Austausch zwischen einzelnen Ländern fördern. Die Programme richten sich oft an bereits fest angestellte Lehrpersonen. In diesem Fall laufen die Bewerbungen um eine Programmteilnahme meist über den Dienstweg. Doch es gibt auch Angebote für ausgebildete Lehrkräfte, die noch keine Anstellung haben.

Wie oben schon erwähnt, gibt es zwei „Sorten" Lehrkräfte, die hier unterschieden werden sollen: zum einen die Lehrerinnen und Lehrer an Primar- und Sekundarschulen, zum anderen diejenigen an Sprachschulen oder anderen (privaten) Einrichtungen der Erwachsenenbildung. An Primar- und Sekundarschulen unterrichten im Wesentlichen nur Lehrkräfte, die eine Berufsausbildung (mit staatlicher Anerkennung – etwa: Zweites Staatsexamen) hinter sich haben. An Sprachschulen haben auch Lehrkräfte ohne eine solche Ausbildung Chancen.

Für staatlich geprüfte Lehrkräfte gibt es relativ gute Möglichkeiten, an deutschen, österreichischen oder Schweizer Auslandsschulen und europäischen Schulen etc. zu arbeiten. Ihre Chancen auf eine Anstellung in diesem Bereich sind jedoch fast gleich null, wenn Sie nur über einen Hochschulabschluss (Erstes Staatsexamen, Magister oder Diplom) verfügen!

Deutschland

In Deutschland ist die Zentralstelle für das Auslandsschulwesen im Bundesverwaltungsamt für die Vermittlung deutscher Lehrkräfte ins Ausland zuständig. Dabei gibt es die Möglichkeiten, als Auslandsdienstlehrkraft (aus dem innerdeutschen Schuldienst beurlaubte Lehrkräfte) oder Bundesprogrammlehrkraft (noch nicht im innerdeutschen Schuldienst tätige Lehrkräfte oder aus dem innerdeutschen Schuldienst beurlaubte Lehrkräfte) oder als Fachberater/Koordinator vermittelt zu werden.

Auf der Homepage des Bundesverwaltungsamtes – Zentralstelle für das Auslandsschulwesen (www.auslandsschulwesen.de) finden Sie neben dem allgemeinen Vermittlungsangebot schulbezogene Stellenangebote für Auslandsdienstlehrkräfte, Bundesprogrammlehrkräfte und Schulleiterinnen und Schulleiter, Stellenangebote für Fachberater/Koordinatoren sowie Stellenangebote für Ortskräfte, die von den Schulen nach Landesrecht angestellt werden.

Auch die Kulturministerien der Bundesländer bieten Programme für den Lehreraustausch an. Unten werden einige dieser Programme vorgestellt. Sehen Sie sich aber auch die Homepages der Kultusministerien für jeweils aktuelle Informationen an.

Österreich

In Österreich verwaltet das Bundesministerium für Bildung, Wissenschaft und Kultur eine Reihe von Programmen für Lehrkräfte. Was in Deutschland „Fachberater“ heißt, nennt man übrigens in Österreich „Beauftragter für Bildungskooperation“. Nähere Informationen gibt es unter www.bmbwk.gv.at (unter den Stichworten „Bildung, Schulen“ und „Europa / Internationales“).

Deutsche Lehrer an Schulen im Ausland (ZfA)

Die Zentralstelle für das Auslandsschulwesen (ZfA) vermittelt Lehrerinnen und Lehrer als Auslandsdienstlehrkräfte und Bundesprogrammlehrkräfte an Schulen ins Ausland.

Auslandsdienstlehrkräfte

Jährlich werden rund 250 deutsche Auslandsdienstkräfte in den weltweiten Auslandsschuldienst vermittelt.

Gesucht werden vor allem Lehrkräfte mit der Lehrbefähigung für die Sekundarstufe I und/oder II für Deutsch und/oder eine moderne Fremdsprache und mit Unterrichtserfahrung in Deutsch als Fremdsprache sowie für naturwissenschaftliche Fächer. Die Altersgrenze liegt für den Zeitpunkt der Bewerbung beim vollendeten 45. Lebensjahr. Die Dauer der Auslandstätigkeit beträgt höchstens sechs Jahre.

Voraussetzungen

Die Voraussetzung für eine Vermittlung ist die Verbeamtung oder ein unbefristeter Angestelltenstatus. Zudem müssen Sie sich zwei Jahre im Landesschuldienst bewährt haben. Sie werden dann für die Zeit der Auslandslehrtätigkeit beurlaubt, schließen mit dem ausländischen Schulträger einen Dienstvertrag und erhalten vom Bund eine Zuwendung.

Den Antrag auf Vermittlung müssen Sie bei der für Sie zuständigen Landesschulbehörde stellen. Die zuständige Kultusbehörde entscheidet über die Weiterleitung an die Zentralstelle für das Auslandsschulwesen. Nähere Informationen enthält das Merkblatt „Auslandsdienstlehrkräfte", das Sie bei der Zentralstelle für das Auslandsschulwesen im Bundesverwaltungsamt anfordern können (Adresse unten). Es wird auch auf der Homepage der Zentralstelle (www.auslandsschulwesen.de) elektronisch zur Verfügung gestellt.

Bundesprogrammlehrkräfte

Als Bundesprogrammlehrkräfte können ausgebildete Lehrerinnen und Lehrer tätig werden, die noch keine Festanstellung im innerdeutschen Schuldienst haben oder aus dem innerdeutschen Schuldienst beurlaubt sind.

Die Zentralstelle für das Auslandsschulwesen vermittelt jährlich rund 150 bis 200 deutsche Lehrkräfte als Bundesprogrammlehrkräfte. Sie werden im Rahmen von Lehrerentsendeprogrammen vermittelt, vornehmlich nach Mittel- und Osteuropa, in die Türkei und nach Lateinamerika, aber auch nach Afrika und Südostasien und in die Gemeinschaft Unabhängiger Staaten (GUS). Sie schließen mit der jeweiligen Bildungseinrichtung einen Arbeitsvertrag ab und erhalten eine Zuwendung vom Bund.

In erster Linie soll durch den Einsatz von Programmlehrkräften dem Wunsch ausländischer Partner entsprochen werden, den Deutschunterricht, die Deutschlehreraus- und -fortbildung oder den deutschsprachigen Fachunterricht zu fördern. Von den Programmlehrkräften wird erwartet, dass sie ihren Unterricht nach methodisch-didaktisch modernsten Gesichtspunkten durchführen und Unterrichtsinhalte an einem umfassenden Deutschlandbild orientieren.

Noch nicht fest angestellte Lehrkräfte richten ihre Bewerbungen direkt an die ZfA (Adresse unten). Weitere Informationen finden Sie im Merkblatt „Bundesprogrammlehrkräfte", das dort erhältlich ist. Auf der Homepage (www.auslandsschulwesen.de) wird es elektronisch zur Verfügung gestellt.

Fachberater/Koordinatoren

Fachberaterinnen und Fachberater bzw. Koordinatorinnen und Koordinatoren betreuen Deutschunterricht und deutschsprachigen Fachunterricht an Schulen, an denen Prüfungen zum Sprachdiplom der Kultusministerkonferenz (KMK) oder die Zentrale Deutschprüfung / Aufbaustufe durchgeführt werden. Sie betreuen Schulen, die finanziell durch die ZfA gefördert werden, und koordinieren den Einsatz von Bundes- und Landesprogrammlehrkräften.

Dauer

Sie schließen einen Arbeitsvertrag mit dem Bundesverwaltungsamt. Die Eingangsvertragsdauer von drei Jahren kann unter Umständen um weitere drei Jahre verlängert werden, in besonderen Fällen darüber hinaus nochmals um zwei Jahre. Die Gesamtdauer der Auslandstätigkeit beträgt also höchstens acht Jahre. Die geplante Besetzung von Koordinatorenstellen durch Auslandsdienstlehrkräfte wird in der Regel durch Anzeigen in überregionalen Zeitungen bekannt gegeben.

Als Altersgrenze für die Bewerbung auf diese Funktionsstellen (neben Fachberater/Koordinatoren auch Schulleiter) gilt die Vollendung des 57. Lebensjahres zum Zeitpunkt des vorgesehenen Dienstantritts.

Ortskraft

Daneben gibt es noch die Möglichkeit, als Ortskraft für ein paar Jahre als Lehrerin oder Lehrer im Ausland zu arbeiten. Die Ortskräfte werden von den Schulen im Ausland nach Landesrecht angestellt. Über die Einzelheiten der vertraglichen Vereinbarungen (Unterrichtsverpflichtung, Gehalt usw.) müssen Sie mit der Schule direkt verhandeln.

Die Schulen erwarten, dass Sie die Sprache Ihres Gastgeberlandes, sofern Sie sie nicht bereits beherrschen, in angemessener Zeit erlernen. Handelt es sich um eine besonders schwierige Sprache, sollten Sie sich ausreichende Kenntnisse der dort verwendeten europäischen Verkehrssprache und zumindest Grundkenntnisse der Landessprache aneignen.

Für eine Stelle als Ortskraft können Sie sich bei der Zentralstelle für das Auslandsschulwesen oder auch direkt bei einer Schule bewerben. Konkrete Stellenangebote der Schulen finden Sie auf der Homepage der ZfA.

Ortskräfte, die im öffentlichen Dienst beschäftigt sind, müssen vor Aufnahme ihrer Tätigkeit im Ausland Folgendes beachten: In einigen Bundesländern besteht die Möglichkeit, auch als Ortskraft für den Auslandsaufenthalt beurlaubt zu werden. Unter bestimmten Voraussetzungen kann die Beschäftigung als Ortskraft auf die Dienstzeit angerechnet werden.

Bewerbungsunterlagen für alle Programme und weitere Informationen gibt es bei der Zentralstelle für das Auslandsschulwesen:

Bundesverwaltungsamt
Zentralstelle für das Auslandsschulwesen

Barbarastr. 1 *D-50728 Köln*	*Tel.: +49 (18 88) 3 58-36 66* *Fax: +49 (18 88) 3 58-36 67* *E-Mail:* *zfa.bewerbung@bva.bund.de* *www.auslandsschulwesen.de*

Lehreraustausch mit Frankreich, Spanien und den USA (PAD)

Der Pädagogische Austauschdienst (PAD) koordiniert seit 1952 den bilateralen Lehreraustausch. Das Programm „Lehreraustausch mit Frankreich, Spanien und den USA“ wurde zur Fortbildung deutscher Lehrkräfte, überwiegend Fremdsprachenlehrerinnen und -lehrer, eingerichtet. Es soll den Deutschunterricht im Ausland durch den Tausch des Arbeitsplatzes der deutschen und ausländischen Lehrkraft mit Übernahme der vollen Unterrichtsverpflichtung fördern. Durchschnittlich nehmen pro Schuljahr 40 bis 50 Lehrkräfte an diesem Programm teil.

Für angestellte Lehrkräfte für Fremdsprachen

Das Programm richtet sich an Lehrer im Angestellten- oder Beamtenverhältnis in Deutschland. Teilnehmen können Lehrkräfte für Fremdsprachen aller Schulformen der Sekundarstufen I und II mit mindestens dreijähriger Berufserfahrung. Für den deutsch-amerikanischen Lehreraustausch sind auch Bewerbungen von Lehrkräften anderer Fächer möglich, sofern sehr gute Englischkenntnisse nachgewiesen werden können.

Der Austausch umfasst in der Regel ein ganzes Schuljahr, für Austauschmaßnahmen mit Frankreich sind auch kürzere Zeiträume – drei Monate bzw. sechs Wochen – und für Spanien drei Monate möglich.

Dauer

Während des Austauschs werden die Heimatgehälter unverändert weitergezahlt. Der deutsch-amerikanische Lehreraustausch wird von der Fulbright-Kommission durch Reisestipendien und gegebenenfalls durch eine monatliche Aufwandsentschädigung zusätzlich gefördert.

Gehalt

Obwohl ich das amerikanische Schulsystem von der Theorie her kannte, war es doch eine ganz neue Erfahrung, darin zu arbeiten. Jeder Tag brachte neue Herausforderungen und Probleme mit sich, und das auf Gebieten wie Schülerverhalten, Erwartungshaltung dem Lehrer gegenüber, Leistungsniveau, Unterrichtsmethoden oder Organisation des Schulalltags.
Eva, deutsche Austauschlehrerin in den USA (1996/97)

Anträge für die Teilnahme am Austauschprogramm müssen auf dem Dienstweg an den PAD gestellt werden. Für die Länder Frankreich und Spanien müssen die Anträge in der zweiten Novemberhälfte, für die USA in der ersten Junihälfte bei den zuständigen Kultusministerien bzw. Senatsverwaltungen eingereicht werden.

Bewerbung

Nähere Informationen erteilt der PAD.

Sekretariat der Ständigen Konferenz der Kultusminister der Länder in der BRD – Pädagogischer Austauschdienst

Postfach 22 40	*Tel.: +49 (2 28) 5 01-0 und -408*
D-53012 Bonn	*Fax: +49 (2 28) 5 01-2 59*
	E-Mail: pad@kmk.org
	www.kmk.org/pad/home.htm

Hospitationen in Frankreich und Großbritannien (PAD)

Der Pädagogischer Austauschdienst (PAD) vermittelt zur Förderung der deutschen Fremdsprachenlehrerinnen und -lehrer Hospitationen in Frankreich und Großbritannien. Zudem soll durch dieses Programm der Deutschunterricht im Ausland gefördert werden. Durchschnittlich nehmen pro Schuljahr ca. 180 Lehrkräfte diese Möglichkeit der Fortbildung wahr.

Für angestellte Lehrkräfte

Teilnehmen können angestellte deutsche Lehrkräfte für Englisch oder Französisch aller Schulformen der Sekundarstufen I und II mit mindestens dreijähriger Berufserfahrung und Lehrpersonen aus dem Grundschulbereich, die Frühunterricht Englisch oder Französisch erteilen. Deutsche Lehrkräfte für Englisch oder Französisch hospitieren dabei an Schulen in England/Wales oder Frankreich. Sie beobachten und gestalten den Unterricht mit und bilden sich dadurch sprachlich, landeskundlich sowie methodisch-didaktisch fort. Zudem bereichern sie als Muttersprachler und landeskundliche Experten den Fremdsprachenunterricht ihrer Gastschule.

Dauer

Die Hospitationsbesuche erstrecken sich in der Regel auf einen Zeitraum von drei Wochen im Herbst oder Frühjahr. Die Termine werden mit den Koordinierungsstellen in Frankreich und Großbritannien vereinbart und in den entsprechenden Programmausschreibungen der Kultusministerien bzw. Senatsverwaltungen bekannt gegeben.

Ohne Zuschüsse

Die Kosten für den Aufenthalt müssen die Lehrkräfte selbst tragen. Der PAD gewährt keine Zuschüsse.

Bewerbungen

Anträge für die Teilnahme an diesem Programm müssen auf dem Dienstweg an den PAD gestellt werden. Weitere Informationen und Bewerbungsformulare sind beim PAD erhältlich – Adresse oben; Tel.: +49 (2 28) 5 01-2 25.

Lehreraustauschprogramm USA (ZAV)

Das „School Teachers Exchange Program“ (STEP) wendet sich an Lehrkräfte mit Lehrbefähigung (unabhängig von Fächern und Schulstufen) für das allgemein bildende Schulwesen. Das Programm wird gemeinschaftlich von der Zentralstelle für Arbeitsvermittlung (ZAV) und der Checkpoint Charlie Stiftung in Berlin durchgeführt.

Für ausgebildete Lehrer

Voraussetzung für die Teilnahme ist der Abschluss des Zweiten Staatsexamens für das Lehramt sowie die deutsche Staatsangehörigkeit. STEP richtet sich gleichermaßen an im Dienst stehende bzw. fest angestellte Lehrkräfte bei Beurlaubung ihrer Dienstbehörde, arbeitslose oder von der Arbeitslosigkeit bedrohte oder ausbildungsfremd beschäftigte Lehrkräfte.

Englisch ist überwiegend die Unterrichtssprache, daher werden gute bis sehr gute Englischkenntnisse vorausgesetzt. Im Bereich Deutsch als Fremdsprache werden nur sehr wenige Stellen vermittelt.

Das Programm kann ein bis drei Jahre dauern. Vermittelt wird zurzeit an Schulen in Texas. Vermittlungen in weitere Bundesstaaten wie zum Beispiel nach Missouri oder South Carolina waren früher innerhalb des Programms möglich, sie sind derzeit aber nicht realisierbar. Die Reisekosten müssen Sie selbst tragen. Die Lebenshaltungskosten sind durch das Arbeitsentgelt gedeckt.

Bewerbung

Die Bewerbungsfrist endet in der Regel am 15. Januar. Einen Bewerbungsbogen können Sie bei der ZAV anfordern.

Zentralstelle für Arbeitsvermittlung (ZAV)
Internationaler Arbeitsmarkt – Team 211
Stichwort: „Lehreraustausch USA"

D-53123 Bonn	*Tel.: +49 (2 28) 7 13-11 94* *(Ruth Zeidler)* *Tel.: +49 (2 28) 7 13-10 89* *(Jana Karkowski)* *E-Mail:* *Ruth.Zeidler@arbeitsagentur.de* *und* *Jana.Karkowski@arbeitsagentur.de*

Checkpoint Charlie Stiftung – STEP-Programm

Wolfensteindamm 9 *D-12165 Berlin*	*Tel.: +49 (30) 84 49 06-0* *(Andrea Goldmann)* *Fax: +49 (30) 84 49 06-20* *E-Mail: Step@cc-stiftung.de* *www.lehrer-nach-amerika.de*

Lehreraustausch in die USA (Amity)

Das Amity Institute ist eine Nonprofit-Organisation, die die Völkerverständigung über den Weg des Austauschs von Lehrkräften fördern will. Das Institut unterstützt mit mehreren Programmen ausländische Lehrkräfte, die in Schulen der USA unterrichten wollen.

Nur in begrenztem Umfang werden im Rahmen dieses Programms auch Lehrkräfte für Deutsch als Fremdsprache vermittelt.

Für ausgebildete Lehrer

Das „Exchange Teacher program" wendet sich an ausgebildete Lehrkräfte und bietet ihnen die Möglichkeit, bis zu drei Jahre an Schulen im Primar- und Sekundarbereich zu arbeiten. Neben sehr guten Englischkenntnissen sind drei Jahre Unterrichtserfahrung Voraussetzung.

Nähere Informationen erhalten Sie beim:

Amity Institute

3065 Rosecrans Place	*Tel.: +1 (6 19) 2 22-70 00*
Suite 104	*Fax: +1 (6 19) 2 22-70 16*
San Diego, California, 92110	*E-Mail: teachers@amity.org*
USA	*www.amity.org*

Graduate Teacher Program (British Council)

In einem gemeinsamen Programm bieten der British Council und das Center for Information on Language Learning and Research (CiLT) gut qualifizierten Interessenten aus Deutschland und Österreich die Chance, für etwa ein Jahr als Lehrerin oder Lehrer an britischen Schulen Deutsch und möglichst noch eine weitere Sprache zu unterrichten.

In diesem Pilotprojekt werden Lehrkräfte sofort für den Unterricht eingesetzt. Berufsbegleitende Abschnitte pädagogisch-didaktischer Ausbildung sind integraler Bestandteil des Programms.

Für Graduierte

Das Programm wendet sich an Graduierte (Magister, Diplom oder Erstes Staatsexamen) in den Fächern Germanistik oder Deutsch als Fremdsprache, Englisch oder einer anderen europäischen Sprache.

Zudem sind sehr gute Kenntnisse der englischen Sprache, mündlich sowie schriftlich, unabdingbar. Unterrichtserfahrung und ein früherer (nicht nur touristischer) Aufenthalt in Großbritannien sind wünschenswert. Das Mindestalter ist 24 Jahre.

Bewerbung

Das Gehalt beträgt jährlich 13.500 £ (brutto). Die Bewerbungsfrist endet in der Regel Ende März. Die Unterlagen können von der Homepage des British Council heruntergeladen werden. Weitere Informationen gibt es unter www.britishcouncil.org/education/teachers/gtp.htm und www.cilt.org.uk/training/gtp.htm und bei:

Graduate Teacher Program – Teachers Team
Education and Training Group – British Council

10 Spring Gardens *UK-London SW1A 2BN*	*Tel.: +44 (20) 73 89 44 47* *Fax: +44 (20) 73 89 44 26* *E-Mail: teachers.programmes@britishcouncil.org*

Österreichische Bewerber wenden sich an:

Graduate Teacher Program
Bundesministerium für Wissenschaft, Bildung und Kultur
III/6c – Internationale Austauschprogramme
Dr. Nikolaus Douda

Concordiaplatz 1 *A-1010 Wien*	*Tel.: +43 (1) 5 31 20-33 01* *Fax: +43 (1) 5 31 20-81-33 01* *E-Mail: nikolaus.douda@bmbwk.gv.at*

Deutsche Bewerber wenden sich an:

Graduate Teacher Program – Goethe-Institut London

50 Princes Gate *Exhibition Road* *UK-London SW7 2PH*	*Tel.: +44 (20) 75 96 40 31* *Fax: +44 (20) 75 94 02 17* *E-Mail: teacherservice@london.goethe.org*

Der British Council bietet – wenn auch nicht in jedem Jahr – noch weitere Programme an. Darunter ist auch das „Overseas Qualified Teacher Program“ (OQTP), das fertig ausgebildeten Lehrkräften die Möglichkeit bietet, für mindestens zwei Jahre an einer britischen Schule zu unterrichten. Informationen unter www.britishcouncil.org („Education“)

Assistenzlehrkräfte in den Niederlanden

Die „Europäische Plattform für das Niederländische Schulwesen“ führt im Auftrag des niederländischen Kultusministeriums zusammen mit der Lehrerausbildung der Universität von Utrecht, dem Expertisecentrum Utrecht und in- und ausländischen Partnern das Stipendienprogramm Assistenzlehrkraft für Deutsch durch. Das zweijährige Programm „Vom Assistenten zum Deutschlehrer“ bietet einen Einstieg in den Lehrerberuf in den Niederlanden.

Für Graduierte

Bewerben können sich Muttersprachler aus Österreich und Deutschland mit einem abgeschlossenen Studium Deutsch oder Deutsch als Fremdsprache (Lehramt, Diplom oder Magister), vorzugsweise mit Erfahrung im DaF-Bereich, sowie Lehrkräfte mit einem Fremdsprachenfach und DaF-Zusatzausbildung und/oder -Erfahrung. Die Interessenten sollten flexibel, interkulturell aufgeschlossen und bereit sein, die niederländische Sprache in kürzester Zeit zu erlernen.

Programmablauf

Im ersten Jahr assistieren die zehn Teilnehmerinnen und Teilnehmer an Sekundarschulen und werden daneben intensiv weitergebildet, so dass sie sich für das zweite Projektjahr um eine reguläre Teilzeitstelle an einer Schule als Deutschlehrkraft in den Niederlanden bewerben können.

Für die ersten zwölf Monate steht ein Stipendium zur Verfügung – in Höhe von 700 € [netto] pro Monat plus einer einmaligen Umzugszulage sowie kostenfreier Teilnahme an Sprachkursen und dem intensiven Weiterbildungsprogramm. Ab dem zweiten Jahr zahlt die jeweilige Schule ein reguläres Gehalt (ab dann greift auch die niederländische Sozial- und Arbeitsversicherung). Da in den Niederlanden Lehrermangel herrscht, sind die Berufsaussichten für erfolgreiche Absolventen sehr gut; eine Stellengarantie kann allerdings vorab nicht gegeben werden.

Bewerbungsschluss ist am 1. März. Weitere Informationen gibt es auch bei:

Europees Platform voor het Nederlandse Onderwijs
Frau Claudia Gronau

Nassauplein 8 *NL-1815 GM Alkmaar*	*Tel.: +31 (72) 5 11 85 02* *Fax: +31 (72) 5 15 12 21* *E-Mail:* *c.gronau@europeesplatform.nl* *www.europeesplatform.nl und* *www.austausch.nl*

Bewerber aus Österreich können sich auch wenden an:

Bundesministerium für Bildung, Wissenschaft und Kultur
III/6c – Internationale Austauschprogramme
Dr. Nikolaus Douda

Concordiaplatz 1 *A-1010 Wien*	*Tel.: +43 (1) 5 31 20-34 62* *Fax: +43 (1) 5 31 20-33 99* *E-Mail:* *nikolaus.douda@bmbwk.gv.at* *www.bmbwk.gv.at*

Deutsch-Französischer Grundschullehreraustausch (DFJW)

Zur Erweiterung der Berufserfahrung und der Sprachkenntnisse sowie zur Verbesserung und Intensivierung des deutschen Sprachunterrichts an französischen Grundschulen bietet das Deutsch-Französische Jugendwerk (DFJW) ein Programm für Grundschullehrerinnen und -lehrer an.

Für ausgebildete Grundschullehrer

Bewerben können sich Grundschullehrerinnen und -lehrer mit abgeschlossener Ausbildung, die bereits in festem Vertragsverhältnis eine Tätigkeit als Lehrkraft ausgeübt haben. Zudem werden Grundkenntnisse in der französischen Sprache verlangt.

Das Programm dauert ca. ein Jahr (Beginn: 1. August) und umfasst neben der Unterrichtstätigkeit einen Sprachkurs und einen pädagogischen Einführungskurs sowie Fortbildungsseminare zum Thema interkulturelles Lernen.

Das DFJW trägt die Kosten für den Sprach- und Einführungskurs sowie für die Fortbildungsseminare. Zudem gewährt es einen Reisekostenzuschuss. Der Aufenthalt wird ansonsten durch Gehaltsfortzahlung des zuständigen Kultusministeriums finanziert.

Bewerbung

Grundschullehrerinnen und -lehrer aus den deutschen Bundesländern Baden-Württemberg, Bayern, Berlin, Brandenburg, Hessen, Mecklenburg-Vorpommern, Nordrhein-Westfalen, Rheinland-Pfalz, Saarland, Sachsen, Thüringen wenden sich für eine Bewerbung an die zuständigen Ministerien. Bewerber aus anderen Bundesländern erhalten Auskunft beim DFJW.

Deutsch-Französisches Jugendwerk (DFJW)

Molkenmarkt 1	*Tel.: +49 (30) 28 87 57-0*
D-10179 Berlin	*Fax: +49 (30) 28 87 57-88*
	E-Mail: info@dfjw.org und granoux@dfjw.org
	www.dfjw.org

Landeslehrerentsendeprogramm MOE/GUS der Kultusministerien

MOE und GUS

Das Landeslehrerentsendeprogramm MOE/GUS ist entstanden, weil durch die Freistellung der Wahl der Fremdsprachen (infolge der Demokratisierung in Mittel-, Ost- und Südosteuropa sowie in den Staaten auf dem Gebiet der ehemaligen Sowjetunion) ein erheblicher Bedarf an deutschsprachigem Unterricht entstanden ist, der kurzfristig nicht durch einheimische Lehrkräfte abgedeckt werden kann.

Seit 1989 werden Lehrkräfte in folgende Länder entsandt: Albanien, Armenien, Aserbaidschan, Bulgarien, Estland, Georgien, Kasachstan, Kirgistan, Kroatien, Lettland, Litauen, Moldawien, Polen, Rumänien, Russische Föderation, Slowakische Republik, Tschechische Republik, Ukraine, Usbekistan und Weißrussland. Der Einsatz der Lehrkräfte erfolgt schwerpunktmäßig an Schulen mit einem Profilzweig „Deutsches Sprachdiplom", darüber hinaus aber auch an Lehreraus- und -fortbildungseinrichtungen sowie an Grundschulen in Minderheitengebieten.

Für angestellte Lehrer

Das Landeslehrerentsendeprogramm MOE/GUS wendet sich an Lehrerinnen und Lehrer, die die Erste und Zweite Staatsprüfung für ein Lehramt mit Erfolg abgelegt haben, im inländischen Schuldienst als Beamte auf Lebenszeit oder unbefristet angestellt tätig sind und sich bewährt haben. Kenntnisse der Sprache des Gastlandes sollten erworben werden. Die größten Vermittlungschancen haben Lehrerinnen und Lehrer der Sekundarstufe I und II mit Unterrichtserfahrung in Deutsch und in Deutsch als Fremdsprache (DaF) oder in einer modernen Fremdsprache.

Rahmenbedingungen

Die Entsendung als Landesprogrammlehrkraft beinhaltet eine Tätigkeit mit voller Stundenzahl. Die Lehrkräfte sind verpflichtet, wöchentlich bis zu 25 Unterrichtsstunden in deutscher Sprache zu erteilen. Landesprogrammlehrkräfte werden bei Wahrung ihrer Rechte unter Fortgewährung der Leistungen des Dienstherrn für die Dauer der Auslandstätigkeit beurlaubt (gilt für Beamte und Angestellte gleichermaßen). Sie schließen einen Arbeitsvertrag mit der Schule vor Ort ab und haben damit die rechtliche Stellung eines einheimischen Arbeitnehmers. Ihr Dienstherr bleibt das beurlaubende Bundesland. Der Arbeitsvertrag gilt zunächst für ein Schuljahr, kann aber auf insgesamt höchstens sechs Jahre verlängert werden. Für Ihre Tätigkeit erhalten Sie ein ortsübliches Gehalt sowie Zuwendungen des für Sie zuständigen Kultusministeriums.

Die Bewerbungen erfolgen über den Dienstweg an die jeweils zuständige oberste Landesbehörde. Am Landeslehrerentsendeprogramm sind alle Bundesländer beteiligt. Nähere Informationen erhalten Sie beim Kultusministerium Ihres Bundeslandes.

NRW-Programm für pensionierte Lehrkräfte

Mittel- und Osteuropa

Da wegen des Interesses an der deutschen Sprache in den mittel- und osteuropäischen Ländern die Nachfrage das Angebot an qualifiziertem Deutschunterricht übersteigt, will die NRW-Landesregierung durch die Entsendung pensionierter Lehrkräfte aller Schulformen den Unterrichtsverwaltungen der mittel- und osteuropäischen Staaten, insbesondere Polens, helfen.

Pensionierte Lehrkräfte

Das Land Nordrhein-Westfalen vermittelt pensionierte Lehrkräfte, die bereit sind, ihre langjährige Berufserfahrung in diese neue Aufgabe einzubringen. Im Auftrag der Staatskanzlei NRW und unter der schulfachlichen Aufsicht des Ministeriums für Schule, Jugend und Kinder organisiert das Landesinstitut für Qualifizierung NRW federführend das NRW-Seniorenlehrerprogramm.

Rahmenbedingungen

Das Programm für pensionierte Lehrkräfte existiert seit 1996. Alle in diesem Programm entsandten Lehrkräfte haben ihre aktive Dienstzeit bereits beendet. Sie stammen überwiegend aus NRW, aber auch aus anderen Bundesländern. Neben den regulären Pensionszahlungen erhalten die Seniorenlehrkräfte vor Ort von den einsetzenden Institutionen ein ortsübliches Gehalt und eine Wohnung. Sie erhalten darüber hinaus vom Landesinstitut für Qualifizierung NRW eine geringe Kostenpauschale.

Zurzeit sind 15 Lehrkräfte im DaF-/DaZ-Unterricht an Schulen in Polen (Oberschlesien) und Tschechien (Böhmen und Mähren) eingesetzt. Die Pensionäre bleiben in der Regel ein bis drei Jahre vor Ort. Der Einsatz erfolgt an Grund- und Sekundarschulen, an Lehrerausbildungsinstituten, Universitäten oder Handelsakademien. Neben der eigentlichen Unterrichtstätigkeit können von den Lehrkräften zusätzliche Aufgaben (Theatergruppen, Workshops, Schülerzeitungen, Wettbewerbe etc.) übernommen werden.

Landesinstitut für Qualifizierung (LfQ NRW)

Kölner Str. 8	*Tel.: +49 (2 12) 2 22 20-16 und -00*
D-42651 Solingen	*Fax: +49 (2 12) 2 22 20-48*

Österreichische Lehrer an Schulen im Ausland (BMBWK)

Istanbul, Guatemala-Stadt, Budapest, Prag – das sind die Standorte österreichischer Schulen, an denen österreichische Lehrkräfte nach österreichischem Lehrplan unterrichten. Deutschsprachige Schulen, an denen österreichische Lehrerinnen und Lehrer eingesetzt werden können, befinden sich auf der ganzen Welt.

In unregelmäßigen Abständen – im Allgemeinen zweimal im Jahr – werden Stellen für österreichische Lehrerinnen und Lehrer mit der Lehramtsprüfung für höhere Schulen an Schulen im Ausland ausgeschrieben. Die Ausschreibungen werden dann vom Bundesministerium für Bildung, Wissenschaft und Kultur (BMBWK) über die Landesschulräte an alle Schulen Österreichs gerichtet.

Für angestellte Lehrer

Zielgruppe des Programms sind Volks- und Hauptschullehrkräfte (für eine Bewerbung am Instituto Austriaco Guatemalteco und an der Österreichisch-Ungarischen Europaschule in Budapest) sowie Lehrkräfte an höheren Schulen – in allen Fällen mit unbefristetem Dienstverhältnis und einer mehrjährigen Unterrichtserfahrung in den ausgeschriebenen Fächern.

Für eine Verwendung am Instituto Austriaco Guatemalteco (IAG) sind zudem Spanischkenntnisse erwünscht. Lehrkräfte aus dem Pflichtschulbereich können sich nur für eine Verwendung am IAG, an der Österreichisch-Ungarischen Europaschule Budapest oder für eine europäische Schule bewerben.

Bei einer Versetzung bzw. Dienstzuweisung ins Ausland werden die Rechte, die von der Dauer des Dienstverhältnisses abhängen, gewahrt. Auch der Anspruch auf eine Planstelle in Österreich bleibt erhalten. Sie erhalten Ihr österreichisches Gehalt und Auslandszulagen. Die Sozialversicherung bleibt bestehen. Die Dauer des Aufenthalts ist auf mindestens zwei und höchstens acht (an europäischen Schulen: neun) Jahre festgelegt. Die Kosten für die Übersiedlung werden ganz oder teilweise übernommen.

Rahmenbedingungen

Bewerbungsunterlagen sind bei den Landesschulräten bzw. beim Stadtschulrat für Wien oder direkt beim BMBWK erhältlich und auf dem Dienstweg an das BMBWK zurückzusenden.

Bundesministerium für Bildung, Wissenschaft und Kultur
Abteilung III/6

Concordiaplatz 1 *A-1010 Wien*	*Tel.: +43 (1) 5 31 20-33 00 (allgemeine Fragen)* *Tel.: +43 (1) 5 31 20-33 02 und -33 54 (dienst-/besoldungsrechtl. Fragen)* *Fax: +43 (1) 5 31 20-33 99* *E-Mail: heidrun.strohmeyer@bmbwk.gv.at (allgemeine Fragen)* *E-Mail: erich.jedloutschnig@bmbwk.gv.at (dienst-/besoldungsrechtl. Fragen)* *www.bmbwk.gv.at*

Lehrkräfte an bilingualen Schulen in Nachbarländern (BMBWK)

Das österreichische Projekt „Bilinguale Schulen in der Slowakei, in Tschechien und Ungarn" läuft seit über zehn Jahren.

Lehrkräfte an zweisprachigen Schulen in der Slowakei, Tschechien und Ungarn tragen in besonderer Weise zur Förderung der deutschen Sprache und der Vermittlung österreichischer Landeskunde in den Nachbarländern bei. Sie werden vor allem für den Deutschunterricht eingesetzt, aber auch für den deutschsprachigen Unterricht in Geographie, Biologie, Mathematik, Physik, Chemie sowie in betriebswirtschaftlichen Fächern. Stellen werden in Bratislava, Mezöbereny, Mosonmagyarovar, Nagykallo, Siofok, Sternberk, Tabor und Znaim ausgeschrieben.

Slowakei, Tschechien, Ungarn

Für ausgebildete Lehrer und Unterrichtspraktikanten

Bewerben können sich Lehrerinnen und Lehrer mit abgeschlossener Lehramtsprüfung für höhere Schulen sowie Anfänger (Unterrichtspraktikanten).

Rahmenbedingungen

Für die Dauer des Auslandsaufenthalts wird Sonderurlaub unter Beibehaltung der Bezüge gewährt. Die Dienstzeit an einer bilingualen Schule wird für Rechte, die von der Dauer des Dienstverhältnisses abhängen, angerechnet. Es besteht weiterhin österreichischer Sozialversicherungsschutz.

Nähere Informationen gibt es beim Bundesministerium für Bildung, Wissenschaft und Kultur (Adresse und Ansprechpartner wie oben).

Beauftragte für Bildungskooperation (BMBWK)

Aufgaben

Den österreichischen Beauftragten für Bildungskooperation kommt eine wichtige Rolle hinsichtlich der Förderung der deutschen Sprache und der Vermittlung von österreichischer Landeskunde und Literatur zu. Sie unterstützen die Arbeit der lokalen Deutschlehrkräfte an höheren Schulen und Universitäten mit fachdidaktischen und landeskundlichen Materialien sowie mit der Organisation von Lehrerfortbildungsveranstaltungen an Universitäten und/oder pädagogischen Institutionen.

Die Beauftragten für Bildungskooperation sind im Auftrag des BMBWK in den Reformstaaten Zentral-, Ost- und Südosteuropas tätig, um diese bei den Reformen im Bildungssektor (schulischer Bereich) zu unterstützen.

Die Anzahl der Beauftragten für Bildungskooperation hängt von den zur Verfügung stehenden finanziellen Mitteln ab. Beauftragte für Bildungskooperation leiten zurzeit die „k-education"-Projektbüros in Belgrad, Bratislava, Brno, Budapest, Bukarest, Sarajewo, Skopje, Sofia, St. Petersburg, Tirana und Zagreb (www.k-education.at). Dieses Kooperationsmodell wird in enger Zusammenarbeit mit dem Verein Kulturkontakt Austria realisiert (www.kulturkontakt.or.at).

Für angestellte Lehrer

Bewerben können sich Lehrerinnen und Lehrer an höheren Schulen mit unbefristetem Dienstverhältnis und einer mehrjährigen Unterrichtserfahrung.

Für die Arbeit der Beauftragten für Bildungskooperation wird ein Sondervertrag für mindestens ein bis höchstens acht Jahre abgeschlossen. Die Beauftragten erhalten ein österreichisches Gehalt und Auslandszulagen; die österreichische Sozialversicherung bleibt bestehen. Bewerbungsunterlagen sind im Dienstweg einzureichen. Nähere Informationen gibt es beim Bundesministerium für Bildung, Wissenschaft und Kultur (Adresse und Ansprechpartner wie oben).

Rahmenbedingungen

Bilateraler Lehreraustausch (BMBWK)

Das österreichische Programm „Bilateraler Lehreraustausch" bietet Lehrkräften die Möglichkeit, an einer Sekundarschule in Frankreich oder Großbritannien ein Jahr nach den Gesetzen des Gastlandes selbstständig Deutsch zu unterrichten. Dabei übernimmt man die Lehrverpflichtung eines französischen bzw. britischen Partners (mit allen anderen Pflichten) und ist somit voll in die Schulgemeinschaft integriert.

Frankreich, Großbritannien

Zielgruppe für dieses Austauschprogramm sind Vertragslehrerinnen und -lehrer mit unbefristetem Vertrag und ernannte Lehrerinnen und Lehrer (vorzugsweise mit den Fächern Englisch bzw. Französisch und Deutsch) mit mehrjähriger Unterrichtserfahrung. Bewerber müssen eine volle Lehrverpflichtung (17 Stunden) im Fach Französisch bzw. Englisch an ihrer Schule in Österreich zur Verfügung stellen können.

Für angestellte Lehrer

Es steht jedem österreichischen Interessenten frei, in Eigeninitiative (zum Beispiel durch Annoncen in Lokalzeitungen oder im Internet) einen geeigneten Partner in Großbritannien bzw. Frankreich zu suchen. Die Anzahl der Austauschprojekte ist je nach den vorhandenen finanziellen Ressourcen beschränkt (derzeit maximal fünf pro Land).

Partnersuche

Der Aufenthalt im Gastland dauert ein Schuljahr. Der Dienstort hängt allein vom Dienstort des Tauschpartners ab. Sie erhalten Ihr österreichisches Gehalt weiterhin und zusätzlich Auslandszulagen. Zudem bleibt Ihnen Ihre Planstelle in Österreich erhalten.

Rahmenbedingungen

Es ist auch möglich, den Aufenthalt auf drei Monate (Oktober bis Dezember) zu beschränken. Dabei wird Ihnen ein Sonderurlaub unter Beibehaltung der Bezüge (ohne weitere Zulagen) gewährt. Ansonsten gelten für die Kurzform des Programms die gleichen Bedingungen wie für ein ganzes Austauschschuljahr.

Kurzform

Bewerbungsunterlagen sind bei den Landesschulräten bzw. beim Stadtschulrat für Wien oder beim Bundesministerium für Unterricht und Kunst erhältlich und auf dem Dienstweg an das Bundesministerium für Bildung, Wissenschaft und Kultur (BMBWK) zu übermitteln. Die Bewerbungen müssen für das folgende Schuljahr bis zum 30. November eingegangen sein.

Bundesministerium für Bildung, Wissenschaft und Kultur III/6c – Internationale Austauschprogramme

Concordiaplatz 1 *A-1010 Wien*	*Tel.: +43 (1) 5 31 20-34 62* *(Dr. Nikolaus Douda)* *Tel.: +43 (1) 5 31 20-33 07* *(Alexandra Mader)* *Fax: +43 (1) 5 31 20-33 99* *E-Mail:* *nikolaus.douda@bmbwk.gv.at* *und* *alexandra.mader@bmbwk.gv.at* *www.bmbwk.gv.at*

Pädagogische Aufenthalte in Schweden (BMBWK)

Das österreichische Programm „Pädagogische Aufenthalte in Schweden“ bietet Lehrkräften eine gute Möglichkeit, das schwedische Schulsystem und die schwedische Kultur kennen zu lernen und gleichzeitig österreichische Sprach- und Kulturkunde an verschiedenen schwedischen Schulen zu vermitteln. Seit mehr als 15 Jahren gibt es diese Möglichkeit für einen zweimonatigen Aufenthalt in Schweden.

Für angestellte Lehrer

Die Zielgruppe des Programms sind Professorinnen und Professoren sowie Vertragslehrkräfte, die die Lehramtsprüfung aus Deutsch und einem zweiten Fach, insbesondere einer Fremdsprache oder Geschichte bzw. Geographie, abgelegt haben und im Entsendungsschuljahr in keiner Maturaklasse (Abschlussklasse) unterrichten.

Aufgaben

Aufgaben der vermittelten Lehrkräfte sind kommunikativer Deutschunterricht und die Vermittlung von österreichischer Landes- und Kulturkunde an verschiedenen Schulen. Zudem führen sie Veranstaltungen im Rahmen der Lehrerfortbildung über in Österreich aktuelle Themen durch.

Bei diesem zweimonatigen Aufenthalt (September bis November oder März bis Mai) sind Sie im Allgemeinen jeweils eine Woche an einer Schule, d.h., man sieht meist eine Klasse nur einmal. Pro Jahr stehen dabei nur vier Stellen zur Verfügung. Ihr österreichisches Gehalt wird Ihnen (ohne Zulagen) weitergezahlt. Sie erhalten für Ihren Einsatz in Schweden Sonderurlaub, damit bleibt Ihr Versicherungsschutz bestehen. Die schwedische Seite kommt für die Reisekosten sowie für die Unterkunft auf und leistet einen Kostenbeitrag zur Verpflegung.

Rahmenbedingungen

Bewerbungsunterlagen sind bei den Landesschulräten bzw. beim Stadtschulrat für Wien oder beim Bundesministerium für Bildung, Wissenschaft und Kultur (auch auf der Homepage) erhältlich und müssen auf dem Dienstweg an das BMBWK übermittelt werden. Die Bewerbungen müssen für das folgende Schuljahr bis zum 30. November eingereicht werden. Nähere Informationen gibt es beim BMBWK (Adresse und Ansprechpartner wie oben unter „Bilateraler Lehreraustausch").

Bewerbungen

Pädagogischer Aufenthalt in Estland (BMBWK)

Das österreichische Programm „Pädagogischer Aufenthalt in Estland" bietet Lehrkräften die Gelegenheit, das estnische Schulsystem und die estnische Kultur kennen zu lernen. Die ausgewählten Lehrerinnen und Lehrer sollen ein Österreich-Landeskundeprogramm an drei bis vier Schulen durchführen, wobei möglichst viele Schüler betreut werden sollen (vortrags- oder vorlesungsähnliche Tätigkeit unterstützt durch Videofilme, Dias und andere Anschauungsmittel).

Das Programm wendet sich an Professorinnen und Professoren sowie Vertragslehrkräfte, die die Lehramtsprüfung in Deutsch und einer Fremdsprache oder einem anderen Fach (vorzugsweise Geschichte oder Geographie) abgelegt haben und im Entsendungsschuljahr in keiner Maturaklasse (Abschlussklasse) unterrichten. Kenntnisse der Landesprache sind nicht erforderlich, da die Unterrichtssprache Deutsch ist.

Für angestellte Lehrer

Das Programm dauert einen Monat, in der Regel von ca. Mitte September bis Mitte Oktober. Es ist zudem vorgesehen, den im Dienst stehenden Kandidaten einen einmonatigen Urlaub unter Beibehaltung der Bezüge zu gewähren (Sonderurlaub), damit besteht das österreichische Dienstverhältnis mit Versicherungsschutz weiterhin. Zudem wird ein Reisekostenzuschuss gewährt

Rahmenbedingungen

sowie eine Unterstützung bei den Lebenshaltungskosten. Ferner ist vorgesehen, dass die estnische Seite für Unterbringung und Verpflegung sorgt.

Bewerbung

Bewerbungsunterlagen sind bei den Landesschulräten bzw. beim Stadtschulrat für Wien oder beim BMBWK (auch auf der Homepage) erhältlich und auf dem Dienstweg an das BMBWK zu übermitteln. Die Bewerbungsfrist endet am 30. November für das folgende Schuljahr. Nähere Informationen gibt es beim BMBWK (Adresse und Ansprechpartner wie oben).

Lehrer an Sprachschule in China (CDC)

Seit 2000 besteht ein Jointventure zwischen den Carl Duisberg Centren (CDC) und einem chinesischen Partner, in dessen Rahmen eine Sprachschule in Qingdao (VR China) eröffnet wurde.

Für Lehrer (auch Ruheständler)

Da ein Teil des Unterrichts von deutschen Deutschlehrern erteilt wird, sind die CDC für das Zentrum in Qingdao immer wieder auf der Suche nach deutschen Muttersprachlern. Gesucht werden vornehmlich Ruheständler, die in ihrer Zeiteinteilung flexibel und finanziell weitgehend abgesichert sind. Voraussetzungen sind Erfahrungen im Bereich Deutsch (als Fremdsprache) sowie interkulturelle und pädagogisch-didaktische Erfahrungen.

Der Einsatz erstreckt sich üblicherweise auf zwei bis sechs Monate. Dabei werden ca. 30 Stunden pro Woche unterrichtet.

Die Kosten für Flug und Unterkunft (ortsüblich) werden übernommen. Zudem erhalten die Lehrkräfte ein Honorar von bis zu 15 € pro Unterrichtseinheit.

Carl Duisberg Centren Gemeinnützige Ges. mbH

Hansaring 49 – 51	*Tel.: +49 (2 21) 16 26-2 53*
D-50670 Köln	*Fax: +49 (2 21) 16 26-2 56*
	E-Mail: info@cdc.de
	www.cdc.de

Austausch von Lehrpersonen – CH-Jugendaustausch

Die Schweizer Organisation CH-Jugendaustausch bietet unterschiedliche Programme für den Austausch von Lehrpersonen an.

Zielgruppen

Zielgruppen sind dabei Lehrpersonen mit abgeschlossener Ausbildung, aber wenig Unterrichtserfahrung, Lehrpersonen mit Unterrichtserfahrung (alle Schulstufen) sowie Schulleitungsmitglieder.

Dabei gibt es die Möglichkeiten zu Schulbesuchen, zu Assistenzzeiten und zum gegenseitigen Stellentausch innerhalb der Schweiz, aber auch in andere Länder.

Dauer

Schulbesuch und Assistenz dauern in der Regel einige Tage bis vier Wochen. Eine Verlängerung bis zu drei Monaten ist durch eine Kombination von verschiedenen Schulen möglich. Der gegenseitige Stellentausch dauert in der Regel ein Jahr, auf Wunsch auch ein Semester.

Der CH-Jugendaustausch sucht in Zusammenarbeit mit seinen Partnerorganisationen im Ausland für die Lehrpersonen geeignete Gastschulen und/oder Partnerlehrpersonen. Die Organisation informiert die Schulleitungen der Gastschulen in der Schweiz und die Austauschlehrerinnen und -lehrer über die zu unternehmenden administrativen Schritte.

Schulbesuch

Bei einem Schulbesuch werden die Teilnehmer und Teilnehmerinnen nicht entlohnt und müssen für die mit dem Austausch verbundenen Kosten (Reise, Kost und Logis) selber aufkommen oder bei den entsprechenden Stellen (zum Beispiel dem Erziehungsdepartement) ein Gesuch um finanzielle Unterstützung bzw. um einen bezahlten Weiterbildungsurlaub einreichen.

Der Austausch beruht grundsätzlich auf gegenseitigem Interesse. Die Lehrperson an der Gastschule sollte immer auch selber die Möglichkeit eines späteren Gegenbesuches haben, auch wenn sich ein solcher nicht immer realisieren lässt. Je nach Zielregion ist mit einer unterschiedlich langen Vermittlungszeit zu rechnen; in der Regel muss die Einschreibung für dieses Programm mindestens vier bis sechs Monate vor dem geplanten Schulbesuch beim CH-Jugendaustausch eintreffen.

Assistenzzeit

Im Programm Assistenzzeit/Job-shadowing begleitet die Teilnehmerin oder der Teilnehmer in der Assistenzzeit eine Kollegin oder einen Kollegen der Gastschule bei deren Arbeit und übernimmt in Absprache mit der Lehrperson die Verantwortung für einzelne Unterrichtssequenzen oder ganze Lektionseinheiten.

Die Teilnehmerinnen und Teilnehmer werden nicht entlohnt und müssen für die mit dem Austausch verbundenen Kosten (Reise, Kost und Logis) selber aufkommen oder bei den entsprechenden Stellen (zum Beispiel dem Erziehungsdepartement) ein Gesuch um finanzielle Unterstützung bzw. um einen bezahlten Weiterbildungsurlaub einreichen.

Der Austausch beruht grundsätzlich auf gegenseitigem Interesse. Die Lehrperson an der Gastschule sollte immer auch selber die Möglichkeit eines späteren Gegenbesuches haben, auch wenn sich ein solcher nicht immer realisieren lässt.

Je nach Zielregion ist mit einer unterschiedlich langen Vermittlungszeit zu rechnen; in der Regel muss die Einschreibung für dieses Programm sechs bis acht Monate vor der geplanten Assistenzzeit beim CH-Jugendaustausch eintreffen.

Gegenseitiger Stellentausch

Beim gegenseitigen Stellentausch übernehmen die jeweiligen Teilnehmer und Teilnehmerinnen in der Regel die Stelle des Austauschpartners mit allen Aufgaben und Pflichten, wobei das Unterrichtspensum an der Gastschule nach Möglichkeit den besonderen Fähigkeiten der Partnerlehrperson angepasst wird. Mit dem Stellentausch geht in den meisten Fällen auch ein Wohnungstausch einher.

Beim Stellentausch werden die jeweiligen Lehrpersonen von ihrer Herkunftsschule bezahlt. Bei Austauschen mit dem Ausland wird von der Schweizer Lehrkraft erwartet, dass sie ihren ausländischen Partner finanziell unterstützt, um ihm das Leben in der Schweiz überhaupt zu ermöglichen.

Die Vermittlung dauert in der Regel mindestens ein bis zwei Jahre. Die Wahrscheinlichkeit, dass eine Partnerlehrperson gefunden werden kann, hängt vor allem auch von der Zielregion ab.

Weitere Informationen erhalten Sie bei:

CH-Jugendaustausch

Hauptbahnhofstr. 2 *CH-4501 Solothurn*	*Tel.: +41 (32) 6 25 26 80* *Fax: +41 (32) 6 25 26 88* *E-Mail: austausch@echanges.ch* *www.echanges.ch*

4.8 Die Suche auf eigene Faust

Eine Stelle als Lektorin oder Sprachlehrer im Ausland kann man natürlich auch auf eigene Faust suchen. Zwar vereinfachen die oben vorgestellten Programme vieles – in einigen Ländern ist es aber durchaus ohne große Komplikationen möglich, sich direkt zu bewerben. So gibt es zum Beispiel eine große Zahl von Lektorinnen und Lektoren an ausländischen Universitäten, die nicht in Rahmen eines Programms dorthin vermittelt wurden. In Japan allein leben zurzeit ca. 200 deutschsprachige Lektorinnen und Lektoren, die hier ohne Vermittlung der Mittlerorganisationen arbeiten.

Lebensunterhalt

Allerdings ist es nicht in allen Ländern so einfach. Ein großes Hindernis ist die Bezahlung. Natürlich werden Sie in den nahen oder fernen Ländern, in denen Sie an einer Schule oder Universität etc. arbeiten, nach den ortsüblichen Maßgaben bezahlt. Aber leider ist es in der überwiegenden Zahl der Länder (Mittelosteuropas, Afrikas, Asiens sowie Latein- und Mittelamerikas) nicht oder nur mit extremen Einschränkungen möglich, von diesem Gehalt zu leben.

In Vietnam verdient man beispielsweise als Dozent an einer Hochschule ca. 50 US-$ im Monat. Dabei muss man allerdings bedenken, dass eine Stelle an der Universität ein Empfehlungsschreiben für weitere, sehr viel lukrativere Jobs ist. Aber nicht jeder ist (verständlicherweise) bereit, vier verschiedene Jobs anzunehmen, um sich halbwegs über Wasser halten zu können. Da können einem die exotischen Träume schnell vergehen.

Lukrative Nebenjobs

Zu den lukrativen Nebenjobs gehört in einigen Ländern etwa die private Nachhilfe. In Japan und Südkorea werden zum Teil extrem hohe Stundenlöhne für Nachhilfe gezahlt. Viele Eltern sind in diesen Ländern bereit, große Summen in die Ausbildung und „außerschulische Weiterbildung" ihrer Kinder – als eine Art Altersvorsorge – zu investieren. In Japan kann man für eine Privatstunde (90 Minuten) Deutschunterricht bis zu 15.000 Yen (ca. 135 €) verlangen.

Ohne finanzielle Schwierigkeiten können Sie beispielweise als Lektorin und Lektor oder Lehrerin und Lehrer in den west- und nordeuropäischen Ländern, in Australien, USA, Korea und Japan arbeiten. Die Gehälter in diesen Ländern reichen (auch ohne die Zuschüsse, die in den Programmen des DAAD beispielsweise gezahlt werden) aus, um einen angemessenen Lebensstandard zu sichern. Sie sollten sich also auf jeden Fall genau informieren, wie die Bedingungen in Ihrem Zielland aussehen.

Ansprechpartner

Botschaften

Um weitere Informationen über die Arbeitsbedingungen in Ihrem gewünschten Zielland zu erhalten, können Sie sich beispielsweise an die Botschaften und diplomatischen Vertretungen Ihres Heimatlandes wenden.

Kulturinstitute

Gute Ansprechpartner für zukünftige DaF-Lehrkräfte im Ausland sind auch die Goethe- und Österreich Institute vor Ort.

Goethe-Institute im Ausland

Es ist grundsätzlich auch möglich, als Muttersprachler in einem Goethe-Institut im Ausland zu arbeiten. Allerdings rekrutieren die Goethe-Institute ihre Lehrkräfte auch oft aus den Lektoren oder Lehrern, die bereits vor Ort an anderen Institutionen arbeiten. Zudem sind sie meist den einheimischen Ortslehrkräften, die sie ausgebildet haben, verpflichtet.

Falls Sie an einem Goethe-Institut im Ausland DaF unterrichten möchten, benötigen Sie ein abgeschlossenes Lehramtsstudium (Lehrbefähigung für Sekundarstufe II) oder ein abgeschlossenes DaF-Studium (Hochschulstudium Deutsch als Fremdsprache). Senden Sie Ihre (individuelle) Bewerbung direkt an die jeweiligen Goethe-Institute im Ausland. Die Adressen finden Sie im Anhang. Wichtiger Hinweis: Für eine Bewerbung in bestimmte Länder (wie Australien und USA) ist unbedingt eine Arbeitserlaubnis erforderlich.

Das Goethe-Institut bietet auch eine spezifische interne Ausbildung zum Dozenten an. Um diese Ausbildung absolvieren zu können, müssen Sie sich allerdings um die Mitarbeit im Rahmen des höheren Dienstes bewerben. Leider ist das Goethe-Institut – wie alle anderen Mittlerorganisationen im Kultursektor – von den Einsparungen der öffentlichen Hand betroffen. Aufgrund der drastischen Mittelkürzungen besteht zurzeit deshalb im Bereich des höheren Dienstes ein Einstellungsstopp.

Österreich Institute im Ausland

Auch an den Österreich Instituten in Warschau, Krakau, Budapest, Bratislava, Brünn, Laibach und Rom gibt es die Möglichkeit, auf Honorarbasis oder (seltener) fest angestellt als Dozentin oder Dozent für Deutsch als Fremdsprache zu arbeiten.

Falls Sie Interesse haben, nehmen Sie bitte Kontakt mit der jeweiligen Leitung des Österreich Instituts auf. Auch die Bewerbung sollten Sie direkt an das gewünschte Institut schicken. Die Adressen finden Sie im Anhang.

Kulturgesellschaften

In sehr vielen Ländern gibt es Vereine und Gesellschaften, die sich mit der Förderung der ausländisch-deutschen oder ausländisch-österreichischen Beziehungen befassen. Diese Kulturgesellschaften organisieren kulturelle Veranstaltungen, Diskussionsabende etc. Zum Teil bieten sie auch Deutschkurse an. In jedem Fall aber verfügen sie über nützliche Kontakte und Informationen. Eine Übersicht der ausländisch-deutschen Kulturgesellschaften finden Sie im Internet unter www.auswaertiges-amt.de/www/de/aussenpolitik/kulturpolitik/sprache/kulturgesellschaften_html.

> *In Sapporo ist die Japanisch-Deutsche Gesellschaft der Hauptanbieter für Deutschkurse. Immerhin schreiben sich mehr als 80 Sapporoer in die Kurse ein. Der Unterricht wird größtenteils von Muttersprachlerinnen erteilt, die aus verschiedenen Fachgebieten kommen und in ganz unterschiedlichen Berufen arbeiten bzw. ihr vorübergehendes Hausfrauendasein anreichern.*
>
> Aus: „An japanischen Hochschulen lehren“,
> Beitrag von Annedore Hänel, S. 266 f.

Bewerbung an Universitäten

Falls Sie an einer Universität im Ausland arbeiten möchten, können Sie sich natürlich auch direkt bei den Hochschulen im Land Ihrer Wahl bewerben. Der DAAD gibt eine Reihe von Verzeichnissen der Germanistischen Hochschulabteilungen in der ganzen Welt heraus. Die Reihe „Germanistik an Hochschulen in ...“ verzeichnet die an den Hochschulen tätigen Germanisten, die gleichzeitig Ihre Ansprechpartner für eine Bewerbung sein können. Sie können auch im Internet unter www.germanistenverzeichnis.de nach den germanistischen Abteilungen der Unis im Land Ihrer Wahl suchen.

In kommunistischen Ländern wie Nordkorea, Kuba und China ist eine Direktbewerbung über die Hochschule nicht der richtige Weg. Falls Sie in diesen Ländern arbeiten möchten, sollten Sie mit der Botschaft des Landes Kontakt aufnehmen.

Außenstellen des DAAD

Gute Anlaufstellen sind auch die 14 Außenstellen des DAAD und seine Informations- und Beratungszentren im Ausland (Adressen im Anhang).

Zudem verfügen die Lektorinnen und Lektoren sowie die anderen Lehrkräfte, die im jeweiligen Land arbeiten, über viel Erfahrung und wertvolle Tipps. Die Lektoren können Sie oft über die Homepages der Universitäten, an denen sie tätig sind, kontaktieren. Versuchen Sie es doch auch über die folgenden Lektoren-Homepages: www.ruhr-uni-bochum.de/slf/lektoren (die Seite der DAAD-Lektoren).

Lektorenverbände

In einigen Ländern gibt es zudem Lektorenverbände, die die Interessen ihrer Mitglieder im jeweiligen Land und gegenüber diversen Stellen in Deutschland vertreten. Auf den Internetseiten der Verbände finden Sie alle möglichen Informationen zu einem Lektorat. Über die Websites können Sie auch Kontakt zu den Mitgliedern des Verbandes aufnehmen. Lektorenverbände gibt es in Südkorea (www.lvk-info.org) und Japan (www.biblint.de/lektoren/index.htm). Informationen für die Länder in Mittelosteuropa finden Sie auf der Website der ehemaligen Bosch-Lektoren unter www.boschlektoren.de oder www.mitost.de.

Bewerbung an allgemein bildenden Schulen

Natürlich können Sie sich auch direkt bei den Auslandsschulen Ihrer Wahl als Ortslehrkraft bewerben. Ortslehrkräfte werden von den Schulen nach Landesrecht eingestellt. Die Adressen der Auslandsschulen finden Sie unter www.auslandsschulwesen.de (Deutschland), www.bmbwk.gv.at – unter den Stichworten „Bildung, Schulen" und „Europa/Internationales" (Österreich) – und www.aso.ch (Schweiz). Hier sind auch offene Stellen annonciert. Eventuell können Ihnen auch die Lehrerinnen und Lehrer, die an solchen Auslandsschulen tätig sind, nützliche Tipps und Hinweise geben. Offene Stellen für Lehrkräfte an Schweizer Auslandsschulen, an denen im Übrigen fast überall Deutsch Unterrichtssprache ist, finden Sie auch in der Zeitschrift „Bildung Schweiz" (auch online unter www.bildung-schweiz.ch).

Unis in Deutschland

Oft wenden sich die Institutionen im Ausland, die nach deutschen Muttersprachlern suchen, auch an die Universitäten in Deutschland oder Österreich, die einen DaF-Studiengang anbieten. Hier finden Sie an den schwarzen Brettern Hinweise zu Praktikumsstellen, aber zum Teil auch Ausschreibungen von Honorarstellen. Wenden Sie sich auch ruhig an die im Anhang aufgeführten Ansprechpartner für die DaF-Studiengänge.

Stellenanzeigen

In überregionalen Tages- oder Wochenzeitungen (wie etwa der „Zeit") finden Sie hin und wieder Ausschreibungen offener Stellen für Deutschlehrkräfte im Ausland.

Jobbörsen im Bereich Deutsch als Fremdsprache gibt es auch im Internet, zum Beispiel unter www.deutsch-als-fremdsprache.de, www.daf-portal.de und www.hueber.de/jobboerse.

Bewerbung an privaten Sprachschulen

Möglich ist auch, bei privaten Sprachschulen im Ausland zu arbeiten. Große Namen sind in diesem Bereich etwa Berlitz oder Inlingua. Im Internet können Sie über die Gelben Seiten Ihres Ziellandes solche Sprachschulen relativ schnell ausfindig machen.

Auf der Internetseite des Auswärtigen Amtes finden Sie zudem unter www.auswaertiges-amt.de/www/de/aussenpolitik/kulturpolitik/sprache/sprachkurse html eine Übersicht über Sprachkursveranstalter im Ausland.

Partnerschaftskomitees

Gute Ansprechpartner bei der Suche nach einem Job oder Praktikum können die Partnerschaftskomitees der Stadt- bzw. Gemeindeverwaltungen sein. Es gibt ein großes Netz an Städtepartnerschaften zwischen deutschsprachigen und anderen europäischen Ländern. Die Partnerschaftskomitees pflegen den Kontakt mit der Partnerstadt und verfügen über sehr gute persönliche Beziehungen. Daher ist es immer lohnend, sich an das Partnerschaftskomitee der eigenen Stadt oder Gemeinde zu wenden. Ansprechpartner der Komitees können bei der Stadt- bzw. Gemeindeverwaltung erfragt werden.

Praktikumsplätze

Die Suche nach einem Praktikumsplatz ist dann recht einfach, wenn man nicht erwartet, für seine Dienste entlohnt zu werden. Praktikanten, die die Kosten für Ihre Anreise, Unterkunft und Verpflegung selbst übernehmen, werden mit Sicherheit schnell fündig werden. Bezahlte Praktika im DaF-Bereich sind allerdings kaum zu finden. Es kann bereits als ein glücklicher Umstand gewertet werden, wenn man Ihnen eine Unterkunft stellt oder auch nur besorgt.

Für DaF-Studierende sind die Verantwortlichen für den DaF-Studiengang die richtigen Ansprechpartner bei der Suche nach einem Praktikumsplatz. Sie unterhalten meist Kontakte zu Institutionen im Ausland, die im DaF-Bereich tätig sind und Praktikanten aufnehmen.

Im Internet

Die Homepage des Fachbereichs DaF der Johannes-Gutenberg-Universität Mainz (www.daf.uni-mainz.de) bietet zahlreiche Tipps, wie Sie einen Praktikumsplatz finden. Hier gibt es eine Praktikumsbörse, die weltweite Angebote von Institutionen, die an Praktikanten im Bereich DaF interessiert sind, erfasst. Zudem finden Sie eine Liste mit Adressen vieler Lektorinnen und Lektoren im Ausland, die bereit sind, Praktikanten aufzunehmen. Die Liste vereinfacht die Kontaktaufnahme mit potenziellen Praktikumsanbietern deutlich. Der Service der Uni Mainz richtet sich vor allem an DaF-Studierende, die im Rahmen ihres Studiums ein Auslandspraktikum absolvieren möchten.

Praktika an Kulturinstituten

Auch an den 126 Goethe-Instituten und den sieben Österreich Instituten im Ausland können Sie Praktika im DaF-Bereich absolvieren.

Goethe-Institute

Bewerbungsvoraussetzungen für ein Praktikum an einem Goethe-Institut im Ausland sind ein Hochschulstudium (mindestens im 3. Semester) im geisteswissenschaftlichen oder juristischen Bereich. Zudem sollten Sie zwischen 20 und 30 Jahre alt sein. Das Praktikum sollte zwischen vier Wochen und acht Monate dauern, wobei ein Zeitraum von zwei bis drei Monaten empfohlen wird. Aufgrund der großen Nachfrage sollten Sie sich mindestens ein halbes Jahr vor dem gewünschten Praktikumsbeginn bewerben. Nähere Hinweise finden Sie im Internet unter www.goethe.de/z/03/dozent/debewe.html. Senden Sie Ihre vollständig ausgefüllte Bewerbung direkt an das gewünschte Institut (Adressen im Anhang). Der Bewerbungsbogen kann auch bei der Zentralverwaltung des Goethe-Instituts angefordert werden (Adresse im Anhang).

Österreich Institute

Auch an den Österreich Instituten sind regelmäßig DaF-Praktikanten oder -Hospitanten im Einsatz. Falls Sie Interesse an einem solchen Praktikum haben, sollten Sie mit dem Leiter des jeweiligen Instituts Kontakt aufnehmen (Adressen im Anhang).

Auslandsschulen

Es mag erstaunen, den Hinweis auf deutsche, österreichische und Schweizer Schulen im Ausland in der Rubrik „DaF-Praktikum" zu finden. Es ist jedoch keineswegs so, dass an den deutschen Auslandsschulen in allen Fällen Deutsch die Unterrichtssprache ist. So zählen zum Beispiel auch landessprachige Schulen mit verstärktem Deutschunterricht zu den deutschen Auslandsschulen, und hier sind Praktika im DaF-Bereich möglich. Wenden Sie sich bei Interesse direkt an die gewünschte Auslandsschule. Die Adressen finden Sie unter www.auslandsschulwesen.de, www.bmbwk.gv.at und www.aso.ch.

Erfahrungsbericht aus Polen: Als Bosch-Lektorin in Polen

Von September 1996 bis Juni 1998 bin ich als Sprachlektorin der Robert Bosch Stiftung am Lehrerkolleg in Chełm (Ostpolen) tätig gewesen. Meine Erfahrungen aus dieser Zeit liegen mittlerweile über fünf Jahre zurück. Da sich die Verhältnisse in Mittelosteuropa in vielen Bereichen derzeit sehr rasch verändern, möchte ich darauf hinweisen, dass mein Bericht aus der Retrospektive geschrieben ist und von daher, was die dargestellten Umstände meines Aufenthaltes betrifft, möglicherweise nicht in jeder Hinsicht aktuell ist.

Die kleine Stadt Chełm

Das Städtchen Chełm liegt in Ostpolen, östlich von Lublin und nur etwa 25 km von der ukrainischen Grenze entfernt. Es hat 70.000 Einwohner und ist Sitz der kleinsten Woiwodschaft Polens. Die Stadt bestand ursprünglich fast ausschließlich aus Holzhäusern und ist im Laufe ihrer Geschichte mehrmals durch Brände weitgehend zerstört und (jeweils wieder mit Holz) aufgebaut worden. Noch heute gibt es viele Holzhäuser und -häuschen, die einen charmanten Kontrast zu den Plattenbauten darstellen.

Die Arbeit am Lehrerkolleg

Das „Nauczycielskie Kolegium Języków Obcych" in Chełm ist eines der vielen Fremdsprachen-Lehrerkollegs, die nach dem Zusammenbruch des kommunistischen Systems in Polen gegründet worden sind, um den hohen Bedarf an Lehrern für die westlichen Fremdsprachen Englisch, Deutsch und Französisch zu decken, und zwar für den Bereich der Sekundarstufe I, die in Polen noch acht Jahre umfasst, bevor die Differenzierung in weiterführende Schulen erfolgt. Die Ausbildung dauert drei Jahre und enthält neben dem fremdsprachlichen Unterricht viel Methodik und Didaktik sowie einige Wochen Unterrichtspraxis. Leider ist das Diplom bei Schulen bzw. Schulleitern immer noch nicht so anerkannt wie der Magister-Abschluss der Universitäten, obwohl dieser nicht so gezielt auf den Lehrerberuf vorbereitet wie das Kolleg. Viele der Kolleg-Studenten wollen daher ihr Studium an einer Universität fortsetzen, und es gibt natürlich auch viele, die später sowieso nicht Lehrer werden wollen, sondern lediglich an einer guten Sprachausbildung interessiert sind.

Was sich am Kolleg „Studium" nennt, ist im Grunde eine stark verschulte Ausbildung, bei der die Studierenden in gleich bleibenden Gruppen nach einem vorgegebenen Stundenplan unterrichtet werden. Im ersten Studienjahr waren die Gruppen noch etwas größer, etwa 15 bis 17 Studierende stark, aber diese Zahl reduzierte sich schon im Laufe des ersten halben Jahres, und ein weiterer Teil bestand in der Regel die jährliche Abschlussprüfung nicht und musste, wenn auch die Nachholprüfung im September nicht bestanden wurde, das Jahr wiederholen. Dies bedeutete, dass sich im zweiten Studienjahr nur noch etwa zehn bis zwölf Studierende in einer Gruppe befanden, was meiner Erfahrung nach eine ideale Größe war, weil einerseits die Runde für ein Unterrichtsgespräch mit allen nicht zu groß war und man andererseits noch gut Gruppenarbeit machen konnte.

Diese Bedingungen sowie die gute Unterstützung, mit der ich von unserer Direktorin immer rechnen konnte, und nicht zuletzt die sehr netten und aufgeschlossenen Studierenden haben viel dazu beigetragen, dass ich in den beiden Studienjahren, die ich am Kolleg verbracht habe, insgesamt sehr positive Unterrichtserfahrungen machen konnte.

Ich habe verhältnismäßig viel Landeskunde unterrichtet, nämlich im ersten und zweiten Studienjahr jeweils in zwei Gruppen, und war mir anfangs nicht sicher, ob ich damit so glücklich sein würde, weil ich mit Landeskunde bis dahin wenig Erfahrung gehabt hatte. Nachdem ich mich eingearbeitet hatte, war ich recht zufrieden mit dem Fach, da ich völlige Freiheit in der Auswahl der Themen und des Materials hatte und auf diese Weise verschiedene Dinge ausprobieren konnte. In den Gruppen des ersten Studienjahres war es am Anfang etwas schwierig, Material zu finden, das vor allem in sprachlicher Hinsicht geeignet war, weil viele der Studienanfänger direkt von der Schule kamen und mit dem komplett deutschsprachigen Unterricht (auch bei den polnischen Kollegen) anfangs etwas überfordert schienen. Andererseits gab es auch Studierende, deren Sprachniveau sehr viel höher war als das der anderen, so dass ich versuchen musste, auf die mitunter großen Niveauunterschiede innerhalb einer Gruppe Rücksicht zu nehmen. (Dieses Problem habe ich vor allem durch Gruppenarbeit und differenzierte Arbeitsaufträge zu lösen versucht.) In den Gruppen des zweiten Studienjahres bestand das Problem – wegen des „Siebeffektes" der Abschlussprüfung am Ende des ersten Studienjahres – kaum noch.

Das zweite Studienjahr habe ich auch in Sprachpraxis unterrichtet, so dass ich mit jeder der beiden Gruppen dieses Jahrganges wöchentlich vier Stunden verbracht habe, was ich als sehr günstig für das Arbeitsklima empfunden habe. Anfangs war es in der einen Gruppe etwas mühsam, die Studenten zum Sprechen zu bringen, aber das hat sich dann besonders im zweiten Semester ganz gut entwickelt.

Ich möchte dieses Kapitelchen über das Kolleg nicht verlassen, ohne meine Wohnsituation daselbst kurz zu beschreiben. Das Kolleggebäude – früher ein Arbeiterwohnheim – ist gleichzeitig auch Studentenwohnheim, das heißt, in den beiden oberen Stockwerken befinden sich die Zimmer der Studierenden, die dort jeweils zu dritt oder sogar zu viert hausen. Meine kleine Wohnung befand sich sozusagen mittendrin, was sowohl Vor- als auch Nachteile hatte. Das Einzige, was mich zuweilen wirklich gestört hat, war der Geräuschpegel, der sowohl tagsüber in den Pausen hoch sein konnte, wenn die StudentInnen nämlich in Grüppchen plaudernd direkt vor meiner Tür standen (es gab bedauerlicherweise keinen Aufenthaltsraum), als auch abends zuweilen erstaunliche Phonstärken erreichte. Nicht nur, dass ab 18 Uhr ständig das einzige Telefon ein Stockwerk höher klingelte und dann jedesmal durchs ganze Haus geschrien wurde, für wen der Anruf war (so bin ich immer bestens informiert gewesen), auch der Umgang mit den Türen war eher sorglos, Musik wurde meist für alle geboten, und am besten war die Stimmung, wenn irgendwelche Klausuren oder Prüfungen überstanden waren. Es ist auch vorgekommen, dass die neuen Inline-Skater im Flur ausprobiert worden sind – was ich bei dem Zustand der Straßen Chełms durchaus verständlich fand.

Die polnischen Kollegen haben mich immer ganz mitleidig angesehen, wenn ich ihnen erzählt habe, dass ich im Kolleg wohne – aber so unter Wölfen, wie sie sich das möglicherweise vorgestellt haben, war es durchaus nicht. Im Gegenteil – die Vorteile überwogen insgesamt, und gerade am Anfang habe ich es als sehr angenehm empfunden, dass ich auf diese Weise so schnell Kontakt zu den Studenten und Studentinnen gefunden habe. Sie haben sich immer gefreut, wenn sie in „ihrer" Fremdsprache mit mir sprechen konnten, und umgekehrt war es für mich sehr nett, auf diese Weise eine Gelegenheit zum Polnischüben zu haben. (Manchmal haben sie versucht, mir polnische Zungenbrecher beizubringen, sehr zur allgemeinen Erheiterung.)

Auch unabhängig von meiner Wohnsituation hatte ich immer sehr guten Kontakt zu den Studenten und Studentinnen, die fast alle ausgesprochen nett und angenehm im Umgang waren. Mir gegenüber waren sie auch sehr hilfsbereit, vor allem am Anfang, als meine Polnischkenntnisse noch recht dürftig waren. Als besonders schön habe ich ein Theaterprojekt in Erinnerung, bei dem unsere kleine Theatergruppe an einem Wettbewerb in Bydgoszcz teilgenommen hat: Alle Beteiligten haben diese Reise als ihr gemeinsames Projekt angesehen und sich entsprechend verantwortlich gefühlt, so dass es für alle zu einem sehr schönen Erlebnis geworden ist.

Obwohl Chełm tiefste Provinz ist, die Anreise aus Deutschland immer ewig gedauert hat, die Winter dort kalt, dunkel und lang sind, habe ich schönste Erinnerungen an diese Zeit in Chełm und würde, wenn sich die Gelegenheit bieten würde, sofort wieder nach Polen gehen.

Abschließend möchte ich auf die Vorteile hinweisen, die das Lektorenprogramm der Bosch-Stiftung außer der Vermittlung an die jeweiligen Stellen noch bietet: Im Stipendium enthalten sind ein Vorbereitungstreffen sowie die Kosten für einen Sprachkurs im Land. Außerdem gibt es einmal im Jahr ein Lektorentreffen, das dem Erfahrungsaustausch mit den anderen Bosch-LektorInnen im Land bzw. in der Region dient und das ich jeweils als sehr nützlich empfunden habe, vor allem wegen der Kontakte zu den KollegInnen.

Wenn wir fahr'n, fahr'n, fahr'n mit der Bahn, Bahn, Bahn – Unterwegs mit der polnischen Eisenbahn

Zugfahren ist schön. In Polen ist Zugfahren besonders schön. Denn der Reisende kommt hier in jeder Hinsicht voll auf seine Kosten: Eine Bahnfahrt in Polen ist unglaublich billig, sie dauert enorm lange, ist meist von hohem Unterhaltungswert und beschert einem manchmal kleine Abenteuer. Ich weiß, wovon ich spreche, denn um an meinen „Einsatzort“ zu gelangen, muss ich jedesmal quer durchs ganze Land juckeln.

Bereits der Kauf einer Fahrkarte, sagen wir mal von Chełm nach Berlin, kann zum Erlebnis werden, etwa dann, wenn man sich zu einer Fahrt mit dem Schlafwagen entschlossen hat. In diesem Fall sollte man sich für das Ordern der Fahrkarte etwa einen halben Nachmittag freihalten, denn die Segnungen der modernen Kommunikationstechnik sind bis Chełm noch nicht vorgedrungen. Dies bedeutet, dass das wachhabende Personal hinter dem Schalter für die Reservierung ein altes rotes Telefon benutzen muss, nämlich um in Warschau anzurufen, wo es Computer gibt. Manchmal ist aber die Leitung blockiert – wenn man Pech hat für länger, dann gibt man seinen Reisewunsch am besten in Auftrag und kommt später noch mal wieder. Hat es mit der Reservierung geklappt, geht das große Rechnen los, denn nun müssen – per Hand und Liste – die Streckenpreise errechnet und später ein umständliches Formular ausgefüllt werden. Bei einer Fahrt ins Ausland kommt erschwerend hinzu, dass man es hier mit verschiedenen Streckennetzen und -preisen zu tun hat. Als ich das letzte Mal meine Fahrkarte nach Berlin gekauft habe, hatte ich Glück, denn am Schalter saß eine so kompetente wie korpulente Dame, die routiniert und zügig arbeitete und so für das ganze Prozedere nur etwa eine halbe Stunde brauchte.

Nun kann die Reise losgehen. Von Chełm bis Warschau, wo man umsteigen muss, sind es nur knapp 250 Kilometer, aber der Zug braucht volle vier Stunden, Verspätungen nicht eingerechnet. Da diese aber jederzeit vorkommen können, ist es von Vorteil, dass man in Warschau immer etwa anderthalb bis zwei Stunden Aufenthalt hat, denn so kommt man kaum in die nervenaufreibende Situation, in einem verspäteten Zug zu sitzen und sich alle paar Minuten fragen zu müssen: schaffen wir's noch bis zum Anschlusszug oder nicht ...?

Überhaupt gehen in Ostpolen die Uhren noch langsamer als anderswo, und so habe ich, wenn ich die Reise in umgekehrter Richtung mache, nämlich von Deutschland nach Chełm, immer eine schöne Gelegenheit, mich schon bei der Anfahrt seelisch und geistig auf dieses andere Tempo einzustellen, vielmehr einzufahren und dabei das mitgebrachte Lebenstempo gewissermaßen etwas herunterzufahren. Man hat eben einfach Zeit hierzulande, und beim Zugfahren hat man besonders viel Zeit.

Damit bin ich schon beim Punkt „Unterhaltungswert". Unterhaltung ist hier ganz wörtlich zu nehmen, denn die Leute unterhalten sich gern beim Reisen. Man hat ja Zeit, wie gesagt, und was soll man auch Besseres tun. Es vergeht kaum eine Fahrt, bei der ich nicht mit einem meiner Mitreisenden ins Gespräch komme, wobei „Gespräch" in den Fällen, wo Polnisch die einzig mögliche Sprache ist, etwas übertrieben klingen mag, weil meine Sprachkenntnisse das noch nicht zulassen – aber zu einem Small Talk reicht es immerhin. (So habe ich gerade neulich im Speisewagen eine freundliche kleine Plauderei geführt, bei der mein Gegenüber und ich uns einig waren, dass die Landschaft draußen schön, Warschau eine interessante Stadt und zu viel Salz im Essen ungesund ist.)

Tiefschürfenderes wird möglich, sobald auch andere Sprachen zur Verfügung stehen. Als ich Ende September 1996 mit einem Rucksack und zwei kleinen Handkoffern schwer bepackt meinen Weg nach Chełm angetreten habe, hatte ich auf dem letzten Stück hinter Warschau eine sehr nette Reisebegleitung, die ich schon deshalb nicht vergessen werde, weil es die erste Fahrt zu meinem neuen Domizil gewesen ist. Der kleine, schon ältere Mann war Ukrainer, auf dem Weg nach Kiew und hieß Anatol, wie mein russischer Großvater. Wir konnten uns auf Englisch unterhalten, und nachdem wir uns über das Woher, Wohin und Warum ausgetauscht hatten, fing er irgendwann an, von Tschernobyl zu erzählen. Seine Frau und er hatten damals gerade Geld für eine neue Wohnung gespart, aber da sie schwanger war, mussten sie es komplett dafür ausgeben, sie so schnell und so lange wie möglich an einen sicheren Ort reisen zu lassen. Die Panik auf dem Hauptbahnhof damals muss unbeschreiblich gewesen sein. Aus Anatols Erzählung war noch deutlich seine Verbitterung über die Informationspolitik der sowjetischen Behörden herauszuhören.

Bei einer anderen Zugfahrt, im Eurocity von Warschau nach Berlin, fing mein Platznachbar nicht lange, nachdem ich mich gesetzt hatte, ein Gespräch mit mir an, und nachdem ich eine Weile mühsam auf Polnisch geradebrecht hatte, wechselte er plötzlich in makelloses Deutsch. Meine Verblüffung war groß, denn dergleichen war ich aus Ostpolen nicht gewohnt. Die Reise endete nach sechsstündiger Unterhaltung im Berliner „Ali Baba" mit einem Abendessen.

Aber nun zu den Abenteuern, die man erleben kann. Genau genommen bin ich bisher nur in eines geraten, und das kam so: Ich war auf dem Weg von Chełm nach Warschau, wo ich bei einer Freundin übernachten wollte (die ich übrigens – wo auch sonst – während einer längeren Bahnfahrt kennen gelernt habe), um am nächsten Morgen nach Vilnius zu fliegen. Ich saß im Abteil am Fenster, mir schräg gegenüber am Gang ein junger Mann, der schon vergeblich versucht hatte, mit mir ins Gespräch zu kommen (und deswegen, wie sich später herausstellte, schon fast ein bisschen pikiert war). Ich hatte aber an diesem Nachmittag keine Lust zum Radebrechen und wollte lieber lesen. Unverhofft kam ihm bald das Schicksal zu Hilfe, denn plötzlich setzte er sich ganz aufrecht hin und sagte: „Pali sie!“ (Es brennt!) Ich sah zum Gang und erblickte zu meiner Verwunderung eine sehr dicke schwarze Rauchwolke, die sich eben von links wie in Zeitlupe vor unser Gangfenster schob. Der junge Mann stand auf und ergriff wie selbstverständlich meinen Rucksack, ich packte eilig meine restlichen Sachen zusammen und wollte noch das Fenster aufmachen, aber das war natürlich gerade das Falsche, wie mir mein Reisegefährte schnell auseinander setzte. Wir eilten nach draußen in den Gang, wo schwarze Nacht herrschte, denn der Rauch erfüllte bereits den ganzen Wagen und war so dicht, dass man die Hand vor Augen nicht sehen, geschweige denn atmen konnte. Der Rauch war so „beißend“ – dies ist in der Tat der einzig zutreffende Ausdruck dafür –, dass ich etwas in Panik geriet, zumal ich mich nur tastend und stolpernd durch den Gang bewegen konnte. Zum Glück dauerte es dennoch nicht lange, bis wir den nächsten Wagen erreichten, wo die Leute noch ahnungslos in den Abteilen saßen. Offenbar waren wir die einzigen Fahrgäste in unserem Wagen gewesen. Als sich die Wolke auch in diesem Wagen breit zu machen drohte, verlangsamte der Zug endlich sein Tempo und kam zum Stehen. Wir stiegen alle aus, auf freier Strecke, und konnten nun, nachdem man den brennenden Wagen vom restlichen Zug abgekoppelt hatte, in Ruhe dem Feuerchen zusehen, das in dicken Flammen aus zwei Fenstern schlug.

Nun war die Stunde für Piotr gekommen, den jungen Mann, der so selbstlos meinen Rucksack getragen hatte. Ich bedankte mich dafür, und wir mussten beide grinsen, weil wir so schwarz im Gesicht waren. So kamen wir natürlich doch ins Gespräch, und ich konnte ihn nur schwer davon überzeugen, dass ich nicht eine Studentin im dritten Studienjahr bin. Derweil ließ die Feuerwehr auf sich warten. Es dauerte bestimmt 20 Minuten oder eine halbe Stunde, bis endlich ein kleines Feuerwehrautochen neben den Schienen angerumpelt kam; dann begann unter Anteilnahme der umstehenden Fahrgäste die Löscharbeit; und als wir alle dachten, nun sei das Feuer besiegt, ging den Männern das Wasser aus, sie mussten einpacken und umkehren, und kaum waren sie zwei Minuten weg, schlugen die Flammen wieder ebenso munter aus dem Zug wie schon zuvor. Da musste man dann, es fing schon an, dunkel zu werden, auf einen zweiten Wagen warten, und insgesamt hat es über eine Stunde gedauert, bis der Brand gelöscht war.

Wir sind dann alle wieder eingestiegen, und der Zug fuhr zurück nach Deblin, dem nächsten Bahnhof, wo wir dann stundenlang standen, ohne in Erfahrung bringen zu können, ob und gegebenenfalls wann der Zug an diesem Tag noch nach Warschau weiterfahren würde. Immerhin konnte man die Zeit zum Telefonieren nutzen – nur waren Piotr und ich nicht die Einzigen, die diese gute Idee hatten. Als wir das einzige auf dem Debliner Bahnhof vorhandene Telefon gefunden hatten – es handelte sich um eine jener halboffenen Zellen –, stand schon eine ganze Truppe davor und wartete. Die Stimmung war eher gelassen und steigerte sich bald zu einer gewissen Heiterkeit, weil natürlich jeder dasselbe in den Hörer sagte und die Umstehenden mithören konnten. Die Leute fingen an, Beifall zu klatschen und kleine Kommentare zu machen, und als eine junge Frau noch andere Dinge besprechen wollte, rief Piotr höflich, aber bestimmt: „Kurz und zum Thema bitte!“

Irgendwann später, als ich schon kaum noch daran glauben mochte, setzte sich unser Zug wieder in Bewegung, und wir kamen tatsächlich noch in Warschau an, mit dreieinhalbstündiger Verspätung.

Jedenfalls ist mir durch dieses Erlebnis klar geworden, warum die älteren Damen im Abteil sich bekreuzigen, wenn der Zug anfährt.

Nachtrag: Diesen Text habe ich im Sommer 1997 geschrieben, und schon im Laufe des darauf folgenden Jahres gab es eine entscheidende Veränderung am Chełmer Bahnhof: Es wurde ein Computer eingeführt, der das alte rote Telefon überflüssig und den Kauf einer Fahrkarte erheblich einfacher machte.

Dorothee Rabe, ehemalige Lektorin der Robert Bosch Stiftung in Chełm, Polen

5. Unterricht und Leben in einem fremden Land

5.1 Hinweise für die Unterrichtspraxis

Das Unterrichtsgeschehen im Allgemeinen ist in aller Regel schon sehr komplex, und den Lehrerinnen und Lehrern werden von unterschiedlichen Seiten vielfältige Erwartungen entgegengebracht. Für Fremdsprachenlehrer, die in einer fremden Umgebung und Kultur unterrichten, kommen dann auch noch zahlreiche weitere Fallen und Fettnäpfchen hinzu. Eine spannende Aufgabe also!

Wie kann man seinen Fremdsprachenunterricht effizient gestalten? Und dabei noch so, dass es allen Beteiligten Spaß macht? Die folgenden Hinweise verstehen sich nicht als der Weisheit letzter Schluss. Sie sollen lediglich Anregungen geben und auf einige kritische Punkte des Fremdsprachenunterrichts hinweisen.

Lernziele

Wichtig ist, dass sich die Lehrkraft darüber im Klaren ist, welche Ziele sie mit ihrem Unterricht verfolgt. Dazu muss sie feststellen, was die Lernenden erwarten und welche Kompetenzen sie erwerben wollen. Handelt es sich bei der Lernergruppe um Studierende, die nur unbescholten ein Pflichtfach absitzen wollen, oder haben Sie es mit einer Gruppe von Menschen zu tun, die sich auf eine konkrete Sprachprüfung vorbereiten, die vielleicht ein Studium an einer deutschsprachigen Hochschule anstreben? Wollen Ihre Lerner ihren nächsten Urlaub in Österreich verbringen und möchten dort ein Hotelzimmer reservieren, die Speisekarte lesen und einkaufen können? Oder bereiten Sie Ihre Lerner darauf vor, Vertragsverhandlungen oder wissenschaftliche Diskussionen in der Fremdsprache führen zu können? Oder (der schlimmste Fall und meistens auch der Normalfall): Sind die individuellen Erwartungen und Ziele in Ihrer Lernergruppe am Ende ganz verschieden?

Stellen Sie zunächst einmal fest, welche Kompetenzen für die Schüler von Bedeutung sein werden, und richten Sie Ihr Unterrichtsprogramm danach aus. Sicher werden Sie einen Philosophiestudenten, der Deutsch nur belegt hat, um Passagen aus dem Werk Heideggers verstehen zu können, nicht mit Ausspracheübungen quälen.

Ein neuer Kurs muss daher natürlich mit der Überlegung beginnen: Unter welcher Zielsetzung ist es sinnvoll, daß diese Studenten in dieser Situation sich mit deutscher Literatur beschäftigen? Was können sie möglicherweise aus deutscher Literatur lernen, was für sie notwendig, brauchbar, ein Gewinn ist? Ich denke, daß die Reflexion der Lehrziele des Unterrichts gerade dann noch wichtiger wird, wenn die äußere Situation den Lernenden kaum eine Möglichkeit gibt, zwischen Alternativen zu wählen. Gerade dann sollte zumindest der Lehrende mit sich selbst abklären, auf welches Ziel der Unterricht hinsteuern soll.

Ingrid Rissom, DAAD-Lektorin (1984 – 89) in Kampala, Uganda
(aus: Spuren in die Zukunft, Bd. 3, S. 189)

Neben dem konkreten Ziel, das Ihre Schüler erreichen wollen, lassen sich mit dem DaF-Unterricht noch weitere grobe Lernziele verbinden. Dazu gehört etwa der Erwerb von interkultureller Handlungskompetenz.

Lernergruppe

Die Bestimmung des Lernziels ist natürlich auch von den Voraussetzungen und den Möglichkeiten der Lernergruppe abhängig. Dabei spielen die Größe und Zusammensetzung der Gruppe ebenso eine Rolle wie der soziale Hintergrund der Lernenden und ihre Motivationen.

Machen Sie sich klar, dass man in verschiedenen Altersstufen anders lernt – und vor allem auch mit einer anderen Geschwindigkeit. Ältere Lerner haben zudem oftmals schon einige Jahre Fremdsprachenunterricht hinter sich gebracht. Das kann positive und negative Effekte haben. Wahrscheinlich haben sie bereits eine genaue Vorstellung davon, wie Fremdsprachenunterricht abläuft, und sie sind schwer von neuen Methoden zu überzeugen und zu Formen des Unterrichts zu bewegen. Vielleicht nehmen sie aufgrund von schlechten Erfahrungen aber auch jede Abweichung vom (eben nicht) Altbewährten dankbar auf.

Um die Lernziele bestimmen zu können, müssen Sie zudem wissen, auf welchem sprachlichen Niveau sich die Schülerinnen und Schüler befinden. Wenn es Aufnahme- oder Eingangsprüfungen gibt, ist das Niveau noch recht einfach und schnell zu bestimmen. Doch auch ohne solche offiziellen Prüfungen werden Sie schnell merken, wo es Probleme gibt.

Die Bewerber für ein Germanistikstudium müssen sich einer schriftlichen und einer mündlichen Prüfung unterziehen, die allgemein als sehr schwierig gilt. [...] Aufgrund der strengen Selektion bei den Aufnahmeprüfungen ist sowohl das sprachliche Niveau als auch das Niveau der Allgemeinbildung im Allgemeinen sehr hoch.
Österreich-Kooperation-Lektor/in in Prag, Tschechische Republik

Lernstile, Lernstrategien

Daneben ist wichtig zu wissen, wie es mit der Lernfähigkeit und den Lernstrategien Ihrer Lerner aussieht. Bei Ihrer Arbeit werden Sie in der Lernergruppe mit unterschiedlichen Lernstilen und Lernstrategien konfrontiert sein. Ein kognitiv-analytischer Lernertyp freut sich über einen hohen Grammatikanteil im Unterricht – für ihn ist das Durchschauen sprachlicher Strukturen und Regeln sehr wichtig. Ein imitativ-ganzheitlicher Typ fühlt sich bei Rollenspielen deutlich wohler und ist froh, wenn sich grammatische Strukturen in langen Übungsphasen durch Wiederholung und Training einprägen. Variieren Sie also die Unterrichtsmethoden, damit für jeden etwas dabei ist.

Oftmals sind sich die Lerner selbst nicht darüber im Klaren, wie sie eigentlich am besten lernen. Wäre es nicht schön, wenn Ihre Schüler durch Sie Methoden entdeckten, wie Vokabeln und unregelmäßige Verbformen besser haften bleiben?

Buchtipp:
Rug, Wolfgang, Thomas Neumann und Andreas Tomaszewski: 50 praktische Tips zum Deutschlernen, Stuttgart: Klett Edition Deutsch 2002
Anregungen und Hinweise für Deutschlerner aller Stufen sowie Deutschlehrer – vor allem zu Lerntechniken, die die Autonomie des Lernenden fördern.

Vorwissen

Beim DaF-Unterricht im Ausland werden Sie es zum großen Teil mit einer homogenen Lernergruppe zu tun haben: In vielen Fällen werden alle Lerner in einer Gruppe die gleiche Muttersprache sprechen. Das macht es schon einfacher. Dennoch ist es gut zu wissen, welche Fremdsprachen Ihre Schüler bereits erlernt haben. So erfahren Sie nämlich, an welches sprachliche Vorwissen Sie anknüpfen können. Versuchen Sie etwa herauszubekommen, welche grammatischen Phänomene – die für das Deutsche relevant sind – den Lernern bereits aus anderen Sprachen bekannt sind.

Grammatikkenntnisse unserer Studenten in ihrer Muttersprache (im Normalfall Englisch) sind oft äußerst schwach, da Grammatik in der Schule praktisch nicht mehr gelehrt wird. Wenn die Studenten dann die deutsche Grammatik lernen sollen, sind sie überfordert, da das muttersprachliche Grammatikbewusstsein fehlt (z.B. der Unterschied zwischen Imperfekt und Konjunktiv wird nicht erkannt). DaF-Dozenten müssen sich dessen bewusst werden und eventuell zuerst die muttersprachlichen Grammatikkenntnisse verbessern, wenn sie mit der Fremdsprache Erfolg haben wollen.
Monika Smith, deutsche Lektorin in Neuseeland (2000)

Selbsteinschätzungen der Lernergruppe

Allerdings kann man sich leider auf die Einschätzungen der Lernergruppe nicht immer verlassen. Und oft ist es nicht ganz einfach herauszufinden, was die Lerner selbst vom Unterricht erwarten. So berichtet ein Mitarbeiter des Goethe-Instituts Folgendes aus Thailand: Als er seine Lerner fragte, welchen Text sie denn am liebsten in einer der nächsten Stunde behandeln würden (er hatte zwei zur Auswahl gegeben), drehte sich die Diskussion im Klassenraum (in der Muttersprache) darum, welchen Text wohl der Sprachlehrer am liebsten besprechen würde. Die Lernenden waren also in erster Linie um das Wohlbefinden ihres Lehrers besorgt.

Rolle der Lehrkraft

Die Rolle der Lehrkraft ist in den verschiedenen Kulturen anders besetzt. Die Geschichte der thailändischen Lerner zeigt dies deutlich. Besonders in den asiatischen Ländern sind Lehrerinnen und Lehrer – aufgrund ihrer Position und ihres Alters – Respektspersonen. Das heißt nicht, dass man nicht eine Menge Spaß haben kann. Dennoch kann man nicht einfach davon ausgehen, dass die (erwachsenen) Lerner in der Lage sind, den Unterricht kritisch zu bewerten und ihre Ansprüche zu formulieren. Vielfach gehört es einfach nicht in die Lerntradition, die Aktivitäten des Lehrers oder den Unterricht im Allgemeinen in Frage zu stellen.

Das heißt aber nicht, dass sich Fremdsprachenlehrkräfte an die Rolle, die Lehrer traditionell im jeweiligen Land einnehmen, anpassen müssen. Wenn die Lerner verstehen, dass eine Lehrerrolle auch ganz anders besetzt sein kann, ist das schon der erste große Schritt zur interkulturellen Kompetenz.

Wenn der Lehrer vorschlägt „Wir machen ein kleines Fest", ist es trotzdem ausschließlich Aufgabe der Klasse, dieses Fest zu gestalten. Der Lehrer hat nichts mitzubringen, sondern ist Gast und hat zu genießen. Insbesondere Getränke dürfen nicht von Gästen mitgebracht werden. (Ich hatte jedoch Glühwein gemacht.) Beim Abendessen griff ich mit Begeisterung zu, die Studenten aßen wenig. Ich war viel zu forsch gewesen und hätte erst nach mehrmaligem Auffordern essen dürfen. Auch gefiel mir die Stimmung so gut, dass ich viel zu lange blieb, aber kein Student gehen konnte, ehe ich mich nicht bedankt und verabschiedet hatte.

Andreas Guder, DAAD-Lektor in Beijing, China

Verhalten der Lerner

Gefasst sein müssen Sie auch auf interkulturelle und individuelle Differenzen im Bereich des Schülerverhaltens. Während die einen ohne Punkt und Komma reden (und dabei auch alle Regeln der Grammatik hinter sich lassen), sind andere extrem besorgt, ob die Äußerung, die sie nach langem Nachdenken wagen, denn auch wirklich 100%ig richtig ist. Einige Lerner finden Gefallen daran, vor Publikum zu agieren, während andere froh darüber sind, möglichst wenig aufzufallen.

Insbesondere Übungen mit Praxisbezug, bei denen sich die Studenten zudem selbst in Szene setzen können, wie z.B. die Simulierung eines Bewerbungstrainings mit Auswahlgespräch oder einer Fernsehdiskussion zu einem Thema von lokalpolitischem Interesse, waren in meinem Fortgeschrittenenkurs beliebt.

Michael Dobstadt, DAAD-Lektor in Salamanca, Spanien

Und auch die selbst gewählte Sitzordnung kann deutlich variieren und zeigt in vielen Fällen schon die Einstellung zum Unterricht.

Der erste Eindruck bei Betreten eines Unterrichtsraums betrifft die [...] Platzwahl der Studierenden: Sie sind ganz offensichtlich bestrebt, räumliche Distanz zwischen sich und den Unterrichtenden zu schaffen.

Aus: „An japanischen Hochschulen lehren",
Beitrag von Klaus-Börge Boeckmann und Susanna Slivensky, S. 167

Strafen

Überraschungen kann man erleben, wenn man in einem anderen Kulturraum – für das westeuropäische Verständnis – kleinere Strafen austeilt. Was in der deutschen Schultradition etwa vollkommen normal ist, kann in einem anderen Kulturraum Irritationen und sogar Bestürzung hervorrufen.

Die Klasse (Grundstufe 1) ist gut drauf und albert herum. Irgendwann setze ich den größten Schwätzer in die erste Reihe um. Von da an ist Ruhe, aber es liegt Spannung in der Luft – das scheint eine ungewöhnliche Maßnahme gewesen zu sein. In der Pause kommt nicht er, sondern die drei Klassensprecher zu mir und entschuldigen sich im Namen der Klasse für die Schwierigkeiten, die ich mit ihnen hätte, geloben allgemeine Besserung und bitten darum, den Studenten an seinen Platz zurückzusetzen. Eine Woche später steckt mir jener Student einen deutschen, aber fast unverständlichen Brief zu, in dem ich lese, dass ich mich bitte besonders um ihn kümmern solle, da seine Eltern ihr ganzes Geld in seine Ausbildung und sein bevorstehendes Studium in Deutschland stecken. Muss ich mich jetzt schlecht fühlen?

Andreas Guder, DAAD-Lektor in Beijing, China

Autonomes Lernen

Eng verbunden mit der Frage nach der Kritikfähigkeit der Lerner gegenüber dem Unterrichtsgeschehen ist die Frage nach der Verantwortung für den eigenen Lernprozess. In vielen Ländern ist die Unterrichtstradition von lehrerzentriertem Frontalunterricht geprägt, in dem allein die Lehrerin oder der Lehrer die Verantwortung für den Lernfortschritt trägt. Hat man die gesamte Schul- und vielleicht sogar auch Hochschullaufbahn in einer solchen Atmosphäre verbracht, ist es schwierig, sich auf einen andersartigen Unterricht einzustellen und Verantwortung für den eigenen Lernprozess zu übernehmen.

Vor allem ging es darum, Selbststudium und Gruppenarbeit zu fördern und die nötigen Strukturen dafür zu schaffen. Dies ist angesichts der spanischen Lehr- und Lernmethoden (seit dem ersten Schuljahr reiner Frontalunterricht und Memorieren des Vorgetragenen) allerdings eine nicht eben einfache Aufgabe.

Daniel Zimmermann, DAAD-Lektor in Granada, Spanien

Traditionelle Unterrichtsformen

Es kann also auch nicht schaden, wenn Sie darüber Bescheid wissen, wie (Fremdsprachen-)Unterricht in dem Land, in dem Sie unterrichten, gemeinhin abläuft. So verstehen Sie die Schwierigkeiten besser, die die Lerner eventuell mit Ihrem Unterrichtsstil haben.

Frontalunterricht ist vollkommen normal und alles andere für die Studenten eher ungewohnt; die kommunikative Methode der Fremdsprachendidaktik scheint an den Schulen immer noch ein Fremdwort zu sein oder zumindest noch ein „Novum“, das längst noch nicht überall umgesetzt wird. Es fällt den Studenten schwer, sich frei zu äußern, die

Aussprache ist zum Teil miserabel. Wenn's indessen um Grammatik oder Leseverstehen geht, sieht's schon besser aus.
Cordula Rickers, DAAD-Lektorin in Nancy, Frankreich

Je nachdem, welche Methoden im Fremdsprachenunterricht bislang verwendet wurden, sind auch die verschiedenen Fertigkeiten (Hören, Lesen, Schreiben, Sprechen) entsprechend ausgebildet.

Durch die Dominanz des Schriftlichen in vielen Fächern haben die Schüler Schwierigkeiten, frei zu sprechen bzw. überhaupt zu sprechen. Aus Angst, Fehler zu machen, schrecken sie oft vor dem Versuch zurück, ihre Gedanken auszudrücken, und klammern sich stattdessen an vorgegebene Strukturen oder zitieren nicht immer passende Textstellen.
Isa, deutsche Austauschlehrerin in Frankreich (1995/96)

Wenn Sie beispielsweise wissen, dass Fremdsprachenunterricht an Schulen in Japan oder Korea zu einem großen Teil auch heute noch aus Übersetzungsübungen besteht, wird Ihnen schnell klar, warum ein dickes Wörterbuch (natürlich zweisprachig) auf jedem Tisch zu finden ist. Diese alte Methode des Fremdsprachenunterrichts – die Sie selbst wahrscheinlich nur noch aus dem Latein- oder Griechischunterricht kennen – ist vielleicht auch Schuld daran, dass so geprägte Lerner sich ganz schwer damit tun, zunächst den groben Sinn eines Textes zu erfassen, ohne dabei jedes Wort genau zu verstehen.

Die Präsentation von authentischen Texten schließlich [...] verlief auch nicht ganz so, wie er sie sich vorgestellt hatte: Die Studierenden zückten flugs ihre allgegenwärtigen Wörterbücher und schritten zu einer peinlich genauen Wort-für-Wort-Übersetzung sämtlichen Materials, das er ihnen vorlegte, dabei seine Vorschläge, es zunächst einmal ohne Wörterbuch zu versuchen, die unklaren Wörter im Plenum zu klären oder zunächst einmal nur ein globales Verständnis des Textes anzustreben, meist ignorierend. Solange sie ihrer Sache nicht sicher waren, war kaum ein Wort aus ihnen herauszubringen.
Aus: „An japanischen Hochschulen lehren",
Beitrag von Klaus-Börge Boeckmann und Susanna Slivensky, S. 166

Sprachkenntnisse der Lehrkraft

In jedem Fall ist es für Sie als Lehrperson hilfreich, wenn Sie die Muttersprache Ihrer Lernergruppe kennen. Dann nämlich kennen Sie zum Beispiel die Fehlerquellen, die aus den Unterschieden in der Struktur der Sprachen entstehen. Zudem können Sie die Übersetzung von Wörtern und Texten überprüfen.

Einsprachigkeit im Unterricht

Wenn Sie jedoch über keine oder nur rudimentäre Kenntnisse der Sprache, die Ihre Lernenden sprechen, verfügen, bleibt Ihnen natürlich wenig anderes übrig, als alles auf Deutsch zu erklären. Und Ihre Schüler müssen eben auch versuchen, Ihre Probleme auf Deutsch zu formulieren. Das kann ziemlich anstrengend sein. Aber es ist für die Lernenden eine gute Übung für den Härtefall: einen Besuch im deutschsprachigen Raum. Und wenn die Kommunikation gar nicht klappen will, hilft es, eine dritte Sprache – etwa Englisch – zu Hilfe zu nehmen.

Selbst wenn Sie die Sprache Ihrer Lernenden beherrschen, sollten Sie gerade als Muttersprachler möglichst viel auf Deutsch erklären. Das heißt allerdings nicht, dass man krampfhaft jedes nichtdeutsche Wort vermeiden sollte. Manchmal hält es den Unterrichtsfluss unnötig auf, wenn man minutenlang versucht, etwa das Wort „Freiheit“ zu umschreiben oder gar pantomimisch darzustellen – statt es einfach schnell zu übersetzen.

Überfordern Sie Ihre Schüler nicht. Oft kann es sehr frustrierend für die Schüler sein, sich von heute auf morgen auf einen einsprachigen Unterricht einzustellen. Nicht jeder nimmt den Sprung ins kalte Wasser als Herausforderung an.

Die Studenten sind Einsprachigkeit im Fremdsprachenunterricht nicht gewohnt, auch nicht interaktives oder dialogisches Unterrichtsgeschehen. Nachdem ich die ersten zwei Sitzungen meines Anfängerkurses überwiegend einsprachig durchgeführt hatte – in reduzierter Form natürlich, begründet und versehen mit viel Gestik und Mimik –, kam eine Studentin auf mich zu, um sich zu versichern, ob das denn überhaupt der Anfängerkurs 1 sei.

Cordula Rickers, DAAD-Lektorin in Nancy, Frankreich

Lernatmosphäre

Versuchen Sie, eine lustvolle, entspannte Lernatmosphäre zu schaffen. Gerade beim Fremdsprachenerwerb ist das sehr wichtig. Viele Lerner haben große Hemmungen, sich vor einer Gruppe und dann auch noch in einer fremden Sprache auszudrücken. Diese Hemmungen können Sie dadurch reduzieren, dass Sie den Schülern die Angst vor Fehlern nehmen.

Angst vor Fehlern

Das ist allerdings vielfach eine wirklich große Herausforderung. Vor allem in Ländern, in denen Fehler als große Schande empfunden werden, in denen man lieber schweigt und eine schlechte Note kassiert, als sich vor der Klasse zu blamieren, ist es ein hartes Stück Arbeit, die Lerner zu spontanen Äußerungen in der Fremdsprache zu animieren.

Eine an die ganze Gruppe gerichtete Frage erzeugte zunächst nur eines: peinliches Schweigen. Es kam ihm vor, als könne es auf der Welt keinen stilleren Ort geben als ein japanisches Klassenzimmer, in dem gerade eine Frage gestellt worden ist. Auch eine Frage, die an eine Einzelne gerichtet war, wurde zunächst mit Schweigen beantwortet. Wenn tatsächlich eine Antwort kam, dann dauerte es zumeist sehr lange und beschäftigte zumeist alle Umsitzenden, bei denen sich der/die Gefragte erkundigte und/oder rückversicherte, bevor sie die bestätigte Antwort an die Lehrkraft weiterleitete, und das zumeist in einer Lautstärke, die gelegentlich ein Hinabbeugen auf Sitzhöhe erforderte, um ein akustisches Verstehen zu ermöglichen.

Aus: „An japanischen Hochschulen lehren",
Beitrag von Klaus-Börge Boeckmann und Susanna Slivensky, S. 166

Korrigieren

Und wenn die Lerner wirklich endlich einmal etwas sagen, wie soll man dann mit Fehlern umgehen? Soll man den Lerner dafür „bestrafen", dass er sich vielleicht als Einziger getraut hat, eine Frage zu beantworten? Soll man ihn auch noch vor der Klasse „bloßstellen", indem man ihn darauf hinweist, dass es „stand" und nicht „stehte" heißt? Schwierig.

Überlegen Sie genau, welche Phasen Ihres Unterrichts sich besonders dazu eignen, auf sprachliche Korrektheit zu pochen, und welche nicht. Überlegen Sie sich, welche Kompetenzen Sie in einer Unterrichtsphase vorrangig fördern wollen. Vergessen Sie aber auch nicht, dass die Lerner in der Regel natürlich auch selbst wissen wollen, ob ihre Äußerung nun sprachlich in Ordnung war.

In diesem Zusammenhang stellen sich noch weitere Fragen: Wer korrigiert? Und: Wann soll korrigiert werden? Ist es für die Lerner unangenehmer, von der Lehrerin korrigiert zu werden als vom eigenen Tischnachbarn? Soll die Korrektur schon mitten im Redebeitrag des Lerners erfolgen oder geballt am Ende? Und: In welcher Form? Fragen über Fragen, auf die es immer mehr als eine Antwort gibt.

Auswahl der Lehrwerke

In vielen Fällen wird Ihnen die Institution, an der Sie unterrichten, ein Lehrwerk zur Verfügung stellen, mit dem Sie den Unterricht im Wesentlichen bestreiten sollen. Vielleicht erhalten Sie aber auch Gelegenheit, selbst ein kurstragendes Lehrwerk auszuwählen. Dabei müssen Sie viele Aspekte berücksichtigen.

Die Lehrwerke sind für bestimmte Zielgruppen konzipiert und orientieren sich zumeist an einer oder an mehreren Methoden des Fremdsprachenunterrichts. Zudem werden die einzelnen Unterrichtseinheiten meist an verschiedenen Themen oder Themenfeldern aufgehängt. Überlegen Sie bei der Auswahl gut, mit welcher Lernergruppe Sie es zu tun haben und welches Lernziel Sie verfolgen. Lehrwerke etwa, die schwerpunktmäßig die konkrete Arbeitswelt in Deutschland thematisieren, sind vielleicht weniger geeignet, wenn Ihre Lerner mit großer Wahrscheinlichkeit niemals in Deutschland arbeiten werden.

Der kleine Methodenüberblick

Grammatik-Übersetzungsmethode

Die Grammatik-Übersetzungsmethode ist die klassische Art, tote Fremdsprachen (etwa Latein und Griechisch) zu lernen. Die Kommunikationsfähigkeit in der Fremdsprache – etwa in Alltagssituationen – ist dabei kein Ziel des Unterrichts. Und so verwendet man die Fremdsprache auch nicht als Unterrichtssprache. Es geht also im Wesentlichen darum, die grammatischen Bauprinzipien der Sprache kennen zu lernen. Diese Methode ist vor allem kognitiv orientiert; es geht in erster Linie um Wissen (nicht um Können). Ziel eines solchen Unterrichts ist es, fremdsprachige Texte genau verstehen zu können – gefördert wird also vor allem die Fertigkeit Lesen. Die Übungen beschränken sich daher auf die Bildung von Satzmustern nach den gelernten Regeln, auf formale Satzumformungen und schließlich das Übersetzen.

Audiolingualer, audiovisueller Ansatz

Die audiolinguale oder audiovisuelle Methode stellt als Ziel sprachliches Können (statt Wissen) in den Vordergrund. Dabei sind immer Alltagssituationen Ausgangspunkt des Lernprozesses; sie werden mit Hilfe (möglichst authentischer) audiovisueller Medien simuliert. Die Prinzipien des Lernens sind Imitation und Verstärkung; auf kognitive Verfahren wird weitgehend verzichtet. Daher ist die typische Übungsform auch der Pattern-Drill (Übungen gleichen Schemas werden – ohne Variation oder bewusst machende Verfahren – mehrfach wiederholt). Zu dieser Methode gehört weiterhin eine strenge Einsprachigkeit im Unterricht. Gefördert werden vor allem die Fähigkeiten Hören und Sprechen.

Die kommunikativ-pragmatische Methode knüpft an die Fähigkeit eigener kreativer Sprachverwendung und an Vorerfahrungen (etwa aus bereits erlernten Fremdsprachen) an. Der Unterricht orientiert sich an den pädagogischen und pragmatischen Voraussetzungen und Bedürfnissen der Lerner. Auch der spezifische kulturelle Hintergrund der Lerner wird stark berücksichtigt. Ziel des Fremdsprachenunterrichts ist hier die Fähigkeit zum kommunikativen Handeln in konkreten Situationen. Der Lerner soll dabei eine möglichst aktive Rolle einnehmen. Angeboten werden soll eine große Vielfalt an Übungstypen. Literatur und Landeskunde werden organisch in den Unterricht integriert.

Kommunikativ-pragmatischer Ansatz

Im pädagogisch-interkulturellen Ansatz soll der Lerner die Kompetenz zur interkulturellen Kommunikation erwerben. Dabei liegt der Schwerpunkt nicht mehr so deutlich auf den Alltagssituationen. Vielmehr soll die Fähigkeit von Fremdverstehen im umfassenden Sinn gefördert werden. Betont wird der ganzheitliche Charakter des Fremdsprachenlernens, wobei die kognitiven Strategien bewusst mit eingeschlossen werden. Es wird darauf geachtet, dass sich die Unterrichtsthemen an die Erfahrungen der Lerner anschließen und für sie persönlich relevant sind. Jedoch werden auch Lernstrategien thematisiert. Vielfältige Übungsformen sollen der Unterschiedlichkeit der Lernstrategien der einzelnen Lerner Rechnung tragen. Im pädagogisch-interkulturellen Ansatz erhält die Landeskunde einen zentralen Stellenwert in allen Bereichen des Fremdsprachenunterrichts.

Pädagogisch-interkultureller Ansatz

Gedanken sollte man sich als DaF-Lehrkraft auch über den Einsatz von Medien unterschiedlicher Art machen. Medien sind alle Hilfsmittel, die der Lehrer zur Vermittlung der Inhalte im Unterricht einsetzt. Bei der Auswahl der Medien sollte man sich fragen, welches Medium sich am besten eignet, um das angestrebte Lernziel zu erreichen.

Medieneinsatz

Medien wie das Tafelbild etwa haben in erster Linie die Funktion, Informationen zu veranschaulichen und in einer Form zu präsentieren, die den Lernern das Memorieren erleichtert. Auditive Medien fördern in erster Linie das Hörverstehen (etwa mit authentischen Tondokumenten – wie Radiosendungen, Liedern, Hörspielen) und können gut zur Ausspracheschulung eingesetzt werden (Beispiel Sprachlaboraufgaben).

Medien und ihre Funktionen

Auf eine erstaunliche Resonanz ist auch der Einsatz von Musik und Film gestoßen. Hörverstehensübungen mit Stücken von Herbert Grönemeyer, Ina Deter, den Fantastischen Vier, Wolf Biermann und Nina Hagen erwiesen sich als prima Alternative zum traditionellen Diktat. Und der suggestive Film „Winterschläfer" von Tom Tykwer ermunterte einige Kursteilnehmer zu beachtlichen Kritiken.
Michael Dobstadt, DAAD-Lektor in Salamanca, Spanien

Vielleicht kennen Sie es aus Ihrer eigenen Zeit als Schülerin oder Schüler: Vielfach hat man den Eindruck, dass vor allem audiovisuelle Medien wie Videofilme und Fernsehsendungen in erster Linie als Beschäftigungstherapie eingesetzt werden.

Der Medieneinsatz ist nur dann effektiv, wenn er in einen Aufgabenzusammenhang eingebettet ist. Sich einen Film einfach nur mal so anzusehen ist vielleicht interessant und entspannend. Weitaus mehr Nutzen kann man jedoch ziehen, wenn der Einsatz vorbereitet, begleitet und nachbereitet wird. Der Lehrer hat neben der Auswahl des geeigneten Mediums die Aufgabe, es für den Unterricht aufzubereiten.

Authentizität

Es kann für die Lernenden sehr motivierend sein, sich mit authentischem Material (zum Beispiel einem Original-Zeitungsartikel) zu beschäftigen. Im Ausland ist es nur oft nicht ganz einfach, an authentische Medien und Materialien zu kommen. Zum Glück gibt es aber das Internet, das eine Fülle von Möglichkeiten für den Fremdsprachenunterricht bietet. Neben Informationen zur Landeskunde (etwa Vorstellung von Städten oder Personen, Zeitungsartikel, Radiosendungen) gibt es hier für die Lerner die Möglichkeiten, in Chatrooms oder per E-Mail mit deutschsprachigen Menschen auf der ganzen Welt zu kommunizieren.

Doch nicht nur das Internet, auch ein Multimedia-Computer bietet gute Möglichkeiten für den DaF-Unterricht – vor allem im Bereich des Übens und des Selbststudiums.

Ausstattung

Die Möglichkeiten zum Einsatz von Medien stehen und fallen natürlich mit der Ausstattung der Institution, an der Sie arbeiten.

Das größte Problem ist die mangelhafte Ausstattung sämtlicher Bibliotheken. [...] Die Ausstattung mit technischem Gerät ist nicht immer gut, d.h., nur im Seminarraum des Instituts sind Kassettenrecorder und Tageslichtprojektor vorhanden. [...] Ein PC-Arbeitsplatz mit Internet-Anschluss ist im Institut vorhanden, allerdings muss sich das gesamte Lehrpersonal diesen einen Computer teilen.

Österreichisch-Kooperation-Lektor/in in Iasi, Rumänien

Dabei können zum Teil sogar die elementarsten Geräte und Materialien fehlen. Dass ein Kassettenrekorder oder ein funktionstüchtiger Overhead-Projektor zur Verfügung stehen, ist in vielen Ländern keine Selbstverständlichkeit. Und wo selbst Wörterbücher fehlen, da ist die Frage nach einem Sprachlabor wohl überflüssig.

Der universitäre Bookshop, der die Studenten eigentlich mit Büchern versorgen sollte, arbeitet nur sehr unzuverlässig. Bücher kommen nicht jedes Jahr, Wörterbücher sind überhaupt noch nie gekommen, seit ich in Kampala bin.

Ingrid Rissom, DAAD-Lektorin (1984 – 89) in Kampala, Uganda
(aus: Spuren in die Zukunft, Bd. 3, S. 189)

Bild des deutschsprachigen Raums

Je nachdem, welche Materialien Sie auswählen, was Sie über Deutschland, Österreich oder die Schweiz erzählen, vermitteln Sie natürlich ein ganz bestimmtes Bild des Landes. Und dabei stoßen Sie natürlich auch zunächst auf positive wie negative Vorurteile und Stereotype. Wenn etwa die Amerikaner – etwas pauschal gesprochen – den Deutschen als einen gemütlich Bier trinkenden Lederhosenträger sehen, der entweder das Münchner Oktoberfest besucht oder Neuschwanstein besichtigt, ist es manchmal gar nicht so einfach, eine neue Sichtweise zu vermitteln.

In Dublin haben sich [...] interkulturelle Verknüpfungen zum Beispiel durch die Initiierung einer jährlichen German Debate mit dem Trinity College ergeben. Der Plot bei dieser Veranstaltung ist sehr angelsächsisch, höchst formalisiert. Traditionell erscheinen die debattierenden Studenten in Black Tie (Smoking mit Fliege) und die Studentinnen im kleinen oder schon mal langen Schwarzen. Ganz so traditionell formal geht es bei der German Debate nicht zu. Schließlich war auch [...] das Thema der ersten Debatte nicht todernst gemeint: Die Deutschen haben keinen Humor! Fast wäre es dem Team der UCD gelungen, dieses allgemeine Vorurteil zu widerlegen. Immerhin war der April 1998 äußerst günstig, um das Gegenteil zu beweisen: Guildo Horn war gerade mit überwältigender Mehrheit für den Grand Prix de la Chanson in Birmingham nominiert worden. Aber die geg-

nerische Frau- und Mannschaft argumentierte mit deutschen Schriftstellern und der Grundstufengrammatik von Monika Reimann. Das war dann doch unschlagbar!
Torsten Flüh, DAAD-Lektor in Dublin, Irland

Rolle als Botschafter

Bedenken Sie jedoch auch immer, wie wichtig Ihre Rolle für die Vermittlung eines Bildes der deutschsprachigen Länder ist. Vielleicht sind Sie der erste Deutsche, die erste Österreicherin oder Schweizerin, die Ihre Lerner hautnah erleben. Zeigen Sie sich als humorvoller Mensch, werden Ihre Lerner schnell geneigt sein, ihr Bild vom ernsten Deutschen zu überdenken. Nicht überall haben die Lernenden die Möglichkeit, eines schönen Tages ein deutschsprachiges Land zu besuchen und ihre Stereotypen mit der persönlichen Erfahrung abzugleichen. Das Bild, das Sie in den Köpfen der Schülerinnen und Schüler hinterlassen, prägt deren Bild von den Deutschen, Österreichern und Schweizern entscheidend mit oder um.

Die Studierenden des European Law Degree verbringen ihr drittes von vier Studienjahren im Ausland und werden zuvor fachlich darauf vorbereitet. Die Reaktionen auf Deutschland sind durchweg positiv: Vor der Ausreise denken die Studis, die Deutschen hätten keinen Sinn für Humor, nach ihrer Rückkehr wissen sie, dass wir doch einen haben, er ist nur anders als der der Engländer. Allgemeine Heiterkeit löst die erste Berührung mit der Mülltrennung aus, dafür sind die öffentlichen Verkehrsmittel nicht nur pünktlicher (was allerdings auch nicht schwer ist), sondern auch viel sauberer als in England. „Das Unterkünften" (Studi-Zitat) ist deutlich günstiger als in England, und die Deutschen sind vielleicht nicht immer so freundlich, dafür aber sehr effizient.
Andrew Otto, DAAD-Lektor in Coventry, Großbritannien

Landeskunde

Als eben erst aus dem Heimatland angereister Muttersprachler können Sie den Landeskundeunterricht ganz anders gestalten als eine Lehrkraft vor Ort, die erst selten in einem deutschsprachigen Land war oder deren letzter Aufenthalt sehr lang zurückliegt.

Aktuelle Informationen

Sie haben aktuelle Informationen, kennen die Stimmung im Land und wissen, was zurzeit diskutiert wird. Sie kennen die Mode, die neusten Filme und Fernsehsendungen, wissen, wie die Jugendlichen heute Deutsch reden und, und, und. Nutzen Sie dieses Wissen und vermitteln Sie es Ihren Lernenden. Statt einer Lehrbucheinheit über das deutsche Frühstück, auf die Nichtmuttersprachler mangels eigener Erfahrung zurückgreifen, sollten Sie Ihren Schwerpunkt auf Informationen legen, die man eben nur hat, wenn man soeben aus einem deutschsprachigen Land kommt.

Aktivitäten außerhalb des Unterrichts

Nutzen Sie auch die Gelegenheit zu Aktivitäten außerhalb des Unterrichts. Sie können Ihren Kursteilnehmerinnen und -teilnehmern sehr viel mehr Landeskunde vermitteln, wenn Sie gemeinsam tätig werden – etwa ein typisch deutsches Fest organisieren.

> *Zu Weihnachten habe ich dann mit den Studenten Herrn Wang, Herrn Zhou, Frau Ge, Frau Yin und Frau Li Dresdner Christstollen mit Shanghaier Note gebacken. Die Shanghaier Note erklärt sich vor allem daher, dass wir in Ermangelung von Rum chinesischen Reisschnaps, Mao Tai, verwenden mussten. Die „echte" Butter für den Stollen war astronomisch teuer, weil es kaum Milchprodukte in China gibt. Überhaupt lernte Herr Wang erst beim Einkaufen, dass es einen Unterschied zwischen Butter und Margarine gibt. Die chinesische Sprache macht da nämlich keinen. Backöfen gibt es eigentlich auch nicht in China. Frittieren, Braten, Dünsten etc. sind chinesische Zubereitungsmethoden, Backen weniger. Aber auf dem täglichen Weg zur Uni hatte ich ein Sino-Canadian Jointventure, die Bäckerei Shanghai Willy, entdeckt. Dort ließen wir unter Fachdiskussionen mit den chinesischen Bäckern die Stollen in deutschen Großbacköfen backen. Denn deutsche Backöfen seien nun einmal die besten, versicherte der Bäckermeister.*
>
> Torsten Flüh, ehemaliger Lektor in Shanghai, China

Vorbereitung auf Auslandsaufenthalt

Spannend ist es auch, wenn Sie Ihre Lerner auf einen Aufenthalt in einem deutschsprachigen Land vorbereiten. Nicht nur, dass die Gruppe im Hinblick auf das konkrete Ziel höchst motiviert sein wird, Sie können auch zu einem extrem wichtigen Informanten werden, der den Lernern viele unangenehme Situationen erspart.

> *Äußerst spannend war ein kleiner Extrakurs mit bald ausreisenden Stipendiaten, in dem wir das Deutschlernen (und Vertiefen) mit einer Art interkulturellem Landeskundekurs verknüpft haben (nach dem Motto: Biete in Deutschland niemals einem Polizisten Schmiergeld an ...); wir haben Situationen bei der Einschreibung, der Zimmersuche, der Suche nach einem günstigen Supermarkt etc. in Rollenspielen „nacherlebt". Ich denke, die Teilnehmer wurden so gut auf Deutschland vorbereitet und haben auch sprachlich eine Menge gelernt.*
>
> Ursula Esser, DAAD-Lektorin in Guadalajara, Mexiko

Dass in Deutschland, Österreich oder der Schweiz einiges anders funktioniert als im Heimatland Ihrer DaF-Lerner, haben Sie dann selbst vielleicht schon mehr oder weniger leidvoll erfahren. Mit diesen Kenntnissen können Sie aber für Ihre Lerner sehr wichtig sein. Sie sehen die Unterschiede, können sie benennen und vielleicht sogar erklären. Davon sollten Sie die Lerner profitieren lassen.

Ein Bewerber um ein Stipendium erklärte mir kürzlich, er habe jetzt „Kontakte" zur Deutschen Botschaft in Budapest und hoffe, auf diesem Weg ein Stipendium zu erhalten, und es war recht mühsam, ihm klar zu machen, dass ihm das rein gar nichts nützt, dagegen die Qualität seiner Bewerbung eine große Rolle spielt.
Dorothee Rabe, DAAD-Lektorin in Pécs, Ungarn

Aktuelle Literatur

Und nicht nur in der Landeskunde können Sie als Muttersprachler mit Ihren Erfahrungen und aktuellen Informationen den Lernern mehr (oder zumindest anderes) bieten als die Lehrkräfte vor Ort. Vielleicht können Sie auch im Bereich Literatur einmal von den althergebrachten Standardwerken und Klassikern abweichen.

Im Literaturunterricht habe ich vor allem die Literatur nach 1945 behandelt. Der eine Grund dafür war mein eigenes Interesse; der andere war der, dass die Gegenwartsliteratur den Studenten kaum bekannt war bzw. ist, weil der Schwerpunkt im Literaturunterricht vor allem bei den Autoren der deutschen Klassik und der Literatur der Jahrhundertwende liegt.
Österreich-Kooperation-Lektor/in in Iasi, Rumänien

Sensibilität und Offenheit

Bei allen interkulturellen Differenzen und allen Fettnäpfchen, in die man als Lerner, aber eben auch als Lehrkraft treten kann, sind also Vorsicht und Wachsamkeit geboten. Doch mit der nötigen Sensibilität und Offenheit wird das Abenteuer „Unterricht im Ausland" zu einem unvergesslichen Erlebnis.

Wenn man diesen Job ohne Sensibilität angeht, ohne Respekt für die jeweils andere Kultur, aus einer arroganten Haltung des Besserwissers heraus, dann hat man schon verloren. Die besten Ideen werden dann nicht mehr angenommen, und ich muss sagen, ich kann es verstehen. Also: Taktgefühl und Sensibilität, sowohl im Umgang mit den Studenten als auch mit dem Lehrkörper, sind die wichtigsten Eigenschaften, die man ins Ausland mitnehmen sollte. Die Menschen hier danken es einem sehr.
Christian Miller, DAAD-Lektor in Santiago de Compostela, Spanien

5.2 Sprachprüfungen im DaF-Bereich

Prüfung als Ziel

Es gibt zahlreiche Sprachprüfungen im Fach Deutsch als Fremdsprache. Oft ist das Ziel Ihrer Kursteilnehmerinnen und -teilnehmer, eine solche Prüfung abzulegen. Daher finden Sie unten eine kurze Vorstellung der wichtigsten Prüfungen. Einen guten Überblick bietet auch www.sprachenzertifikate.de.

Zunächst jedoch erfahren Sie etwas über den Gemeinsamen europäischen Referenzrahmen (GeR), der im Bereich der Sprachprüfungen eine immer wichtigere Rolle spielt.

Gemeinsamer europäischer Referenzrahmen

Der Gemeinsame europäische Referenzrahmen (GeR) wurde vom Europarat im Jahr 2000 vorgelegt. Er wurde erarbeitet, um im mehrsprachigen Europa das Sprachniveau von Curricula, Lehrwerken und Prüfungen im Fremdsprachenbereich miteinander vergleichen zu können.

Mittlerweile orientieren sich neuere Lehrmaterialien und Sprachkurse an den sechs Niveaustufen des GeR. Die drei Hauptstufen A, B und C (denen etwa die alten Bezeichnungen Grundstufe, Mittelstufe und Oberstufe entsprechen) sind jeweils in Niveau 1 und 2 unterteilt:
A: Elementare Sprachverwendung
- A1 = Breakthrough
- A2 = Waystage

B: Selbstständige Sprachverwendung
- B1 = Threshold
- B2 = Vantage

C: Kompetente Sprachverwendung
- C1 = Effective Operational Proficiency
- C2 = Mastery

Für jede Niveaustufe werden die Sprachkompetenzen, die erreicht werden sollen, mit Hilfe von „Kann"-Bestimmungen detailliert beschrieben.

Ein Beispiel: Auf dem Niveau B2 kann sich ein Lerner so spontan und fließend verständigen, dass ein normales Gespräch mit Muttersprachlern ohne größere Anstrengung auf beiden Seiten gut möglich ist.

Weitere Informationen unter www.goethe.de/referenzrahmen.

Prüfungen des Goethe-Instituts

Im Ausland nimmt unter anderem das Goethe-Institut eine Reihe von Sprachprüfungen ab. Sie werden im Folgenden kurz vorgestellt. Informationen zu den Sprachprüfungen erhalten Sie auch im Internet unter www.goethe.de/dll/prf/deindex.htm.

Start 1 und 2 Seit Dezember 2003 bietet das Goethe-Institut zwei neue Grundstufenprüfungen an, die zusammen mit der Weiterbildungs-Testsysteme GmbH (WBT) getragen werden. Zu beiden Prüfungen gibt es die so genannte Z-Version, die sich exklusiv an Zuwanderer in Deutschland richtet. In *Start 1 und 2* werden die Deutschkenntnisse Erwachsener geprüft (speziell für Jugendliche werden die Prüfungen *Fit in Deutsch 1 und 2* angeboten). *Start Deutsch 1* liegt auf dem Kompetenzniveau A1 des GeR, *Start 2* auf A2.

ZD Das *Zertifikat Deutsch* (ZD) wird gemeinschaftlich vom Goethe-Institut, der Schweizerischen Konferenz der Kantonalen Erziehungsdirektoren (EDK), vertreten durch die Universität Freiburg, dem Österreichischen Sprachdiplom Deutsch (ÖSD) und der Weiterbildungs-Testsysteme GmbH (WBT) getragen. Mit dieser Prüfung werden solide Grundkenntnisse in der deutschen Umgangssprache nachgewiesen, die es ermöglichen, sich in allen wichtigen Alltagssituationen sprachlich zurechtzufinden (Niveaustufe B1 des GeR). In Deutschland ist das ZD als Nachweis von Deutschkenntnissen zur Erlangung der deutschen Staatsangehörigkeit anerkannt.

ZDfB Mit dem *Zertifikat Deutsch für den Beruf* (ZDfB) des Goethe-Instituts werden Kenntnisse nachgewiesen, die ausreichen, um sich schriftlich und mündlich in berufsalltäglichen Situationen in der deutschen Sprache angemessen verständigen zu können (Niveaustufe B2 des GeR).

PWD Die *Prüfung Wirtschaftsdeutsch International* (PWD) wurde in Zusammenarbeit zwischen dem Goethe-Institut, dem Deutschen Industrie- und Handelskammertag (DIHK) sowie den Carl Duisberg Centren (CDC) entwickelt. Mit der PWD wird die Fähigkeit nachgewiesen, sich schriftlich und mündlich über berufliche und wirtschaftliche Sachverhalte in der deutschen Sprache auf gehobenem Niveau verständigen zu können (Niveau C1 des GeR).

Mit der *Zentralen Mittelstufenprüfung* (ZMP) werden gute Kenntnisse der deutschen Standardsprache nachgewiesen (Niveaustufe C1 des GeR). Diese Prüfung wurde vom Goethe-Institut in Zusammenarbeit mit dem Österreichischen Sprachdiplom (Wien) und dem Institut für Deutsche Sprache der Universität Freiburg (Schweiz) erarbeitet. *ZMP*

Mit der *Zentralen Oberstufenprüfung* (ZOP) des Goethe-Instituts werden differenzierte Kenntnisse der deutschen Standardsprache nachgewiesen (Niveaustufe C2 des GeR). Das Zeugnis der bestandenen ZOP befreit an deutschen Hochschulen von der sprachlichen Aufnahmeprüfung. *ZOP*

Das *Kleine Deutsche Sprachdiplom* wird seit 1962 vom Goethe-Institut im Auftrag der Ludwig-Maximilians-Universität zu München verliehen. Es entspricht im Schwierigkeitsgrad der *Zentralen Oberstufenprüfung* (Niveaustufe C2 des GeR), weist aber zusätzlich allgemeine Kenntnisse auf Gebieten der deutschen Kultur und Landeskunde nach. Absolventen des KDS sind von der sprachlichen Aufnahmeprüfung an deutschen Hochschulen befreit. *KDS*

Das *Große Deutsche Sprachdiplom* wird seit 1962 vom Goethe-Institut im Auftrag der Ludwig-Maximilians-Universität zu München verliehen. Mit dem GDS werden nahezu muttersprachliche Sprachkenntnisse nachgewiesen (Niveaustufe C2 des GeR). Absolventen des GDS sind von der sprachlichen Aufnahmeprüfung an deutschen Hochschulen befreit. *GDS*

Prüfungen für den Zugang an deutschen Hochschulen

Zu den Unterlagen, die ausländische Studienbewerberinnen und -bewerber bei einer deutschen Hochschule einreichen müssen, wenn sie sich dort um einen Studienplatz bewerben, gehört unter anderem ein Sprachzeugnis. Das Zeugnis soll nachweisen, dass ausreichend gute Deutschkenntnisse für ein Studium an einer deutschen Hochschule vorhanden sind.

Es gibt zwei verschiedene hochschulspezifische Prüfungen, mit denen dieser Nachweis erbracht werden kann: die *Deutsche Sprachprüfung für den Hochschulzugang ausländischer Studienbewerber* (kurz DSH) und der *Test Deutsch als Fremdsprache* (TestDaF). Nähere Informationen finden Sie dazu auch unter www.daad.de/deutschland/de/2.5.2.html.

Von diesen Sprachprüfungen sind Inhaberinnen und Inhaber anderer als äquivalent beurteilter Sprachdiplome befreit: *Deutsches Sprachdiplom der Kultusministerkonferenz Stufe 2* (KMK 2), *Zentrale Oberstufenprüfung* (ZOP), *Kleines und Großes Deutsches Sprachdiplom* (KDS und GDS).

DSH Die *Deutsche Sprachprüfung für den Hochschulzugang ausländischer Studienbewerber* wird von den Hochschulen in Deutschland angeboten und kann nur vor Ort abgelegt werden. Es gibt eine für ganz Deutschland geltende Rahmenordnung für die Prüfung. In diesem Rahmen gestalten die einzelnen Universitäten die Prüfungen aber selbstständig. Daher unterscheiden sich die Aufgabenstellungen von Hochschule zu Hochschule. Es gibt bei der DSH in der Regel keine Noten. Das Ergebnis der Prüfung lautet „bestanden“ oder „nicht bestanden“. Die DSH kann grundsätzlich nur einmal wiederholt werden.

TestDaF Der *TestDaF* ist eine einheitliche Sprachprüfung für ausländische Studienbewerber. Er wird zentral erstellt und korrigiert. Er kann auch im Ausland – an einem der lizenzierten Testzentren in 76 Ländern – abgenommen werden und macht damit für ausländische Studienbewerberinnen und -bewerber den Nachweis ausreichender Sprachkenntnisse bereits im Heimatland möglich. TestDaF beschreibt durch gestaffelte Ergebnisse (drei Niveaustufen – TDN 3, TDN 4 und TDN 5) genau den sprachlichen Leistungsstand eines Bewerbers. Die Hochschulrektorenkonferenz hat den Test bei Leistungen auf höchster Niveaustufe (TestDaF-Niveaustufe 5) als gleichwertig mit der Deutschen Sprachprüfung für den Hochschulzugang anerkannt. Bei einem Niveau unter TDN 5 trifft die jeweilige Hochschule die Entscheidung über die Zulassung. Nähere Informationen erhalten Sie beim TestDaF-Institut:

TestDaF-Institut

Feithstr. 188 *D-58084 Hagen*	*Tel.: +49 (23 31) 9 87-40 80* *Fax: +49 (23 31) 9 87-3 58* *E-Mail: info@testdaf.de* *www.testdaf.de*

Das Österreichische Sprachdiplom Deutsch

ÖSD Das *Österreichische Sprachdiplom Deutsch* (ÖSD) ist ein staatlich unterstütztes und international angebotenes Prüfungssystem für Deutsch als Fremdsprache. Die Prüfungen werden an über 140 ÖSD-Prüfungszentren in 30 verschiedenen Ländern durchgeführt.

Mit dem ÖSD weisen die Kandidaten nach, dass sie über die der jeweiligen Prüfungsstufe angemessenen Kenntnisse der deutschen Sprache verfügen, um sich in wichtigen Alltagssituationen mündlich und schriftlich verständigen zu können. Das ÖSD geht von einer plurizentrischen Sprachauffassung aus, das heißt, dass die großräumigen Standardvarietäten der deutschsprachigen Länder Deutschland, Österreich und Schweiz berücksichtigt werden.

Zurzeit gibt es sechs Prüfungen des ÖSD:

KID 1

Die Prüfung *Kompetenz in Deutsch 1* testet die sprachlichen Fähigkeiten von Kindern und Jugendlichen im Bereich der elementaren Alltagskommunikation (Niveaustufe A1 des GeR).

KID 2

Die Prüfung *Kompetenz in Deutsch 2* testet die sprachlichen Fähigkeiten von Kindern und Jugendlichen im Bereich der Alltagskommunikation im privaten und halböffentlichen Bereich (Niveaustufe A2 des GeR).

Grundstufe Deutsch

Mit der *Prüfung Grundstufe Deutsch* (GD) wird die Fähigkeit nachgewiesen, in vertrauten Situationen des Alltagslebens auf elementarer Basis kommunizieren zu können (Niveaustufe A2 des GeR). Der Schwerpunkt der Prüfung liegt in verstärktem Maße auf den rezeptiven Fertigkeitsbereichen Lesen und Hören.

Zertifikat Deutsch

Nähere Informationen zum *Zertifikat Deutsch* (ZD), das unter anderem mit dem Goethe-Institut erarbeitet wurde, finden Sie oben (Niveaustufe B1 des GeR).

Mittelstufe Deutsch

Mit der Prüfung *Mittelstufe Deutsch* (MD) werden über die Alltagskommunikation hinaus auch im Bereich der Sachkommunikation ausreichende Fähigkeiten nachgewiesen. Die Mittelstufenprüfung ist mit der *Zentralen Mittelstufenprüfung* des Goethe-Instituts vergleichbar (Niveaustufe C1 des GeR) und wird an den österreichischen Universitäten als Nachweis von Deutschkenntnissen bei der Zulassung zum Studium anerkannt.

Wirtschaftssprache Deutsch

Das *Diplom Wirtschaftssprache Deutsch* (WD) setzt ein sehr hohes Sprachniveau (ÖSD-Mittelstufe) voraus und erfordert überdies fachsprachliche Kompetenz in wirtschaftlichen Bereichen (Niveaustufe C1 des GeR). Zielgruppen sind Erwachsene, die

Deutsch in Wirtschaftsberufen oder wirtschaftsnahen Tätigkeitsbereichen nutzen wollen, sowie Studierende der Wirtschaftswissenschaften. Das WD wird an den österreichischen Universitäten als Nachweis von Deutschkenntnissen bei der Zulassung zum Studium anerkannt.

Vorbereitet wird zudem das Zertifikat *Deutsch für Tourismus* (ZDT) auf der Kompetenzstufe B2 des GeR.

Nähere Informationen zum Österreichischen Sprachdiplom Deutsch erhalten Sie hier:

ÖSD-Prüfungszentrale

Althanstr. 7 – 9/10 *A-1090 Wien*	*Tel.: +43 (1) 3 19 33 95* *Fax: +43 (1) 3 19 33 96* *E-Mail: osd@aon.at* *www.osd.at*

Andere Sprachprüfungen

Grundbaustein

Die Prüfung *Grundbaustein* ist Teil des Prüfungsangebotes der Weiterbildungs-Testsysteme GmbH (WBT) und wird seit über 30 Jahren in den Partnerinstitutionen der WBT im Inland und im europäischen Ausland durchgeführt. Der „Grundbaustein Deutsch" basiert auf den Entwicklungsarbeiten des Deutschen Instituts für Erwachsenenbildung e.V. (früher: Pädagogische Arbeitsstelle des Deutschen Volkshochschul-Verbands). Mit der Prüfung werden Kenntnisse nachgewiesen, die ausreichen, sich im mündlichen und schriftlichen Gebrauch der Umgangssprache mit Deutsch sprechenden Menschen im Inland oder Ausland in allen wichtigen Situationen sprachlich zu behaupten (Niveau A2 des GeR).

KMK2

Das *Deutsche Sprachdiplom der Kultusministerkonferenz Stufe 2* (KMK 2) bescheinigt für ein Studium an einer deutschsprachigen Hochschule ausreichende Deutschkenntnisse.

5.3 Die Suche nach Unterrichtsmaterialien

Bücher, Videos, Kassetten, Folien und vieles mehr

Materialien für den DaF-Unterricht gibt es in Hülle und Fülle. Sie finden Lehrwerke, Videosprachkurse, Themenhefte, Übungsbücher, Foliensätze, Hörkassetten, Sprachzeitungen etc. Es ist gar nicht so einfach, sich hier eine Übersicht zu verschaffen.

Verlage

Einige Verlage haben sich auf das Gebiet „Deutsch als Fremdsprache" spezialisiert und bieten Materialien für den Unterricht an. Auf den Internetseiten der Verlage werden natürlich in erster Linie die eigenen Produkte vorgestellt, aber zunehmend wird auch kostenloses Material für den Unterricht angeboten. Zudem versenden viele dieser Verlage per E-Mail Newsletter mit aktuellen Informationen aus der DaF-Szene und Hinweisen auf neues Lehrmaterial.

Wichtige Verlage im DaF-Bereich sind (in alphabetischer Reihenfolge):

Cornelsen-Verlag für Bildungsmedien, Berlin: www.cornelsen.de
Gilde-Verlag, Köln: www.printmedia.de/gilde
Iudicium Verlag, München: www.iudicium.de
Max-Hueber-Verlag, Ismaning (inkl. Verlag für Deutsch): www.hueber.de
Klett Edition Deutsch, Stuttgart: www.edition-deutsch.de
Klett und Balmer Verlag: www.klett.ch
Langenscheidt Verlag, München: www.langenscheidt.de
Wolf-Verlag/Verlag Dürr+Kessler, Regensburg: www.wolfverlag.de

Wie kommt man aber in der Ferne an Bücher aus Deutschland? Zwar stellen die Mittlerorganisationen oft Unterrichtsmaterial zur Verfügung, doch vielleicht hat man ja ganz eigene Wünsche und Vorstellungen. Die Firma globalbooks zum Beispiel liefert Bücher bei Bestellungen übers Internet zu günstigen Konditionen ins Ausland: www.globalbooks.de.

Goethe-Institut

Das Goethe-Institut entwickelt und produziert ein Fülle von Materialien für alle Bereiche des DaF-Unterrichts. Die Materialien können bestellt werden (kostenpflichtig). Den aktuellen Katalog der Materialien finden Sie unter www.goethe.de/shp/deindex.htm.

Viele Materialien beispielsweise zur Landeskunde sind aber auch kostenfrei übers Internet zugänglich oder abrufbar. Auf den Seiten des Goethe-Instituts finden Sie Aufgaben und Übungen, Anleitungen zur Erstellung von Übungsblättern (auch Online-Erstellung), Online-Deutschkurse, Materialien und Texte zur Landeskunde sowie viele weiterführende Links. Etwas versteckt unter www.goethe.de/z/82/acwww25/katalop/deindex.htm gibt es auch eine kommentierte Auswahlbibliographie zu DaF.

Österreich Institut

Auch das Österreich Institut gibt laufend Unterrichtsmaterial heraus. Viermal im Jahr erscheint der „Österreich Spiegel. Die Zeitung für den Deutschunterricht". Die Artikel im „Österreich Spiegel" sind deutschsprachigen Zeitungen entnommen und spiegeln wichtige aktuelle Themen der österreichischen medialen Öffentlichkeit wider. Jeder Ausgabe ist eine Audio-CD mit Hörbeiträgen aus dem Österreichischen Rundfunk (ORF) beigelegt. Zudem können über das Österreich Institut, Zentrale Wien Filmdidaktisierungen sowie eine Früherwerbsmappe (Materialienmappe für den frühen Fremdsprachenunterricht für Kinder zwischen 4 und 12 Jahren) bezogen werden. Näheres unter www.oesterreichinstitut.org.

Österreich Portal

Seit 2001 ist auch ein landeskundlich orientiertes „Österreich Portal" online (www.oesterreichportal.at), das multimediale Unterrichtspakete im Internet bereitstellt. Basierend auf österreichischen Websites von Humanic bis Hellbrunn, von Freud bis Jelinek bietet es für den Landeskundeunterricht attraktive Themen, Hintergrundinformationen, Online-Materialien sowie Aufgaben für den Unterricht: fertige Unterrichtsgestaltung mit einem Klick.

Körber-Stiftung

Weniger bekannt sind vielleicht die Materialien der unabhängigen Körber-Stiftung, die in enger Zusammenarbeit mit dem Bulgarischen Deutschlehrerverband erstellt werden. Daher soll hier auf die Lese- und Arbeitshefte zur Landeskunde „Miteinander Leben in Europa" hingewiesen werden. Das Material eignet sich sowohl für den DaF-Unterricht in der Schule als auch in der Erwachsenenbildung. Zielgruppe sind Jugendliche ab 16 Jahren. Die multiperspektivisch angelegten Unterrichtsmaterialien thematisieren unterschiedliche Traditionen, Werte, kulturelle Prägungen, Lebens- und Denkweisen.

Körber-Stiftung

Kurt-A.-Körber-Chaussee 10 *D-21033 Hamburg*	*Tel.: +49 (40) 72 50-24 57* *Fax: +49 (40) 72 50-36 45* *E-Mail: info@stiftung.koerber.de* *www.koerber-stiftung.de/miteinander*

Materialien und Informationen im Internet

Angebote im Netz

Das Internet bietet eine fast unüberschaubare Fülle von Informationen und Hilfen zum DaF-Lernen und DaF-Lehren. Hier findet man: Bibliographien, Adressen, Selbstlernprogramme, Online-Sprachkurse, Programme zum Erstellen von Übungen wie Lückentexten, Übungen zu allen möglichen sprachlichen Problemen, Tondateien und Online-Texte, Newsletter und Mailing-Listen (über die Sie regelmäßig über neue Entwicklungen informiert werden), Informationen zu E-Mail-Klassenpartnerschaften etc. Eine Fundgrube ist das Internet natürlich für Informationen zur Landeskunde: Sie finden hier Städteporträts, Zeitungsartikel, Rundfunk- und Fernsehsendungen, Texte aller Art, Musikstücke und vieles mehr.

Linklisten

Oft sind die Suchmaschinen im Internet wenig hilfreich, da sie nicht alle Seiten erfassen oder je nach Stichwort einfach eine unüberschaubare Menge an Treffern generieren. Im Folgenden finden Sie daher eine Übersicht über einige Seiten im Internet, auf denen Sie umfangreiche Linklisten zum Thema DaF finden, die die Informationsfülle des World Wide Web für Lehrkräfte und Lernende vorstrukturieren. Diese Seiten sind gute Ausgangspunkte für die eigene Suche im weltweiten Netz.

www.deutsch-als-fremdsprache.de: Auf dieser Website des Instituts für Internationale Kommunikation in Zusammenarbeit mit der Heinrich-Heine-Universität in Düsseldorf finden Sie ein sehr breites Angebot zum Thema Deutsch als Fremdsprache (die umfangreiche Linksammlung von Fariborz Dadkhad, Literaturhinweise, eine Internet-Übungsdatenbank, Unterrichtsmaterial, ein Austauschforum, einen Online-Pressespiegel, Informationen zu Fortbildungen, Stipendien und Web-Projekten).

www.wirtschaftsdeutsch.de: Hier werden Lehr- und Lernhilfen für den berufsbezogenen Deutschunterricht vom Institut für Internationale Kommunikation in Düsseldorf angeboten.

www.deutsch-online.com: Dieses Portal aus Österreich bietet eine Fülle von Unterrichtsmaterialien für DaF-Lehrkräfte.

www.daf-portal.de: Dieses Internetportal zum Thema DaF bietet zum Beispiel eine Datenbank mit Materialien, Übungen und Tests.

http://members.aol.com/artefact/daf-links.html: Das „Lesezeichen für Deutschlehrende und -lernende" von Hartmut Schönherr ist eine umfangreiche, kommentierte und übersichtlich geordnete Zusammenstellung von Links zum Thema DaF.

www.ruhr-uni-bochum.de/slf/lektoren: Auch auf dieser Seite der DAAD-Lektoren finden Sie eine umfangreiche Linkliste.

www.fremdsprache-deutsch.de: Hier gibt es eine praxisorientierte Linkliste DaF, die vom Lektor Stefan Schwan gepflegt wird.

www.ids-mannheim.de/quellen/daf.html: Diese Linksammlung zum Thema „Deutsch lernen" wird vom Institut für Deutsche Sprache in Mannheim angeboten.

www.unifr.ch/ids/schweiz: Das Projekt „Zugänge zur Schweiz" aus dem Jahr 2001 bietet eine Sammlung von Materialien und Adressen aus der Schweizer DaF-Szene.

http://134.21.12.87/dafweb/Default.htm: Linkliste DaF des Lern- und Forschungszentrums Fremdsprachen der Universität Freiburg (Schweiz)

www.dachl.net/db: Datenbank zu Materialen zum landeskundlichen Lernen im Deutschunterricht (Deutschland, Österreich, Schweiz, Liechtenstein)

www.phil.uni-erlangen.de/~p2gerlw/ressourc/liste.html: Das Institut für Germanistik der Universität Erlangen-Nürnberg hat eine umfangreiche Liste zum Thema „Germanistik im Internet" zusammengestellt („Erlanger Liste"), die auch DaFlern hilfreich ist.

Viele nützliche Links finden Sie übrigens auch auf den Homepages der Hochschulen, die DaF-Studiengänge anbieten (Adressen im Anhang). Unter http://fips.igl.uni-freiburg.de/puzzle gibt es etwa das „Linguistik-Puzzle DaF".

Links und Informationen finden Sie auch auf den Seiten der Fachverbände – etwa auf der des Österreichischen Verbands für Deutsch als Fremdsprache/Deutsch als Zweitsprache unter www.univie.ac.at/oedaf (weitere Adressen der Verbände in Kapitel 2.4).

5.4 Das Leben in der Ferne

Andere Länder – andere Sitten. Dieser kluge Spruch erklärt nicht eben viel, und doch kommt er einem in der Ferne vielleicht das eine oder andere Mal in den Sinn.

Die Fremde

Sie werden es alles selbst erfahren. Und ob Sie nun in Frankreich sind oder in den USA, ob im Senegal oder in Korea: In allen Fällen werden Sie sich – wenn auch in unterschiedlichem Maße – in bestimmten Situationen fremd fühlen. Man braucht nicht immer Tropenhitze und Papayas, um zu merken, dass man sich außerhalb des eigenen, vertrauten Kulturraums befindet.

Im Folgenden finden Sie nur ein paar Hinweise darauf, was Sie alles erwarten kann (aber natürlich nicht muss). Vielleicht macht es Ihnen Spaß, sich anhand der Erfahrungen und Erlebnisse anderer schon einmal gedanklich ein wenig in die Ferne zu versetzen.

Kulturschock

Die Übersiedlung in einen anderen Kulturkreis ist zwar spannend, aber keineswegs einfach. Es dauert eine ganze Zeit, bis Sie sich an die neuen Lebensumstände gewöhnt haben. Dabei kann es sehr hilfreich sein zu wissen, wie dieser Anpassungsprozess in der Regel verläuft. Und tröstlich ist sicherlich auch zu wissen, dass fast jeder Auswanderer die gleichen Phasen der Ups und Downs durchläuft wie Sie (Rückkehrschock inklusive). Falls Sie mehr erfahren wollen, lesen Sie doch beispielsweise die Einführung von Enid Koppers „Was ist Kulturschock und wie gehe ich damit um?". Den Text können Sie unter www.transcultural.ch/dwnlds/EK_Kulturschock.pdf abrufen.

Im Übrigen gibt es im Buchhandel Reiseführer, die Sie schonend auf den Kulturschock vorbereiten (etwa aus dem Verlag „Reise Know-How").

Arbeitsklima

Die Arbeit in einem fremden Land ist oft mit einer erheblichen Umstellung verbunden. Es herrschen Hierarchien und Abhängigkeiten am Arbeitsplatz, die Sie nicht so schnell durchschauen und die man Ihnen als Fremdem auch nicht unbedingt am ersten Tag auf die Nase bindet. Sie werden sich erst ganz allmählich mit dem neuen Arbeitsumfeld vertraut machen und sehen, was im Einzelnen machbar ist und wo Sie an Grenzen und auf Widerstände stoßen.

Und so kommt es auch schon einmal vor, dass die Menschen, mit denen Sie zusammenarbeiten oder für die Sie arbeiten, sehr Unterschiedliches erwarten – vielleicht auch Dinge, die Sie nicht leisten können (oder wollen). Diplomatie ist gefragt!

Der Zielkonflikt wird dadurch verschärft, daß man auf der Partnerseite vom Lektor erwartet, daß er alle Probleme souverän bewältigt: Er soll einen modernen Unterrichtsbetrieb aufbauen, aber alles unterlassen, was sich nicht mit den Verwaltungsvorschriften vereinbaren läßt.

Peter Seidensticker, DAAD-Lektor (1981 – 1985) in Kairo, Ägypten
(aus: Spuren in die Zukunft, Bd. 3, S. 179)

An vieles werden Sie sich an Ihrem neuen Arbeitsplatz gewöhnen müssen. Oft bedeuten Pünktlichkeit und Zuverlässigkeit in Ihrer neuen Heimat etwas völlig anderes als im deutschsprachigen Raum. Und: Sind Sie sicher, dass etwa „Urlaub“ für Ihre Arbeitgeber und Kollegen auch nur annähernd dasselbe bedeutet wie für Sie?

Als ich in den ersten Semesterferien Urlaub nehmen wollte, hat mir mein Chef Folgendes erklärt: „Also, wenn Sie mal länger krank sind und ins Krankenhaus müssen, dann nehmen Sie Urlaub, das ist für die Verwaltung einfacher. Und wenn Sie in Urlaub fahren wollen, dann reichen Sie einen Forschungsantrag und eine Einladung ein und gehen ‚forschen'.“ Deshalb fragen mich meine Freunde nicht, ob ich sie mal wieder besuchen werde, sondern wann ich mal wieder zum Forschen nach Deutschland komme. Ich dachte zuerst, dass es die japanischen Kollegen genau so handhaben. Allerdings bekomme ich als Antwort auf die Frage, was sie denn so gemacht hätten (nachdem ich jedem einzeln erzählen sollte, wie meine Reise war), immer nur eine Antwort: „Na, nichts, gearbeitet wie immer.“

Eine deutsche Lektorin in Japan (2001)

Geduld

Wahrscheinlich haben Sie bereits – aufgrund Ihrer Erfahrungen – ganz bestimmte Vorstellungen davon, wie Sie arbeiten möchten. Sie haben in Ihrem Heimatland schon einige Jahre des Unterrichtens auf dem Buckel und denken, dass man Ihnen in Ihrem Fach nichts vormachen kann. Doch immer wieder stoßen Sie auf lähmende Bürokratie und umständliche Organisation.

Versuchen Sie, geduldig zu sein, und bringen Sie etwaige Vorschläge zur Verbesserung der Situation nur sehr behutsam an.

Wichtig scheint mir, und das gilt für die DAAD-Arbeit überall, daß man zunächst zuhört und nicht den Eindruck vermittelt, alles besser zu wissen. Dieses Bild des „typischen Europäers" ist hier nicht zu Unrecht sehr verbreitet, und die Empfindlichkeit dagegen ist groß.

Karin Rausch, DAAD-Lektorin (1993 – 1997) in New Delhi, Indien
(aus: Spuren in die Zukunft, Bd. 3, S. 181)

Klima

Oft werden es die Lebensumstände im anderen Land sein, die Ihnen zu schaffen machen: etwa das Klima. So schön Sonne und Wärme sind – der Körper muss sich auf sie einstellen, und nicht nur beim Unterrichten können sie zur Qual werden.

Meine Arbeit läßt sich gut bewältigen – nur die Hitze strengt an. In der Universität gibt es keine Klimaanlagen, das wäre viel zu teuer. Deckenventilatoren helfen natürlich, aber oft gibt es Stromausfälle. Ich habe mich damit abgefunden, daß der Schweiß ununterbrochen rinnt und das Hemd immer naß ist. Ich mußte außerdem lernen, alles langsam zu tun.

Karin Rausch, DAAD-Lektorin (1993 – 97) in New Delhi, Indien
(aus: Spuren in die Zukunft, Bd. 3, S. 181)

Und dazu muss man nicht mal in die Tropen fahren: Auch die europäischen Nachbarländer warten zum Teil mit ungewohnt extremen Temperaturen auf.

In Pécs scheint fast immer die Sonne, selbst im Herbst und Winter, das ist wunderbar. Und man kann sich immer darauf verlassen, dass der Sommer kommt, das ist auch wunderbar; nur dann nicht, wenn man bei etwa 40 Grad Lufttemperatur Prüfungen abnehmen muss. Die Aufnahmeprüfungen finden hier immer erst Anfang Juli statt, zu einer Zeit, in der grundsätzlich Hitze herrscht: Dann fühlen wir Prüfer uns immer ebenso geprüft wie die armen KandidatInnen ...

Dorothee Rabe, DAAD-Lektorin in Pécs, Ungarn

Unerträgliche Hitze, erschreckende Minusgrade, drückende Luftfeuchtigkeit – ja wollte man denn nicht den lauwarmen Wintern und verregneten Sommern in Westeuropa entfliehen?

Vielleicht ist man in der Ferne aber nicht nur den Naturgewalten hilflos ausgeliefert, sondern auch menschlicher Planungswut.

Obwohl draußen noch 20 Grad plus herrschten, setzte pünktlich zum 1. Oktober die ferngewärmte, nicht zu regulierende Heizung ein. Die Folge war die totale Überwärmung der Wohnung. Trotz geöffneter Balkontür und der wenigen zu öffnenden Fenster lief Wagner in diesen Tagen in Turnhose und T-Shirt in der Wohnung herum.

Aus: „In freiwilliger Verbannung. Als deutscher Lehrer in Sibirien" von Maria Modolo, S. 29

Ein bisschen Abenteuerlust und die Fähigkeit zur Improvisation haben Sie hoffentlich mitgebracht, denn sie gehören in diesem Kontext zu den wichtigsten Tugenden. Können Sie aber auch auf Dinge verzichten, die zuvor immer wie selbstverständlich zur Verfügung standen?

Die Versorgungslage im Herbst 1993 war katastrophal. Mineralwasser war nur schwerlich zu ergattern, vom Gebrauch des Leitungswassers war ihnen abgeraten worden. Mal mangelte es an Salz, mal an Zucker, mal an Butter. Brot jedenfalls war immer zu bekommen [...].

Aus: „In freiwilliger Verbannung. Als deutscher Lehrer in Sibirien" von Maria Modolo, S. 30

Kerzenschein kann ja ganz romantisch sein – aber können Sie damit leben, dass man sich auf die Stromversorgung nicht verlassen kann?

Probleme kann es mit der Wasser- und Stromversorgung geben, d.h., es gibt nicht zu jeder Tageszeit Warmwasser bzw. man muss damit rechnen, dass mitunter die ganze Wasserversorgung zusammenbricht; im Winter kann es zu Stromausfällen kommen.

Österreich-Kooperation-Lektor/in in Iasi, Rumänien

Sprache des Gastlandes lernen

Das Gefühl der Fremdheit, das Sie mit Sicherheit zumindest hin und wieder befallen wird, trägt nicht eben zum Wohlbefinden bei. Oft fühlt man sich in der Fremde isoliert, weil man die Sprache der Menschen nicht versteht. Sie sollten sich also auf jeden Fall überlegen, die Sprache Ihres Gastlandes zu erlernen.

Ohne Japanisch ist man „abgekapselt", und dies ist auf Dauer dem seelischen Wohlbefinden in jedem Fall abträglich. Mit dem Vorhaben, Japanisch zu lernen, versucht man die eigene deutsch-englische Sprachkapsel, in der man sich befindet, zu durchstoßen. Man wird feststellen, daß dies gelingen kann und einem die Menschen dabei näher kommen.

Aus: „An japanischen Hochschulen lehren", Beitrag von Frank Mielke, S. 275

Natürlich überlebt man in einem Land, in dem es Supermärkte und Restaurants mit englischer Speisekarte gibt, auch ohne fundierte Kenntnisse der Landessprache. Nur: Wenn Sie nicht in der Gruppe der deutsch- oder englischsprachigen Menschen verhaftet sein wollen, wenn Sie die Kultur und die Menschen des Landes, in dem Sie leben, näher kennen lernen wollen ...

Mir scheint, daß sich dadurch, daß ich das Russische inzwischen sehr gut verstehe und auch selber in der Lage bin, mich recht gut auszudrücken, ganz neue Verstehensweisen hinsichtlich der Mentalität, der Kultur, des Zusammenlebens eröffnen. Ich sehe durch die Sprache hinter die Kulissen, und dreieinhalb Monate in diesem Land lassen nicht mehr alles exotisch und ursprünglich erscheinen.

Anke Berger, Praktikantin und Stipendiatin des DAAD (1996) in Kiew, Ukraine (aus: Spuren in die Zukunft, Bd. 3, S. 120)

Aber oft gibt es noch andere Gründe, aus denen die Kontaktaufnahme zu Einheimischen nicht ganz leicht fällt – selbst wenn man die Sprache beherrscht. Viele tun sich schwer, außerhalb ihrer Arbeitswelt Kontakt zu knüpfen.

Der Umgang mit Leuten außerhalb des universitären Bereichs ist so gut wie gar nicht gegeben. Der Kontakt zur slowakischen Bevölkerung ist sehr gering. Allzu sehr ist man in der Maschinerie „Universität" gefangen. – Und natürlich ist die Kontaktaufnahme zu anderen Ausländern einfacher als zur einheimischen Bevölkerung, zumal wenn man der Sprache nicht mächtig ist.

Österreich-Kooperation-Lektor/in in Nitra, Slowakei

Deutschsprachige Enklave

Schnell kann es einem auf die Nerven fallen, sich immer nur in ganz begrenzten Kreisen zu bewegen. Der Kollege aus der Schule, die Bekannte aus der Botschaft, die Honorarkräfte am Goethe-Institut, die Frau vom Leiter der Exportabteilung bei Siemens oder der Kassenwart der Deutsch-mexikanischen Gesellschaft – das Leben in der deutschsprachigen Enklave?

Heimweh

Und dann tritt wahrscheinlich auch noch das ein, was Sie nie für möglich gehalten hätten: Heimweh. Wollten Sie denn nicht immer raus aus Ihrem eingefahrenen Leben? Was Neues erleben? Und nun sitzen Sie vielleicht am anderen Ende der Welt und vermissen genau das, was Ihnen in der Heimat übel aufgestoßen ist – die Nachbarn, die sich für Ihre Mülltrennung interessieren, und die Bäckereiverkäuferin, die schon weiß, welches Stück Kuchen Sie wählen werden.

Traum oder Albtraum

Das Leben in der Fremde – Traum oder Albtraum? Lassen Sie sich nicht entmutigen. Natürlich gibt es Startschwierigkeiten, Krisen und Probleme: Doch Krisen und Probleme hätten Sie im Zweifel auch, wenn Sie zu Hause blieben.

Denken Sie daran, was Sie alles erleben werden und was Ihnen entgehen wird, wenn Sie den Schritt nicht wagen. Sie haben als DaF-Lehrerin oder -Lehrer die seltene Chance, Ihr Gastland und die Menschen dort intensiv kennen zu lernen. Tun Sie's!

Und wenn es wider aller Erwartungen doch schrecklich wird? Na, dann kommen Sie halt zurück!

Erfahrungsbericht aus Laos: Laos in Zeitlupe

Irgendwann hat jeder einmal Prioritäten zu setzen. Meine Aufgabe bestand darin, aus den Dingen, die sich in den letzten Jahren in mein Leben gereiht hatten, gezielt die Sachen auszuwählen, die mir für ein neues Leben in einem neuen Land wichtig schienen. Etwa einhundert Kilo sollten es sein, mehr würde die Organisation, für die ich ins Ausland gehen sollte, nicht bezahlen. Einhundert Kilo! Dabei hatte sich bei mir zu Hause bis dahin etwa eine Tonne an wichtigen Dingen des Lebens angehäuft. Gehört ein Fön dazu? Ein neokubistisches Gemälde, das Geschenk eines guten Freundes, des Malers aus Weißrussland, das mich noch immer zu stundenlangem Voyeurismus verführt? Persönliche Aufzeichnungen, die ich mir im Laufe der Jahre gemacht hatte? Fotos, Bücher, CDs und wenn ja, welche? Oder vielleicht sogar Möbel, an die ich mich besonders gewöhnt hatte, mein altes geliebtes Auto, meine Gitarre? Einhundert Kilo.

Zeit genug, um auszuwählen, hatte ich ja, immerhin wusste ich seit etwa acht Monaten, dass ich die Stelle als Lektor des Deutschen Akademischen Austauschdienstes bekommen würde. Laos war mein Ziel. Ein Land, von dem ich bis dahin so gut wie nichts wusste, außer dass es irgendwo in Indochina lag, zu den ärmsten Ländern der Welt zählte und bis vor ein paar Jahren dem Westen gegenüber noch völlig verschlossen war. Ob es da wohl CDs, Fotoapparate oder Deostifte zu kaufen gab? Wenn ja, wie teuer war das alles? Wenn nein, sollte ich mir welche mitnehmen? Einhundert Kilo!

Im Dezember 1999 kam der Bescheid aus Bonn: „Sehr geehrter Herr Arndt, wir freuen uns, Ihnen mitteilen zu können, dass sich die Auswahlkommission für sie als Kandidaten für Laos entschieden hat ...“ Dienstbeginn würde der erste September des folgenden Jahres sein. Während dieser Zeit dachte ich natürlich oft darüber nach, wie das wohl werden würde in Laos, eine konkrete Vorstellung konnte ich mir allerdings nicht machen, nicht mal eine vage. So entstand in meinem Geist ein Vakuum, das alle Informationen, die ich über Laos finden konnte, aufsog – viel war das jedoch nicht. Subtropisches Klima, viel Reis und freundliche Menschen. Stereotypen. Ach ja, der Mekong war auch da.

Eine unbeschreibliche Neugierde entstand, hinzu schlich sich aber auch langsam die Angst, die die meisten von uns Menschen naturgemäß befällt, wenn sich etwas Neues und Unbekanntes in unserem Leben anbahnt. Was würde sich in meinem Leben ändern? Musik machen war ja immer Ausgleich für allen Stress, der im Alltag sein Unwesen trieb, Musik trieb mich zur Kreativität, war bis jetzt ein wichtiges Forum des Ausdrucks, der Kommunikation, des Disputs mit den Mitmusikern, meinen Freunden. Nicht mehr regelmäßig auf der Bühne stehen und den Rausch des Applauses genießen, kein mal nervtötendes, mal wieder unglaublich belebendes Proben mit anschließender Pizza-Fressorgie beim mittelmäßigen Italiener mit supergutem Bier, keine Möglichkeit, spontan zur Gitarre zu greifen und bei voller Lautstärke den Sound meines Fender-Blues-Delux-Verstärkers zu genießen (einhundert Kilo). Und wahrscheinlich auch so bald keine Gelegenheit mehr, auf meiner akustischen Gitarre neue Songs zu komponieren und meine geheimen Botschaften an die Welt in kryptischen und/oder banalen Texten zu verbreiten. Sollte die CD, die ich nach beinahe zwei Jahren fertig gestellt hatte, wirklich das vorläufige Ende meiner musikalischen Laufbahn sein? Was würde aus meiner Familie werden? Würde ich meine beiden Omas wiedersehen, meine Mutter, meinen Bruder? Was würde aus meiner Beziehung und all meinen kleinen, großen und wichtigen Geheimnissen werden? Würde ich zum ultimativen Rundumschlag gegen alles, was mich bisher genervt hatte, ausholen können, aus der Distanz in Laos, oder würde mich die Einsamkeit und Ohnmacht der Ferne erdrücken? Und bei all den Fragen sollte ich mich auch noch mit meinen einhundert Kilo beschäftigen. Das Problem musste auf später verschoben werden.

Es kam, wie es kommen musste. Die Zeit verging, und beflügelt von meinen Plänen und Phantasie verpasste ich beinahe den letztmöglichen Termin für mein unbegleitetes Fluggepäck, wie der Fachjargon so etwas nennt. Innerhalb von ein paar Stunden stopfte ich fast wahllos Klamotten, Medikamente, Bücher, Unterrichtsmaterialien, CDs und Deostifte in drei Alukisten, brachte diese zur Spedition am Flughafen. Eine Woche später würde ich ihnen von hier nach Laos hinterherfliegen, es war bereits Ende August, und Laos wartete schon auf mich, dachte ich.

24. August 2000

Am 24. August war es so weit. Wir – meine Freundin Cati begleitete mich – bestiegen die Maschine der Thai Air via Bangkok nach Vientiane, der Hauptstadt von Laos. Die Reise ins Unbekannte begann. Wir flogen Richtung Südosten, und obwohl wir am frühen Nachmittag gestartet waren, wurde es bald dunkel. Als ich dann nachts die Millionen Lichter von Delhi sah, die 10.000 Meter unter mir wie ein riesiger Stern leuchteten, glaube ich die Nähe von Laos schon zu spüren. Im Flugzeug war es ruhig geworden, viele schliefen, nur ich war äußerst gespannt und konnte es gar nicht erwarten, zum ersten Mal asiatischen Boden unter den Füßen zu haben.

Frühmorgens landeten wir in Bangkok, und abgesehen von den klimatischen Bedingungen konnte ich zunächst keinen großen Unterschied zu unserem Startflughafen feststellen, zumindest meinen Bedarf an Deostiften, MTV und KFC würde ich hier, falls nötig, decken können. Das hier war zwar schon Asien, doch noch nicht Laos. Nach einer Stunde Wartezeit im vollklimatisierten Terminal ging es weiter Richtung Vientiane, und meine Neugier kannte kaum Grenzen. Nach einer Stunde Flug zeigte der Bordmonitor an, dass wir uns nun über Laos befanden, aber die dichte Wolkendecke sorgte bis kurz vor der Landung für Spannung. Dann, etwa 100 Meter vor dem Aufsetzen, sah ich es zum ersten Mal. Das erste Bild meiner neuen Heimat evozierte den Gedanken: Das sieht ja aus wie Oberbayern. Dann wurde das Bild mehr und mehr differenziert. Üppiges Grün, sanfte Hügel, vereinzelte Kokospalmen und um den Flughafen ein Meer aus Reisfeldern, die sich gleichmäßig wie Wellen im scheinbar weichen Monsunwind bewegten.

Dann sah ich das Flughafengebäude, das mit seinem geschwungenen Spitzdach architektonisch mehr an einen buddhistischen Tempel erinnerte als an einen internationalen Flughafen. Als wir zur Gangway rollten, gingen mir in Sekundenschnelle jede Menge Gedanken durch den Kopf. Würde uns wohl jemand abholen? Zwar hatte ich schon einige Wochen vor Abflug mein Ankommen per Fax an eine Universitätsadresse angekündigt, aber noch waren ja Semesterferien hier, und ich hatte erhebliche Zweifel, dass meine Nachricht die richtige Person erreicht hatte. Kurz vor Abflug wurde auch mein Vorgänger, der inzwischen wieder in Deutschland war, über das ungefähre Ankunftsdatum per E-Mail informiert, allerdings so kurzfristig, dass ich keine Antwort mehr bekommen konnte. Darüber hinaus hatte ich noch eine Freundin meines Vorgängers, die ich allerdings bis dahin nicht kannte, über unsere Ankunft informiert. Wer würde da sein, und falls uns keiner abholte, was sollten wir als Erstes anvisieren? Mit dem Taxi oder Tuk Tuk in ein Hotel? Mein Laotisch war weniger als rudimentär, und Englisch, so wurde mir gesagt, sei hier nicht das Selbstverständlichste der Welt. Ein leichtes Unwohlsein überkam mich.

Endlich war ich in Laos, aber wie sollte es weitergehen? Das Flugzeug stand inzwischen still, wir stiegen aus, und zum Abschied grüßten uns die Stewardessen mit der für das Land typischen Begrüßungs- und Abschiedsgeste, gefaltete Hände in Kinnhöhe und leicht gesenkter Kopf, „sook dii", alles Gute.

Kaum hatten wir das Flugzeug verlassen, spürte ich ein mir bis dahin unbekanntes tropisches Klima, das sich schwer wie eine feuchtwarme, dicke Decke über meinen ganzen Körper legte und mich gleich in Wohlbefinden versetzte. Gepäck und Passkontrolle waren Routineangelegenheiten, wobei ich insgeheim schon etwas stolz war, mich mit meinem Dienstpass des Auswärtigen Amtes am Kontrollschalter für Diplomaten und Offizielle anstellen zu dürfen.

In der Ankunftshalle suchten meine Blicke zunächst nach Personen, die uns abholen könnten, und kurz darauf sah ich eine Europäerin, die mir mit großen Augen und einem freundlichen Lächeln bestätigend zunickte. Das war Ilona, die gute Freundin meines Vorgängers, die mit ihrer Familie schon seit einigen Jahren hier lebte und für den Deutschen Entwicklungsdienst arbeitete. Meine E-Mail hatte sie erreicht. „Es ist doch selbstverständlich, dass ich euch hier abhole", sagte sie, „wäre ich neu hier angekommen, wäre ich auch froh gewesen, jemanden vorzufinden, der mich abholt." Sie war mir von Anfang an sympathisch, nicht zuletzt deshalb, weil ihr aufmunterndes Lächeln Teil ihrer Physiognomie zu sein schien.

Nachdem wir uns vorgestellt hatten, gingen wir zu ihrem Geländewagen, luden unser Gepäck ein und fuhren Richtung Zentrum. „Du kannst dir jetzt erst mal das Haus deines Vorgängers anschauen und sehen, ob es dir gefällt. Die Mae Ban (so nennt man hier die Haushälterin) wartet schon auf uns. Vorher kann ich euch ja noch etwas von der Stadt zeigen", schlug Ilona vor. Wir erreichten die erste große Hauptstraße, und was ich dann sah, schien mir zunächst schlichtweg unglaublich, ich war überwältigt. Tausende exotischer Menschen schoben sich dicht gedrängt und ohne erkennbare Ordnung durch Vientianes Straßen. Sie gingen zu Fuß oder benutzten die unterschiedlichsten Fortbewegungsmittel: Fahrräder, Tuk Tuks, abenteuerlich aussehende Motorräder, gefährlich überladene Busse und Taxis, die aus längst vergangenen Zeiten stammten, Autos, von denen schon Vater und Großvater träumten, Ochsenfuhrwerke und Rikschas kamen scheinbar aus allen Richtungen, um in alle Richtungen weiterzufahren; so etwas wie Verkehrsregeln schien es hier nicht zu geben. Viele zogen mittelalterliche Handkarren hinter sich her, die mit rohen Eiern, Reis oder lebendem Federvieh hoffnungslos überladen schienen. Dutzende von Hunden, Ziegen und Hühnern schafften es mittendrin immer wieder, die Straßen zu überqueren, ohne zu Schaden zu kommen. Auffallend war, dass alle Häuser zur Straße hin offen waren und die einsehbaren Wohnräume zu Nudelküche, Friseurstube, Mopedwerkstatt oder einer bizarren Mischung aus all dem umfunktioniert waren.

Im Vorbeifahren konnte man für einen Sekundenbruchteil in die offenen Zimmer hineinblicken, wobei die absurdesten Bilder zu sehen waren. Es war, als würde man einen 8-mm-Film etwas langsamer abspulen, so dass die einzelnen Bilder des Streifens zu erkennen waren. In diesem Film passte jedoch keines der Bilder zum vorigen oder nächsten. Ich assoziierte Salvador Dalí, Luis Buñuel und David Lynch, die großen Surrealisten. Ganze Generationen saßen am Boden und aßen, Männer schliefen in Hängematten, und Mütter suchten in den Haaren ihrer Kinder nach Ungeziefer. In den Wohnzimmern standen Motorräder, in der ärmlichsten Autowerkstatt ein hypermodernes großes Kopiergerät, im alten Schuppen, der wohl auch eine Wohnung war, erkannte ich urplötzlich einen nagelneuen neongrünen VW Beetle.

All diese Bilder, die nach europäischem Verständnis überhaupt nicht zusammenpassten, drängten sich stakkatoartig in mein Bewusstsein. Ich musste meine Aufmerksamkeit wieder der Straße widmen, da Ilona gelegentlich wichtige Orte und Gebäude beim Namen nannte. Das Szenario auf der Straße war ein Chaos, allerdings ein sehr sanftes. Und bei genauerer Betrachtung konnte ich feststellen, dass keiner der Verkehrsteilnehmer zu schnell fuhr oder irgendwie ärgerlich oder nervös wurde, keiner, dessen Haare gerade geschnitten wurden, sich gestört fühlte durch den Lärm der im selben Raum frisch reparierten

Mopeds, die nun natürlich getestet werden mussten. Trotz scheinbarer Hektik und wuseligem Treiben auf den Straßen war diese Stadt von einer Friedlichkeit und Ruhe beseelt, die ich sonst bisher nirgendwo finden konnte.

Ich öffnete das Fenster, und im selben Augenblick drangen Geräusche und Gerüche in mein Bewusstsein, die, so glaubte ich, mein Wahrnehmungsvermögen ernsthaft auf die Probe stellten. So müssen sich wohl Babys und kleine Kinder fühlen, wenn sie neue Dinge entdecken, diese aber aufgrund ihres unausgereiften Kategorisierungsvermögens noch nicht einordnen können. „Du, die Aircon", Ilonas Worte rissen mich aus den Gedanken, die mich langsam einzulullen schienen. Ich konnte ihre Worte zunächst nicht entschlüsseln, reimte mir dann aber irgendwie zusammen, dass wohl das offene Fenster damit zu tun hatte. „Du, die Aircon" sollte heißen: Würdest du bitte das Fenster schließen, da die Aircondition läuft und es somit im Auto angenehm kühl ist, und bei offenem Fenster wird's heiß hier drinnen. Logisch, dachte ich. Die Aircon! Das war einer der vielen Kontexte, die ich noch nicht kannte, noch zu erfahren hatte.

Wir fuhren kreuz und quer durch die Stadt, und bald kamen wir auch an den Mekong, die Mutter aller Wasser, wie die Asiaten diesen Riesenfluss nennen. Braun und mächtig schob er sich langsam wie ein Lavastrom Richtung Süden nach Kambodscha und Vietnam. All das Wirrwarr in Vientiane schien ihn nicht zu interessieren, er duldete es, ohne davon Notiz zu nehmen. Auch dass er hier die etwa 600 Meter breite Grenze nach Thailand bildet, schien nicht sein Problem zu sein. Das wurde von Menschen so festgelegt, nachdem sie sich lange darüber gestritten hatten. Aber Menschen kamen und gingen, waren vergänglich, er nicht. Das Ufer des Mekong sollte einer meiner Lieblingsplätze in Vientiane werden.

Nach einer weiteren Odyssee durch Reizüberflutungen und Erstaunen erreichten wir schließlich das Haus, in dem ich die nächsten vier Monate leben sollte. Es lag etwas versteckt am Zentrumsrand und schien zunächst relativ klein und überschaubar. Dieser Eindruck wurde allerdings sofort, nachdem wir eingetreten waren, relativiert.

Wir standen in einem riesigen, ca. 60 qm großen Salon mit Teakholzboden, schweren blauen Ledersesseln mit einer dazu passenden Couch rechts vom Eingang. In der rechten Ecke stand eine große Vitrine. Links vom Eingang waren drei Türen auf einer balkonartigen Balustrade. Insgesamt zählte ich fünf Türen und einen Durchgang, die in andere Zimmer führten. Vier große Fenster ließen warmes Licht einfallen. Es dauerte gut zwei Minuten, bis ich den Raum vollständig überblickt hatte.

Die Mae Ban brachte uns Wasser, und zum ersten Mal konnte ich mich in einen bequemen Sessel fallen lassen und wieder halbwegs klare Gedanken fassen. Wie spät war es? Keine Ahnung, zum ersten Mal hatte ich in Asien die Zeit verloren.

Das Haus war weiß und toll, die Mae Ban, Py ist ihr Name, sympathisch, die Räume waren einladend, vor dem Haus gab es eine überdachte Veranda, darüber eine Dachterrasse, und ein üppiger Garten mit exotischen Blumen und Bäumen rundete das Bild ab. Hier gefiel es mir, ich fühlte mich wohl, auch Cati hatte ein breites Grinsen im Gesicht, für mich eine Bestätigung, dass das Haus in Ordnung war. Einen genauen Überblick über die Anzahl der Zimmer und Bäder sollte ich erst im Laufe der nächsten Tage bekommen.

Der Vermieter kam auch bald mit der halben Familie im Schlepptau, und wir konnten uns schnell einigen. Ich bezahlte die Miete bis Dezember, alle waren zufrieden. Nach einer halben Stunde waren Cati und ich allein in unserem neuen Haus. Wir genossen die Ruhe, streiften durch die Räume und den Garten, bald kam auch Lisa, die Katze meines Vorgängers, um uns zu begrüßen. Den Abend verbrachten wir bei Ilona und Lars auf deren Terrasse. Gegen Mitternacht fuhr uns Lars nach Hause, wir waren todmüde und fielen ins Bett. Was für ein erster Tag in Laos!

Peter Arndt, DAAD-Lektor in Vientiane, Laos
(Auszug aus einem geplanten Buch mit dem Arbeitstitel „Laos in Zeitlupe")

Adressen

Mittlerorganisationen, Programmanbieter und Verbände

Amity Institute

3065 Rosecrans Place Suite 104 San Diego, California, 92110 USA	Tel.: +1 (6 19) 2 22-70 00 Fax: +1 (6 19) 2 22-70 16	E-Mail: mail@amity.org www.amity.org

Arbeitskreis Deutsch als Fremdsprache in der Schweiz
Präsidentin Frau Carola Ernst

Fuchsloch 260 CH-8496 Steg	Tel.: +41 (55) 4 62 38 28 Fax: +41 (55) 4 62 38 29	E-Mail: carola.ernst@akrotea.ch www.akdaf.ch

Austauschdienst (siehe: Deutscher Akademischer Austauschdienst sowie Österreichischer Austauschdienst)

Auswärtiges Amt

Werderscher Markt 1 D-10117 Berlin Postanschrift: D-11013 Berlin	Tel.: +49 (30) 50 00-0 Fax: +49 (30) 50 00-34 02	E-Mail: poststelle@auswaertiges-amt.de www.auswaertiges-amt.de

Boschlektorenprogramm (siehe: Universität Hohenheim – Osteuropazentrum)

Bundesamt für Kultur (BAK)

Kommunikation Hallwylstr. 15 CH-3003 Bern	Tel.: +41 (31) 3 22 79 85 Fax: +41 (31) 3 22 92 73	E-Mail: info@bak.admin.ch www.kultur-schweiz.admin.ch

Bundesministerium für auswärtige Angelegenheiten

Ballhausplatz 2 A-1014 Wien	Tel.: +43 (5) 0 11 50-0/-35 64 Fax: +43 (5) 0 11 59-0	E-Mail: einlaufstelle@bmaa.gv.at www.bmaa.gv.at

Bundesministerium für Bildung, Wissenschaft und Kultur

Minoritenplatz 5 A-1014 Wien	Tel.: +43 (1) 5 31 20-0 Fax: +43 (1) 5 31 20-44 99	E-Mail: mailmaster@bmbwk.gv.at www.bmbwk.gv.at

Bundesministerium für Bildung, Wissenschaft und Kultur

III/6c – Internationale Austauschprogramme Concordiaplatz 1 A-1010 Wien	Tel.: +43 (1) 5 31 20-33 01 Fax: +43 (1) 5 31 20-81-33 01	E-Mail: Nikolaus.Douda@bmbwk.gv.at www.bmbwk.gr.at
Austauschprogramme für österreichische Lehrkräfte		

Bundesverwaltungsamt – Zentralstelle für das Auslandsschulwesen

Barbarastr. 1 D-50728 Köln	Tel.: +49 (18 88) 3 58-36 36 Fax: +49 (18 88) 3 58-36 67	E-Mail: zfa.bewerbung@bva.bund.de www.auslandsschulwesen.de
Vermittlung deutscher Lehrkräfte und Fachberater ins Ausland		

Carl Duisberg Centren (CDC) – Gemeinnützige Gesellschaft mbH

Hansaring 49 – 51 D-50670 Köln	Tel.: +49 (2 21) 16 26-2 66 Fax: +49 (2 21) 16 26-2 56	E-Mail: info@cdc.de www.cdc.de
Praktikumsplätze sowie befristete Stellen für Lehrkräfte in China		

CH-Stiftung für eidgenössische Zusammenarbeit/CH-Jugendaustausch

Hauptbahnhofstr. 2 CH-4501 Solothurn	Tel.: +41 (32) 6 25 26 80 Fax: +41 (32) 6 25 26 88	E-Mail: austausch@echanges.ch www.echanges.ch
Austausch von Lehrpersonen		

Checkpoint Charlie Stiftung – STEP-Programm

Wolfensteindamm 9 D-12165 Berlin	Tel.: +49 (30) 84 49 06-0 Fax: +49 (30) 84 49 06-2	E-Mail: step@cc-stiftung.de www.lehrer-nach-amerika.de
Lehreraustauschprogramm USA		

Deutscher Akademischer Austauschdienst

Kennedyallee 50 D-53175 Bonn Postanschrift: Postfach 20 04 04 D-53134 Bonn	Tel.: +49 (2 28) 8 82-0 Fax: +49 (2 28) 8 82-4 44	E-Mail: postmaster@daad.de www.daad.de
Kurzstipendien und Reisekostenzuschüsse für Studierende im DaF-Bereich, Lektoren- und Sprachassistentenprogramm für Graduierte; Adressen der Außenstellen und Informationsbüros ab Seite 254		

Deutsch-Französisches Jugendwerk (DFJW)

Molkenmarkt 1 D-10179 Berlin	Tel.: +49 (30) 28 87 57-0 Fax: +49 (30) 28 87 57-88	E-Mail: info@dfjw.org www.dfjw.org
Programm zur Vermittlung deutscher Grundschullehrkräfte nach Frankreich		

Eidgenössisches Departement für Auswärtige Angelegenheiten (EDA)

Bundeshaus West CH-3003 Bern	Tel.: +41 (31) 3 22 21 11 Fax: +41 (31) 3 23 40 41	E-Mail: info@eda.admin.ch www.eda.admin.ch

Europees Platform voor het Nederlandse Onderwijs
Frau Claudia Gronau

Nassauplein 8 NL-1815 GM Alkmaar	Tel.: +31 (72) 5 11 85 02 Fax: +31 (72) 5 15 12 21	E-Mail: c.gronau@ europeesplatform.nl www.europeesplatform.nl www.austausch.nl
Programm für Assistenzlehrkräfte in den Niederlanden		

Fachgruppe Deutsch als Fremdsprache im Fachverband Moderne Fremdsprachen
Vorsitzender: Prof. Dr. Hermann Funk

Friedrich-Schiller-Universität Jena Ernst-Abbe-Platz 8 D-07743 Jena	Tel.: +49 (36 41) 94 43-68 Fax: +49 (36 41) 94 43-62	E-Mail: hermann.funk@uni-jena.de www.fmf-daf.de

Fachverband Deutsch als Fremdsprache

– Geschäftsstelle – Universität Hannover Fachsprachenzentrum Am Welfengarten 1 D-30167 Hannover	Tel.: +49 (5 11) 7 62-1 93 34 Fax: +49 (5 11) 7 62-40 08	E-Mail: lau-fadaf@fsz.uni- hannover.de www.fadaf.de

Fulbright Commission

Schmidgasse 14 A-1082 Wien	Tel.: +43 (1) 3 13 39-56 85 Fax: +43 (1) 4 08 77 65	www.fulbright.at
Sprachassistenzen für Österreicher in den USA		

Gesellschaft für Angewandte Linguistik e.V.

Geschäftsstelle Universität Duisburg-Essen Fakultät für Geisteswissen-schaften Institut für Germanistik D-47048 Duisburg	Tel.: +49 (2 03) 3 79-23 93 Fax: +49 (2 03) 3 79-24 90	E-Mail: geschaeftsstelle@gal-ev.de www.gal-ev.de

Gesellschaft für deutsche Sprache e.V.

Geschäftsstelle Spiegelgasse 13 D-65183 Wiesbaden	Tel.: +49 (6 11) 9 99 55-0 Fax: +49 (6 11) 9 99 55-30	E-Mail: sekr.gfds@t-online.de www.gfds.de

Gesellschaft für Interkulturelle Germanistik e.V.
Prof. Dr. Ulrich Müller

Universität Salzburg Institut für Germanistik Akademiestr. 20 A-5020 Salzburg	Tel.: +43 (6 62) 80 44-43 50 Fax: +43 (6 62) 80 44-6 12	E-Mail: ulrich.mueller@sbg.ac.at www.sbg.ac.at/ger/gig/gig.htm

Gesellschaft zur Förderung des Deutschen als Fremdsprache in Österreich
(siehe: Wissenschaftliche Gesellschaft zur Förderung ...)

Goethe-Institut – Zentrale München

Dachauer Str. 122 D-80637 München Postanschrift: Postfach 19 04 19 D-80604 München	Tel.: +49 (89) 1 59 21-0 Fax: +49 (89) 1 59 21-4 50	E-Mail: zv@goethe.de www.goethe.de

Goethe-Institut – Zentrale Bonn

Kennedyallee 91–103 D-53175 Bonn Postanschrift: Postfach 20 07 49 D-53137 Bonn	Tel.: + 49 (2 28) 8 80-0 Fax: + 49 (2 28) 8 80-4 57	E-Mail: info@inter-nationes.de www.goethe.de

Zentralen der deutschen Kulturinstitute, Praktikumsplätze in den Auslandsinstituten, Sprachassistentenprogramm für die Gemeinschaft Unabhängiger Staaten (GUS), Erstellung von Unterrichtsmaterial, Fortbildungen etc; Adressen der Auslandsinstitute ab Seite 262

Graduate Teacher Program

Teachers Team-Education and Training Group – British Council 10 Spring Gardens UK-London SW1A 2BN	Tel.: +44 (20) 73 89 44 47 Fax: +44 (20) 73 89 44 26	E-Mail: teachers.programmes@britishcouncil.org
Vermittlung von Lehrkräften nach England		

Herder-Institut der Universität Leipzig (siehe: interDaF e.V.)

Institut für Auslandsbeziehungen (ifa) e.V.

Charlottenplatz 17 D-70173 Stuttgart Postanschrift: Postfach 10 24 63 D-70020 Stuttgart	Tel.: +49 (7 11) 22 25-0 Fax: +49 (7 11) 2 26 43 46	E-Mail: info@ifa.de www.ifa.de

Institut für Deutsche Sprache (IDS)

Postfach 10 16 21 D-68016 Mannheim	Tel.: +49 (6 21) 15 81-0 Fax: +49 (6 21) 15 81-2 00	E-Mail: trabold@ids-mannheim.de www.ids-mannheim.de

interDaF e.V. am Herder-Institut der Universität Leipzig

Lumumbastr. 4 D-04105 Leipzig	Tel.: +49 (3 41) 9 73 75-00 Fax: +49 (3 41) 9 73 75-49	E-Mail: interdaf@rz.uni-leipzig.de www.uni-leipzig.de/interdaf

Internationaler Deutschlehrerverband – Sitz des Präsidiums des IDV (bis 2005)
Frau Dr. Helena Hanuljaková

Metodicko-pedagogické centrum Tomásikova 4 P. O. Box 14 SK-82009 Bratislava	Tel.: + 4 21 (2) 4 34 22 25, 48 20 94 28 Fax: + 4 21 (2) 43 33 59 46	E-Mail: hanuljak@nextra.sk http://idvnetz.org

Inter Nationes (siehe: Goethe-Institut)

InterSwop e.V.

Osterstr. 42 D-20259 Hamburg	Tel.: +49 (40) 4 10 80-28 Fax: +49 (40) 4 10 80-29	E-Mail: info@interswop.com www.interswop.de www.interswop.com
Praktika in Übersee für Studierende, Graduierte, Berufstätige, Arbeitslose		

Japanische Botschaft – JET-desk

Hiroshimastr. 6 D-10785 Berlin	Tel.: +49 (30) 2 10 94-1 54 Fax: +49 (30) 2 10 94-2 22	E-Mail: info@botschaft-japan.de www.botschaft-japan.de/ austausch/jet.html
Assistenzprogramme in Japan		

Komitee für Schweizerschulen im Ausland

Alpenstr. 26 CH-3000 Bern 16	Tel.: +41 (31) 3 56 61 20 Fax: +41 (31) 3 56 61 01	E-Mail: ksa@aso.ch www.schweizerschulen.ch www.aso.ch
Vermittlung von Lehrpersonen an Schweizer Auslandsschulen		

Körber-Stiftung

Kurt-A.-Körber-Chaussee 10 D-21033 Hamburg	Tel.: +49 (40) 72 50-24 57 Fax: +49 (40) 72 50-36 45	E-Mail: info@stiftung.koerber.de www.koerber-stiftung.de
Unterrichtsmaterial („Miteinander Leben in Europa")		

Kommission für Bildungsaustausch e.V.

Lindenstr. 10 D-21745 Hemmoor	Tel.: +49 (47 71) 8 88 59 79 Fax: +49 (47 71) 8 88 59 80	E-Mail: info@coined.de www.coined.de
Praktika in Argentinien für Studierende		

KulturKontakt – Austria

Spittelberggasse 3 A-1070 Wien	Tel.: +43 (1) 5 23 87 65 Fax: +43 (1) 5 23 87 65-20	E-Mail: kk@kulturkontakt.or.at www.kulturkontakt.or.at
Entwicklung von Unterrichtsmaterial, Lehrerfortbildung, Koordinationsstelle für bilinguale Schulen und Bildungsbeauftragte		

Landesinstitut für Qualifizierung (LfQ NRW)

Kölner Str. 8 D-42651 Solingen	Tel.: +49 (2 12) 2 22 20-16, -00 Fax: +49 (2 12) 2 22 20-48	
Programm zur Vermittlung pensionierter Lehrer nach Mittel- und Osteuropa		

Lektoren und Lektorinnen Deutsch als Fremdsprache in der Schweiz
Präsident: Dr. Ueli Bachmann

Deutsches Seminar Linguistische Abteilung Schönberggasse 9 CH-8001 Zürich		E-Mail: ueli.bachmann@swissonline.ch www.ledafids.ch

MitOst e.V.
Geschäftsstelle: Frau Anne Stalfort

Schillerstr. 57 D-10627 Berlin	Tel.: +49 (30) 31 51 74-70 Fax: +49 (30) 31 51 74-71	E-Mail: geschaeftsstelle@mitost.de www.mitost.de www.boschlektoren.de
Lektorenvereinigung		

Pädagogischer Austauschdienst (siehe: Sekretariat der Ständigen Konferenz der Kultusminister)

Osteuropazentrum – Boschlektorenprogramm (siehe: Universität Hohenheim)

ÖSD-Prüfungszentrale

Althanstr. 7 – 9/10 A-1090 Wien	Tel.: +43 (1) 3 19 33 95 Fax: +43 (1) 3 19 33 96	E-Mail: osd@aon.at www.osd.at
Prüfungszentrale für das Österreichische Sprachdiplom Deutsch		

Österreich Institut GmbH

Porzellangasse 2/28 A-1090 Wien	Tel.: +43 (1) 3 19 48 58 Fax: +43 (1) 3 19 48 58-10	E-Mail: oei@oei.org www.oesterreichinstitut.org
Zentrale der österreichischen Sprach- und Kulturinstitute im Ausland, Praktikumsplätze in den Auslandsinstituten; Adressen der Auslandsinstitute ab Seite 284		

Österreichischer Austauschdienst (ÖAD)

Zentrale Geschäftsstelle Alserstr. 4/1/3/8 A-1090 Wien	Tel.: +43 (1) 42 77-2 81 01 Fax: +43 (1) 42 77-92 81	E-Mail: zg@oead.ac.at www.oead.ac.at
Praxisstipendium DaF für Studierende		

Österreichischer Verband für Deutsch als Fremdsprache/Zweitsprache

Präsident: Roland Fischer

Vizepräsidentin: Renate Faistauer

Liechtensteinstr. 155 A-1090 Wien	Tel.: +43 (1) 4 27 74 21-71 Fax: +43 (1) 4 27 74 21-80	E-Mail: OeDaF@gmx.at renate.faistauer@univie.ac.at www.oedaf.at

Österreich-Kooperation

Hörlgasse 12/14 A-1090 Wien	Tel.: +43 (1) 3 17 69 93/12 Fax: +43 (1) 3 17 49 35 18	E-Mail: office@oek.at www.oek.at
Lektoren- und Sprachassistentenprogramm		

Pro Helvetia Zürich (Hauptsitz)

Hirschengraben 22 CH-8024 Zürich	Tel.: +41 (1) 2 67 71 71 Fax: +41 (1) 2 67 71 06	E-Mail: info@pro-helvetia.ch www.pro-helvetia.ch
Schweizer Kulturstiftung; Adressen der Außenstellen finden Sie ab Seite 285		

Robert Bosch Stiftung GmbH

Dr. Olaf Hahn

Heidehofstr. 31 D-70184 Stuttgart Postanschrift Postfach 10 06 28 D-70005 Stuttgart	Tel.: +49 (7 11) 4 60 84-1 48 Fax: +49 (7 11) 4 60 84-10 94	E-Mail: olaf.hahn@bosch-stiftung.de www.bosch-stiftung.de
Projekt „DeutschMobil" in Frankreich		

Schweizerische Zentralstelle für die Weiterbildung der Mittelschullehrpersonen

Peter A. Ehrhard (Beauftragter der WBZ)

Sprachassistenz-Programm Bertastr. 33 CH-8003 Zürich	Tel.: +41 (1) 4 63 58 48 Fax: +41 (1) 4 63 58 42	E-Mail: peter.ehrhard@bluewin.ch www.wbz-cps.ch
Sprachassistenz-Programme		

Sekretariat der Ständigen Konferenz der Kultusminister der Länder in der Bundesrepublik Deutschland

Pädagogischer Austauschdienst (PAD) Postfach 22 40 D-53012 Bonn	Tel.: +49 (2 28) 5 01-0 Fax: +49 (2 28) 5 01-2 59,-3 01	E-Mail: pad@kmk.org www.kmk.org/pad/home.htm
Sprachassistentenprogramme, Lehreraustausch		

StudEx

c/o HTI Postfach CH-2501 Biel-Bienne	Tel.: +41 (32) 3 21 63 21 Fax: +41 (32) 3 21 65 94	E-Mail: info@studex.ch www.studex.ch
Auslandspraktika für Studierende und Graduierte, Stipendien für Praktika		

TestDaF-Institut

Feithstr. 188 D-58084 Hagen	Tel.: +49 (23 31) 9 87-40 80 Fax: +49 (23 31) 9 87-3 58	E-Mail: info@testdaf.de www.testdaf.de
Institut, das den TestDaF zentral entwickelt, korrigiert und bewertet		

Universität Hohenheim

Osteuropazentrum (770) Lektorenprogramm D-70593 Stuttgart	Tel.: +49 (7 11) 4 59-39 70 Fax: +49 (7 11) 4 59-27 71	E-Mail: lektoren@uni-hohenheim.de www.boschlektoren.de
Lektorenprogramm für Mittel- und Osteuropa		

Verband Deutscher Lehrer im Ausland
Geschäftsführer: Joachim Schneider

Albachtener Str. 99d D-48163 Münster	Tel.: +49 (25 36) 4 40 Fax: +49 (25 36) 4 46	E-Mail: schneider@vdlia.de www.vdlia.de

VIA e.V.

Geschäftsstelle Katzenstr. 2 D-21335 Lüneburg Postfach 29 28 D-21319 Lüneburg	Tel.: + 49 (41 31) 73 22 23 Fax: + 49 (41 31) 73 22 24	E-Mail: info@via-ev.org www.via-ev.org
Praktikumsprogramme in Mexiko, Ecuador, Afrika, Russland und Zentralasien		

VIA e.V.
Programmleiterin Mexiko: Frau Angelika Cremer

Florastr. 2 D-45131 Essen	Tel.: +49 (2 01) 61 62 794 Fax: +49 (2 01) 61 62 795	E-Mail: angelika.cremer@via-ev.org
Praktika in Mexiko		

VIA e.V.
Programmleiterin Afrika, Russland und Zentralasien: Frau Karen Engelke

Tarnowitzer Weg 16 D-22049 Hamburg	Tel.: +49 (40) 63 60 96 18 Fax: +49 (40) 63 60 96 19	E-Mail: karen.engelke@via-ev.org
Praktika in Afrika, Russland und Zentralasien		

VIA e.V.
Programmleiter Ecuador: Herrn Heiko Luithardt

Carl-Zuckmayer-Str. 14 D-68169 Mannheim	Tel.: +49 (6 21) 30 69 830 Fax: +49 (6 21) 30 69 831	E-Mail: heiko.luithardt@via-ev.org
Praktika in Ecuador		

Wissenschaftliche Gesellschaft zur Förderung des Deutschen als Fremdsprache in Österreich
Vorsitz: Prof. Dr. Paul R. Portmann-Tselikas
Stellvertretender Vorsitz: Prof. Dr. Hans-Jürgen Krumm

Lehrstuhl Deutsch als Fremdsprache Institut für Germanistik Universität Wien Dr. Karl Lueger Ring 1 A-1010 Wien	Tel.: +43 (1) 42 77-4 21 07 Fax: +43 (1) 42 77-4 21 80	E-Mail: hans-juergen.krumm@univie.ac.at www-gewi.kfunigraz.ac.at/ uldaf/wgdaf/index.htm

Zentralstelle für das Auslandsschulwesen (siehe: Bundesverwaltungsamt)

Zentralstelle für Arbeitsvermittlung (ZAV)

Villemombler Str. 76 D-53123 Bonn Postanschrift: D-53107 Bonn	Tel.: +49 (2 28) 7 13-0, -12 92 Fax: +49 (2 28) 7 13-14 00, -11 11	E-Mail: Bonn-ZAV@arbeitsagentur.de www.arbeitsagentur.de
Visa-Programme, Vermittlung von Praktika, Lehrassistenten- und Lehreraustauschprogramme		

Außenstellen und Informationszentren des DAAD

Deutscher Akademischer Austauschdienst

Kennedyallee 50 D-53175 Bonn Postanschrift: Postfach 20 04 04 D-53134 Bonn	Tel.: +49 (2 28) 8 82-0 Fax: +49 (2 28) 8 82-4 44	E-Mail: postmaster@daad.de www.daad.de

Außenstellen

Der DAAD unterhält 14 Außenstellen im Ausland. Zu den Homepages der Außenstellen gelangen Sie über die Homepage des DAAD: www.daad.de.

Außenstelle Hanoi (Vietnam) – DAAD Trung Tam Viet Duc DH Bach Khoa

1 Dai Co Viet VN-Hanoi	Tel.: +84 (4) 8 68 37 73, 8 68 37 81, 8 68 24 47 Fax: +84 (4) 8 68 37 72	E-Mail: daad@daadvn.org http://ic.daad.de/hanoi

Außenstelle Jakarta (Indonesien) – DAAD Jakarta Office

Jl. Jend. Sudirman, Kav. 61–62 Summitmas I, Lt. 19 Jakarta 12190 Indonesia	Tel.: +62 (21) 5 20 08 70, 5 25 28 07 Fax: +62 (21) 5 25 28 22	E-Mail: info@rdaadjkt.com

Außenstelle Kairo (Ägypten) – German Academic Exchange Service

11 Sharia Saleh Ayoub ET-Cairo-Zamalek	Tel.: +20 (2) 7 35 27 26, 7 38 41 27 Fax: +20 (2) 7 38 41 36	E-Mail: daadcairo@link.net

Außenstelle London (Großbritannien) – German Academic Exchange Service

34 Belgrave Square GB-London SW1X 8QB	Tel.: +44 (20) 72 35 17 36 Fax: +44 (20) 72 35 96 02	E-Mail: info@daad.org.uk

Außenstelle Mexico-City (Mexiko) – Servicio Alemán de Intercambio Académico

c/o Sección de Prensa y Cultura Embajada Alemana Molière 118, Col. Polanco C.P. 11550 MEX-México, D.F.	Tel.: +52 (55) 2 81 73 98, 52 81 73 99 Fax: +52 (55) 2 81 73 97	E-Mail: daadmx@prodigy.net.mx

Außenstelle Moskau (Russland) – Deutscher Akademischer Austauschdienst

Leninskij Prospekt, 95a RUS-119313 Moskau	Tel.: +7 (0 95) 1 32 24 29, 1 32 23 11 Fax: +7 (0 95) 1 32 49 88	E-Mail: daad@daad.ru www.daad.ru

Außenstelle Nairobi (Kenia) – German Academic Exchange Service

Regional Office for Africa P.O. Box 14050 Nairobi (Westlands 08000) EAK-Nairobi	Tel.: +2 54 (2) 2 72 97 41, 2 72 26 60, 2 72 26 62 Fax: +2 54 (2) 2 71 67 10	E-Mail: info@daadafrica.org www.nairobi.daad.de

Außenstelle New Delhi (Indien) – German Academic Exchange Service Regional Office

Bangladesh, India, Nepal, Sri Lanka 176, Golf Links IND-New Dehli 110003	Tel.: +91 (11) 24 61 51 48, 24 61 50 09 Fax: +91 (11) 24 69 09 19	E-Mail: daadnd@bol.net.in

Außenstelle New York (USA) – German Academic Exchange Service

871 United Nations Plaza USA-New York, N.Y. 10017	Tel.: +1 (2 12) 7 58 32 23 Fax: +1 (2 12) 7 55 57 80	E-Mail: daadny@daad.org

Außenstelle Paris (Frankreich) – Office Allemand d'Echanges Universitaires

24, rue Marbeau F-75116 Paris	Tel.: +33 (1) 44 17 02 30 Fax: +33 (1) 44 17 02 31	E-Mail: info@daad.asso.fr

Außenstelle Peking (China) – Deutscher Akademischer Austauschdienst

Unit 1718, Landmark Tower 2 8 North Dongsanhuan Road Chaoyang District RC-Beijing, 100004	Tel.: +86 (10) 65 90-66 56, -66 76 Fax: +86 (10) 65 90-63 93	E-Mail: postmaster@daad.org.cn http://daad.org.cn

Außenstelle Rio de Janeiro (Brasilien) – Serviço Alemão de Intercâmbio Acadêmico

Rua Presidente Carlos de Campos, 417 BR-22231-080 Rio de Janeiro	Tel.: +55 (21) 25 53 32 96 Fax: +55 (21) 25 53 92 61	E-Mail: daad@daad.org.br

Außenstelle Tokio (Japan) – Deutscher Akademischer Austauschdienst

Akasaka 7-5-56, Minato-ku J-Tokyo 107-0052	Tel.: +81 (3) 35 82-59 62 Fax: +81 (3) 35 82-55 54	E-Mail: daadtyo@gmd.co.jp

Außenstelle Warschau (Polen) – Niemiecka Centrala Wymiany Akademickiej Przedstawicielstwo w Warszawie

ul. Czeska 24 PL-03-902 Warszawa	Tel.: +48 (22) 6 17 48 47, 6 16 13 08 Fax: +48 (22) 6 16 12 96	E-Mail: daad@daad.pl

Informationszentren (IC)

Zudem unterhält der DAAD 42 Informationszentren (IC) und drei Informationsbüros.

DAAD Informationszentrum Athen (Griechenland)

Christel Zühlke c/o Goethe-Institut Athen Omirou St. 14–16 Postanschrift: P.O. Box 3 03 83 GR-10033 Athen		

DAAD Informationszentrum Prag (Tschechien)

Dorothea Uhle c/o Goethe-Institut Prag Masarykovo nábrezí 32 CZ-11000 Praha 1 Privatanschrift: Kratochvilova 2/1747 CZ-16200 Praha 6	Tel.: +42 (2) 24 93 11 82 Fax: +42 (2) 24 93 11 83	E-Mail: ibzpraha@iol.cz www.ibzpraha.cz

DAAD Informationszentrum Budapest (Ungarn) – Nemet felsooktatasi informacios központ

Felix Bubenheimer c/o Goethe-Institut Budapest Andrássy út 24 H-1061 Budapest VI.	Tel.: +36 (1) 3 74 40 76 Fax: +36 (1) 3 74 40 80	E-Mail: mail@daad.info.hu www.daad.info.hu

DAAD Informationszentrum Istanbul (Türkei)

Dr. Susanne Scheiter c/o Goethe-Institut Teutonia Yenicarsi Cad. 52 TR-34433 Beyoglu-Istanbul	Tel.: +90 (2 12) 2 49 34 62 Fax: +90 (2 12) 2 49 34 62	E-Mail: Daad.istanbul@gmx.net http://ic.daad.de/istanbul

DAAD Informationszentrum Ankara (Türkei)

Dr. Silke Ghobeyshi c/o Deutsches Kulturinstitut Atatürk Bulvari 131 TR-06640 Bakanliklar-Ankara	Fax: +90 (3 12) 4 19 35 54	E-Mail: DAAD.ankara@gmx.net http://ic.daad.de/ankara

DAAD Informationszentrum Ostjerusalem (Israel)

Dr. Martin Beck Postanschrift: P. O. Box 2 03 34 IL-91203 East Jerusalem	Tel.: +9 72 (2) 6 26 21 06 Fax: +9 72 (2) 6 26 21 08	E-Mail: daad@netvision.net.il http://www.daad.de/ westbank_gaza/

DAAD Informationszentrum Teheran (Iran)

Dr. Petra Köppel Meyer c/o Deutsches Sprachinstitut Teheran Qolhak Kh. Yakhchal, Kh. Keynejad Kh. Eslamiyeh No. 14 IRN-Teheran		E-Mail: Petra@meyersandmore.com

Afrika

DAAD Informationszentrum Accra (Ghana)

Harald Olk Postanschrift: c/o German Embassy Accra P. O. Box 17 57 GH-Accra Anschrift des Goethe-Instituts: 30, Kakramadu Road Postanschrift: P.M.B. 52 GH-Cantonments Accra	Tel.: +2 33 (24) 28 56 73	E-Mail: daadghana@web.de http://ic.daad.de/accra

DAAD Informationszentrum Johannesburg (Südafrika) – School of Literature and Language Studies, University of the Witwatersrand

Dr. Ingrid Laurien Postanschrift: P. O. Box 269 Wits 2050 ZA-Johannesburg	Tel.: +27 (11) 7 17 93 34 Fax: +27 (11) 7 17 93 35	E-Mail: daad@languages.wits.ac.za www.daadsa.co.za

Amerika

DAAD Informationszentrum Toronto (Kanada)

Dr. Sven Kramer DAAD Visiting Associate Professor Univ. of Toronto Dept. of Germanic Languages and Literatures Odette Hall, 3rd Floor 50 St. Joseph Street CDN-Toronto Ontario, M5S 1J4	Tel.: +1 (4 16) 9 26 23 26 Fax: +1 (4 16) 9 26 23 29	E-Mail: sven.kramer@utoronto.ca

DAAD Informationszentrum San Francisco (USA)

Dr. Eckhard Schröter c/o Goethe-Institut San Francisco 530 Bush Street USA-San Francisco, CA 94108	Fax: +1 (5 10) 6 42 95 15	E-Mail: eckhard.schroeter@epost.de, eschroet@socrates.berkeley.edu www.daadconsult.org

DAAD Informationszentrum Mexiko City (Mexiko) – Centro de Información del DAAD Mexico City

Dr. Stefan Lauterbach c/o Goethe-Institut Mexiko-Stadt – Instituto Goethe, A.C. Apartado Postal 7-992 Tonalá 43, Colonia Roma MEX-06700 México, D.F.	Fax: +52 (54) 9 09 48	E-Mail: daad@goethe.com.mx comenius.cele.unam.mx/daad

DAAD Informationszentrum Havanna (Kuba) – Centro de Informatión del DAAD Havanna

Dr. Sabine Jambon		E-Mail: lc-havanna@gmx.de Daadcuba@gmx.de

DAAD Informationszentrum San Jose (Costa Rica) – Centro de Información del DAAD San Jose

Werner Mackenbach c/o Conare, Apdo. 374 CR-2050 San Pedro Montes de Oca	Tel.: +5 06 (2) 96 82 31 Fax: +5 06 (2) 96 82 76	E-Mail: daad@conare.ac.cr

DAAD Informationszentrum Caracas (Venezuela) – Centro de Información del DAAD Caracas

Karl Tschida c/o Instituto Goethe – Asociación Cultural Humboldt Av. Juan German Roscio con Av. Jorge Washington Apartado 60.501 San Bernardino VEN-Caracas 1060-a	Tel.: +58 (2 12) 5 50 26 31 Fax: +58 (2 12) 5 52 56 21	E-Mail: Karltschida@cantv.net http://ic.daad.de/caracas

DAAD Informationszentrum Sao Paulo (Brasilien) – Centro de Informacao DAAD Sao Paulo

Dr. Michael Barth c/o Goethe-Institut Rua Lisboa, 974 (Pinheiros) BRA-05413-001 Sao Paulo	Tel.: +55 (11) 30 61 53 31 Fax: +55 (19) 37 88 73 79	E-Mail: ibzsp@ig.com.br

DAAD Informationszentrum Buenos Aires (Argentinien) – Centro de Información del DAAD Buenos Aires

Dr. Wolfgang Bongers c/o Goethe-Institut Avenida Corrientes 319 1er piso, Sala 6 ARG-1043 Buenos Aires	Tel.: +54 (11) 43 14 47 22 Fax: +54 (11) 43 14 47 22	E-Mail: Daad@house.com.ar www.daad.com.ar

DAAD Informationszentrum Santiago de Chile (Chile) – Centro de Información del DAAD Santiago de Chile

Dr. Anne Sperschneider c/o Goethe-Institut Calle Esmeralda 650 Casila 1050 RCH-Santiago de Chile	Fax: +56 (2) 4 62 18 10	E-Mail: daad@entelchile.net www.daad.cl

Asien und Australien

DAAD Informationszentrum Mumbai/Bombay (Indien) – DAAD Information Center Mumbai

Bettina Katharina Dinter Indo-German Training Centre 2 B, Vulcan Insurance Building Veer Nariman Road, Churchgate IND-Mumbai 400 020	Tel.: +91 (22) 22 81 85 91 Fax.: +91 (22) 22 84 05 31	E-Mail: Daadmumbai@vsnl.net http://ic.daad.de/mumbai

DAAD Informationszentrum Chennai/Madras (Indien) – DAAD Information Center Chennai

Susanne Romanowski c/o Max Mueller Bhavan 13 Khader Nawaz Khan Road IND-Chennai 600 006	Tel.: +91 (44) 28 33 14 42/-50 Fax: +91 (44) 28 33 14 50	E-Mail: daadch@vsnl.in http://ic.daad.de/chennai

DAAD Informationszentrum Ho Chi Minh Stadt (Vietnam) – DAAD Information Center

Heidi Steiner 99 Nguyen Thi Minh Khai, Q.1, 2nd floor VN-Ho Chi Minh City	Tel.: +84 (8) 8 25 20 08 Fax: +84 (8) 8 25 20 08	E-Mail: Ibzhcmc@hcm.fpt.vn

DAAD Informationszentrum Bangkok (Thailand) – DAAD Information Center Bangkok

K. Nina Herrmann c/o Goethe-Institut 18/1 Soi Goethe Sathorn 1 Road THA-Bangkok, 10120	Fax: +66 (2) 2 86 48 45	E-Mail: info@daad.or.th www.daad.or.th

DAAD Informationszentrum Kuala Lumpur (Malaysia) – DAAD Information Center Kuala Lumpur

Dr. Torsten Schaar c/o Goethe-Institut No 1, Jalan Langgak Golf, off Ji. Tun Razak MAL-55000 Kuala Lumpur	Tel.: +60 (3) 21 48 05 68 Fax: +60 (3) 21 48 05 68	E-Mail: daadkl@tm.net.my http://ic.daad.de/kualalumpur (in Vorbereitung)

DAAD Informationszentrum Singapur (Singapur) – DAAD Information Center Singapore

Annika Walter-Schantz c/o Goethe-Institut 163 Penang Road # 05-01 Winsland House II SGP-Singapore 238463	Tel.: +65 67 35 45 55, +65 62 38 02 41 Fax: +65 67 35 46 66	E-Mail: daadsin@singnet.com.sg http://ic.daad.de/singapore

DAAD Informationszentrum Surabaya (Indonesien) – DAAD Information Center Surabaya

Dr. Monika Wizemann The International Village Universitas Surabaya Jl. Raya Kalirungkut RI-Surabaya 60293	Tel.: +62 (31) 2 98 13 26 Fax: +62 (31) 2 98 13 27	E-Mail: IBZ-Sby@rad.net.id

DAAD Informationszentrum Seoul (Korea) – DAAD Information Center Seoul

Liane Garnatz c/o Goethe-Institut 339-1 Huam-Dong Yongsan-Gu ROK-Seoul 140-901	Tel.: +82 (2) 7 54 14 42 Fax: +82 (2) 7 54 98 34	E-Mail: daad@seoul.goethe.org, lianegarnatz@yahoo.com www.daad.or.kr

DAAD Informationszentrum Shanghai (China) – DAAD Information Centre Shanghai

Thomas Zimmer c/o Cultural and Education Section of the German Consulate-General 0102A Pidemco Tower Fu Zhou Lu 318 RC-Shanghai 200001	Tel.: +86 (21) 63 91 20 68 Fax: +86 (21) 63 84 02 69	E-Mail: shanghai@daad.org.cn www.daad.org.cn/shanghai

DAAD Informationszentrum Guangzhou (China) – DAAD Lecturer's Office

Katrin Ellwardt Sun Yat-Sen University Guangzhou Bldg. No 262 (opposite Zhong Shan Hall) 4th Floor RC-Guangzhou 510 275	Tel.: +86 (20) 84 11 32 14 Fax: +86 (20) 84 11 32 14	E-Mail: studygermany@yahoo.de www.daad.org.cn/guangzhou

DAAD Informationszentrum Hongkong S.A.R. (China) – DAAD Information Center Hong Kong

Michael Paulus c/o David-Lam-Institute for East-West-Studies 9th Floor, Room 933 Hong Kong Baptist Univ. Renfrew Road Kowloon Tong HK-Hong Kong	Tel.: +8 52 34 11 53 26 Fax: +8 52 34 11 27 49	E-Mail: Daadhk@hkbu.edu.hk http://ic.daad.de/hongkong

DAAD Informationszentrum Taipei (Taiwan) – DAAD Information Center Taipei

Martin Müller c/o German Cultural Center 11 F., No 20 Heping East Road, Sec. 1 Taipei 100 Taiwan	Tel.: +8 86 (2) 23 67 78 71 Fax: +8 86 (2) 23 67 52 99	E-Mail: Daad.ictp@msa.hinet.net www.germany.org.tw/daad

DAAD Informationszentrum Sydney (Australien) – DAAD Information Center Sydney

Dr. Rainer Haarbusch c/o Goethe-Institut Sydney Postanschrift: P. O. Box 37 AU-Woollahra NSW 1350		E-Mail: daadaustralia@web.de http://ibz.daad.de/sydney

DAAD Informationszentrum Auckland (Neuseeland) – DAAD Information Center Auckland

Dr. Sabine Fischer-Kania c/o Dept. of Germanic Languages and Literature University of Auckland Postanschrift: P. O. Box 92 019 NZ-Auckland	Tel.: +64 (9) 3 73 75 99, +64 (8) 89 31 Fax: +64 (9) 3 73 79 29	E-Mail: daad@auckland.ac.nz

Goethe-Institute weltweit

Zentralverwaltung des Goethe-Instituts

Dachauer Str. 122 D-80637 München Postanschrift: Postfach 19 04 19 D-80604 München	Tel.: +49 (89) 1 59 21-0 Fax: +49 (89) 1 59 21-4 50	E-Mail: zv@goethe.de www.goethe.de

Goethe-Institut – Zentrale Bonn

Kennedyallee 91 – 103 D-53175 Bonn Postanschrift: Postfach 20 07 49 D-53137 Bonn	Tel.: + 49 (2 28) 8 80-0 Fax: + 49 (2 28) 8 80-4 57	E-Mail: info@inter-nationes.de www.goethe.de

Es gibt 126 Zweigstellen des Goethe-Instituts in 77 Ländern. Zu den Homepages der Auslandsinstitute gelangen Sie über www.goethe.de.

Benelux

Goethe-Institut Amsterdam (Niederlande)

Herengracht 470 NL-1017 CA Amsterdam	Tel.: +31 (20) 5 31 29 00 Fax: +31 (20) 6 38 46 31	E-Mail: administratie@amsterdam. goethe.org

Goethe-Institut Brüssel (Belgien)

Rue Belliard straat 58 B-1040 Brüssel	Tel.: +32 (2) 2 30 39 70 Fax: +32 (2) 2 30 77 25	E-Mail: info.bib@bruessel.goethe.org

Goethe Institut Luxemburg (Luxemburg) –
Institut Pierre Werner, Deutsch-Französisch-Luxemburgisches Kulturinstitut

28, rue Münster L-2160 Luxembourg	Tel.: +3 52 49 04 43 -1 Fax: +3 52 49 06 43	E-Mail:goethe@pt.lu

Goethe-Institut Rotterdam (Niederlande) – Duits Cultureel Centrum

Westersingel 9 NL-3014 GM Rotterdam	Tel.: +31 (10) 2 09 20 90 Fax: +31 (10) 2 09 20 72	E-Mail: directie@rotterdam.goethe.org

Frankreich

Goethe-Institut Bordeaux (Frankreich) – Centre Culturel Allemand

35, cours de Verdun F-33000 Bordeaux	Tel.: +33 (5) 56 48 42 60 Fax: +33 (5) 56 48 42 61	E-Mail: goetbxl@easynet.fr

Goethe-Institut Lille (Frankreich) – Centre Culturel Allemand

98, rue des Stations F-59000 Lille Cédex	Tel.: +33 (3) 20 57 02 44 Fax: +33 (3) 20 42 81 45	E-Mail: goethe.lille.gros@wanadoo

Goethe-Institut Lyon (Frankreich) – Centre Culturel Allemand

18, rue François Dauphin F-69002 Lyon	Tel.: +33 (4) 72 77 08 88 Fax: +33 (4) 72 40 91 55	E-Mail:il@lyon.goethe.org

PV-Außenstelle des Instituts Lyon – Service Pédagogique du Goethe-Institut Maison de Tübingen

19 rue du Cancel F-13100 Aix-en-Provence	Tel.: +33 (4) 42 23 38 43 Fax: +33 (4) 42 23 38 43	E-Mail: nett@lyon.goethe.org

Goethe-Institut Nancy (Frankreich) – Centre Culturel Allemand

39, rue de la Ravinelle F-54052 Nancy Cédex	Tel.: +33 (3) 83 35 44 36 Fax: +33 (3) 83 32 43 45	E-Mail: il@nancy.goethe.org

Goethe-Institut Paris (Frankreich) – Centre Culturel Allemand

17, Avenue d'Iéna F-75116 Paris	Tel.: +33 (1) 44 43 92 30 Fax: +33 (1) 44 43 92 40, 44 43 92 72, 44 43 92 69	E-Mail: haase@paris.goethe.org

Goethe-Institut Straßburg (Frankreich) –
Außenstelle des Goethe-Instituts Nancy Délégation du Goethe-Institut

22, rue Descartes F-67084 Strasbourg Cédex	Tel.: +33 (3) 88 15 71 21 Fax: +33 (3) 88 15 71 21	E-Mail: goethe@umb.u-strasbg.fr

Goethe-Institut Toulouse (Frankreich) – Centre Culturel Allemand

4 bis, rue Clémence Isaure B.P. 154 F-31014 Toulouse Cédex 6	Tel.: +33 (5) 61 23 08 34 Fax: +33 (5) 61 21 16 66	E-Mail: gitlil@easyconnect.fr

Großbritannien, Irland

Goethe-Institut Dublin (Irland)

37 Merrion Square IRL-Dublin 2	Tel.: +3 53 (1) 6 61 11 55, 6 80 11 00 Fax: +3 53 (1) 6 61 13 58	E-Mail: director@goethe.iol.ie

Sprachabteilung/Language Department

62 Fitzwilliam Square IRL-Dublin 2	Tel.: +3 53 (1) 6 80 11 10, 6 80 11 00 Fax: +3 53 (1) 6 76 22 13	E-Mail: goethela@iol.ie

Goethe-Institut Glasgow (Großbritannien) – The German Cultural Institute in Scotland

3, Park Circus GB-Glasgow G3 6AX	Tel.: +44 (1 41) 3 32 25 55 Fax: +44 (1 41) 3 42 16 56	E-Mail: mail@glasgow.goethe.org

Goethe-Institut London (Großbritannien)

50 Princes Gate – Exhibition Road GB-London SW7 2PH	Tel.: +44 (20) 75 96 40 00, 75 96 40 04, 75 96 40 40 Fax: +44 (20) 75 94 02 40,	E-Mail: mail@london.goethe.org

Goethe-Institut Manchester (Großbritannien)

Fourth Floor, Churchgate House 56 Oxford Street GB-Manchester M1 6EU	Tel.: +44 (1 61) 2 37 10 77 Fax: +44 (1 61) 2 37 10 79	E-Mail: mail@manchester.goethe.org

Spanien, Portugal

Goethe-Institut Barcelona (Spanien) – Institut Alemany

Manso, 26–28 E-08015 Barcelona	Tel.: +34 (93) 2 92 60 06 Fax: +34 (93) 2 92 60 08/-05	E-Mail: il@barcelona.goethe.org

Goethe-Institut Granada (Spanien) – Instituto Alemán de Cultura, Außenstelle des Goethe-Instituts Madrid in Granada

Neptuno, 5 E-18004 Granada	Tel.: +3 49 (58) 26 04 08 Fax: +3 49 (58) 26 04 08	E-Mail: goethe.granada@telefonica.net

Goethe-Institut Lissabon (Portugal) – Instituto Alemão

Campo dos Mártires da Pátria 36–37 P-1169-016 Lisboa	Tel.: +3 51 (21) 8 82 45 10 Fax: +3 51 (21) 8 85 00 03	E-Mail: il@lissabon.goethe.org

Goethe-Institut Madrid (Spanien) – Instituto Alemán de Cultura

Calle Zurbarán, 21 E-28010 Madrid	Tel.: +34 (91) 3 91 39 44, 3 91 39 55/-56 Fax: +34 (91) 3 91 39 45, 7 02 00 32	E-Mail: sprache@madrid.goethe.org

Goethe-Institut Porto (Portugal) – Instituto Alemão, Außenstelle des Goethe-Instituts in Lissabon

Av. da Boavista, 919 P-4100-128 Porto	Tel.: +3 51 (22) 6 00 81 53 Fax: +3 51 (22) 6 00 81 55	E-Mail: ilporto@esoterica.pt

Goethe-Institut San Sebastián (Spanien) – Instituto Alemán de Cultura, Außenstelle des Goethe-Instituts Madrid, Nazaret Zentroa

Aldakoenea, 36 (Barrio Egia) E-20012 San Sebastián	Tel.: +34 (9 43) 32 66 66 Fax: +34 (9 43) 27 93 95	E-Mail: gernikgg@sarenet.es

Italien

Goethe-Institut Genua (Italien) – Centro Culturale Tedesco

Via Peschiera, 35 I-16122 Genova	Tel.: +39 (10) 83 90 71 Fax: +39 (10) 8 39 88 10	E-Mail: gegoetil@ge.itline.it

Goethe-Institut Mailand (Italien) – Centro Culturale Tedesco

Via San Paolo 10 I-20121 Milano	Tel.: +39 (2) 7 76 91 71 Fax: +39 (2) 76 00 91 86	E-Mail: il@mailand.goethe.org

Goethe-Institut Neapel (Italien) – Centro Culturale Tedesco

Riviera di Chiaia 202 I-80121 Napoli	Tel.: +39 (81) 41 19 23 Fax: +39 (81) 41 19 23	E-Mail: ll@neapel.goethe.org

Goethe-Institut Palermo (Italien) – Centro Culturale Tedesco, Cantieri Culturali alla Zisa

Via Paolo Gili, 4 I-90138 Palermo	Tel.: +39 (91) 6 52 86 80, 6 52 86 60 Fax: +39 (91) 6 52 86 76, 6 52 41 21	E-Mail: goethedir@libero.it

Goethe-Institut Rom (Italien) – Centro Culturale Tedesco

Via Savoia 15 I-00198 Roma	Tel.: +39 (6) 8 44 00 51 Fax: +39 (6) 8 41 16 28	E-Mail: info@rom.goethe.org

Goethe-Institut Triest (Italien) – Centro Culturale Tedesco

Via del Coroneo 15 I-34133 Trieste	Tel.: +39 (40) 63 57 63/-64 Fax: +39 (40) 36 63 09, 3 72 21 61	E-Mail: info@goethezentrumtriest.it

Goethe-Institut Turin (Italien) – Centro Culturale Tedesco

Piazza San Carlo 206 I-10121 Torino	Tel.: +39 (11) 5 62 88 10, 5 62 85 92, 5 62 84 75, 54 38 30 Fax: +39 (11) 53 95 49	E-Mail: il@turin.goethe.org

Mittel- und Osteuropa

Goethe-Institut Belgrad (Serbien und Montenegro)

Knez Mihailova 50 Postanschrift: Postanski pregradak 491 YU-11000 Beograd	Tel.: +3 81 (11) 62 28 23, 62 56 77 Fax: +3 81 (11) 63 67 46	E-Mail: il@belgrad.goethe.org

Goethe-Institut Bratislava (Slowakei)

Panenská 33 SK-81482 Bratislava	Tel.: +4 21 (2) 54 43 31 30, 59 20 43 11 Fax: +4 21 (2) 54 43 31 34	E-Mail: dir@bratislava.goethe.org

Goethe-Institut Budapest (Ungarn)

Andrássy út 24 H-1061 Budapest VI.	Tel.: +36 (1) 3 74 40 70 Fax: +36 (1) 3 74 40 80	E-Mail: kaiser-derenthal@ budapest.goethe.org

Goethe-Institut Bukarest (Rumänien)

Str. Henri Coanda 22 RO-71119 Bucuresti – 1	Tel.: +40 (21) 2 10 40 47, 2 10 41 18, 3 12 02 31 Fax: +40 (21) 3 12 05 85	E-Mail: goedir@fx.ro, goevw@fx.ro

Goethe-Institut Krakau (Polen)

Rynek Glówny 20 Skr. Poczt. 836 PL-31008 Kraków	Tel.: +48 (12) 4 22 58 29, 4 22 69 02 Fax: +48 (12) 4 22 82 76	E-Mail: stephan.wackwitz@goethe-krakau.pl

Goethe-Institut Ljubljana (Slowenien) – in Vorbereitung

Kontaktadresse: Botschaft der Bundesrepublik Deutschland Presernova 27 SLO-1000 Ljubljana	Tel.: +3 86 (1) 4 26 95 00 Fax: +3 86 (1) 4 25 47 42	E-Mail: naumann@ljubljana.goethe.org

Goethe-Institut Prag (Tschechien)

Masarykovo nábrezí 32 CZ-11000 Praha 1	Tel.: +42 (2) 21 96 21 11 Fax: +42 (2) 21 96 22 50	E-Mail: spr@prag.goethe.org

Goethe-Institut Sarajewo (Bosnien-Herzegowina)

Ulica Radiceva 8, 1. Etage BIH-71000 Sarajevo	Tel.: +3 87 (33) 21 72 55 Fax: +3 87 (33) 21 72 56	E-Mail: il@goethe.ba

Goethe-Institut Sofia (Bulgarien)

Budapesta-Str. 1 BG-1000 Sofia	Tel.: +3 59 (2) 9 39 01 00, 9 39 01 01 Fax: +3 59 (2) 9 39 01 99	E-Mail: il@sofia.goethe.org

Goethe-Institut Warschau (Polen)

Plac Defilad 1/PKIN, Xp. PL-00-901 Warszawa	Tel.: +48 (22) 6 56 60 50 Fax: +48 (22) 6 56 60 52	E-Mail: il@warschau.goethe.org

Goethe-Institut Zagreb (Kroatien)

Ulica Grada Vukovara 64 HR-10000 Zagreb	Tel.: +3 85 (1) 6 19 50 00 Fax: +3 85 (1) 6 19 50 25	E-Mail: il@zagreb.goethe.org

Griechenland, Türkei

Goethe-Institut Ankara (Türkei) – Alman Kültür Merkezi, Deutsches Kulturinstitut

Atatürk Bulvari 131 TR-06640 Bakanliklar-Ankara	Tel.: +90 (3 12) 4 25 14 36, 4 18 31 24 Fax: +90 (3 12) 4 18 08 47	E-Mail:il@ankara.goethe.org

Goethe-Institut Athen (Griechenland)

Omirou St. 14–16 Postanschrift: P.O. Box 3 03 83	Tel.: +30 (2 10) 3 66 10 00 Fax: +30 (2 10) 3 64 35 18	E-Mail: gi@athen.goethe.org

Goethe-Institut Istanbul (Türkei) – Alman Kültür Merkezi

Yenicarsi Cad. 52 TR-34433 Beyoglu-Istanbul	Tel.: +90 (2 12) 2 49 20 09 Fax: +90 (2 12) 2 52 52 14	E-Mail: il@istanbul.goethe.org

Goethe-Institut Izmir (Türkei) – Alman Kültür Merkezi

Gazi Osman Pasa Bul. 13 P.K. 348 TR-35210 Izmir	Tel.: +90 (2 32) 4 84 16 36 Fax: +90 (2 32) 4 25 14 14	E-Mail: goethe.il@ispro.net.tr

Goethe-Institut Thessaloniki (Griechenland)

Vas.Olgas 66 GR-54642 Thessaloniki Postanschrift: P.O. Box 5 08 23 GR-54014 Thessaloniki	Tel.: +30 (23 10) 88 96 10 Fax: +30 (23 10) 83 18 71	E-Mail: githesil@athena.compulink.gr

Nordeuropa

Goethe-Institut Helsinki (Finnland)

Mannerheimintie 20 A FIN-00100 Helsinki	Tel.: +3 58 (9) 6 80 35 50 Fax: +3 58 (9) 60 43 77, +3 58 (9) 63 30 81	E-Mail: il@helsinki.goethe.org

Goethe-Institut Kopenhagen (Dänemark)

Nørre Voldgade 106 DK-1358 København	Tel.: +45 (33) 36 64 64, 36 64 58, 36 64 56 Fax: +45 (33) 36 64 61	E-Mail: il@copenhagen-goethe.dk

Goethe-Institut Oslo (Norwegen) – Tysk Kultursenter

Grönland 16 N-0188 Oslo	Tel.: +47 22 05 78 80 Fax: +47 22 17 20 04, +47 22 17 60 23	E-Mail: leiter@oslo.goethe.org

Goethe-Institut Riga (Lettland)

Torna iela 1 LV-1050 Riga	Tel.: +3 71 (7) 50 82 00, 50 81 94 Fax: +3 71 (7) 32 39 99	E-Mail: il@riga.goethe.org

Goethe-Institut Stockholm (Schweden)

Linnégatan 76 S-11523 Stockholm	Tel.: +46 (8) 4 59 12 00 Fax: +46 (8) 4 59 12 15, 4 59 12 25	E-Mail: il@stockholm.goethe.org

Goethe-Institut Tallinn (Estland) – Deutsches Kulturinstitut

Suurtüki 4B EST-10133 Tallinn	Tel.: +3 72 6 27 69 60 Fax: +3 72 6 27 69 62	E-Mail: goethe@goethe.ee

Goethe-Institut Vilnius (Litauen)

Tilto g. 3–6 LT-2001 Vilnius	Tel.: +3 70 (5) 2 31 44 33/-34 Fax: +3 70 (5) 2 31 44 32	E-Mail: il.vilnius@goethe.lt

Maghreb

Goethe-Institut Algier (Algerien) – Wiedereröffnung in Vorbereitung

Kontaktadresse: Ambassade de la République fédérale d'Allemagne BP 664 DZ-16000 Algier	Tel.: +2 13 (2) 1 74 19 41, 74 19 56 Fax: +2 13 (2) 1 74 05 21	E-Mail: ku2@algi.auswaertiges-amt.de

Goethe-Institut Rabat (Marokko) – Centre Culturel Allemand

7, rue Sana 'a MA-10 001 Rabat Postanschrift: B.P. 17 96 MA-10 000 Rabat	Tel.: +2 12 (37) 70 65 44, 73 26 50, 73 39 72 Fax: +2 12 (37) 70 82 66	E-Mail: rabatver@goethe.org.ma

Goethe-Institut Casablanca (Marokko)

11, Place du 16 Novembre MA-20000 Casablanca 01	Tel.: +2 12 (22) 20 04 45, 26 30 75 Fax: +2 12 (22) 48 37 32	E-Mail: gicasa@iam.net.ma

Sub-Sahara Afrika

Goethe-Institut Abidjan (Côte d'Ivoire) – Centre Culturel Allemand

Av. C16 Jean Mermoz, Rue C27 Postanschrift: 08 BP 982 CI-Abidjan 08	Tel.: +2 25 (22) 44 14 22, 22 48 65 54 Fax: +2 25 (22) 44 96 89	E-Mail: abidjan-il@aviso.ci,

Goethe-Institut Accra (Ghana) – German Cultural Centre

30, Kakramadu Road Postanschrift: P.M.B. 52 GH-Cantonments Accra	Tel.: +2 33 (21) 77 67 64 Fax: +2 33 (21) 77 97 70	E-Mail: administration@accra.goethe.org

Goethe-Institut Addis Abeba (Äthiopien) – German Cultural Institute

House No. 11 69/8-25 Zone Addis Abeba, Woreda 14, Kebele 07 Postanschrift: P.O. Box 11 93 ETH-Addis Abeba	Tel.: +2 51 (1) 55 28 88, 55 21 10 Fax: +2 51 (1) 55 12 99	E-Mail: gci@telecom.net.et

Goethe-Institut Dakar (Senegal) – Centre Culturel Allemand

2, Avenue Albert Sarraut Postanschrift: B.P. 32 64 SN-Dakar	Tel.: +2 21 (8) 23 04 70 Fax: +2 21 (8) 22 34 82	E-Mail: gidakar@sentoo.sn

Goethe-Institut Johannesburg (Südafrika)

Jan Smuts Avenue 119 Off Newport Road Parkwood 2193 ZA-Johannisburg Postanschrift: Private Bag X 63 Saxonwold 2132 ZA-Johannesburg	Tel.: +27 (11) 4 42 32 32 Fax: +27 (11) 4 42 37 38	E-Mail: il@joburg.goethe.org

Goethe-Institut Lagos (Nigeria) – German Cultural Center

10, Ozumba Mbadiwe Avenue (opposite 1004 flats) Victoria Island WAN-Lagos Postanschrift: P.O. Box 957 101001 Marina WAN-Lagos	Tel.: +2 28 2 21 08 94 Fax: +2 28 2 22 07 77	E-Mail: gilagosp@infoweb.abs.net

Goethe-Institut Lomé (Togo)

Rue de l'Eglise/ Angle Rue Koketi TG-Lomé Postanschrift: B.P. 914 TG-Lomé	Tel.: +2 28 2 21 08 94 Fax: +2 28 2 22 07 77	E-Mail: digilom@cafe.tg

Goethe-Institut Nairobi (Kenia) – German Cultural Centre

Maendeleo House Corner Loita/Monrovia-Street EAK-Nairobi Postanschrift: P.O. Box 4 94 68 EAK-00100 Nairobi GPO/Kenia	Tel.: +2 54 (20) 22 46 40, 21 13 81, 21 14 79 Fax: +2 54 (20) 34 07 70	E-Mail: il@nairobi.goethe.org

Goethe-Institut Yaoundé (Kamerun) – Centre Culturel Allemand

Quartier Bastos (à côté de l'Ecole Publique Bilingue) B.P. 10 67 CAM-Yaoundé	Tel.: +2 37 2 22 35 77 Fax: +2 37 2 23 38 77	E-Mail: goethe.il@camnet.cm

Naher Osten

Goethe-Institut Amman (Jordanien) – Deutsches Kulturinstitut

5, Abdel Mun'im Al Rifa'i St. Jabal Amman Postanschrift: P.O. Box 16 76 JOR-11118 Amman	Tel.: +9 62 (6) 4 64 19 93, 4 64 92 70 Fax: +9 62 (6) 4 61 23 83	E-Mail: giammvw@go.com.jo

Goethe-Institut Beirut (Libanon)

Hamra, 11 Rue Bliss Manara Postanschrift: P.O. Box 1 13-51 59 Hamra 11 03-20 20 RL-Beirut	Tel.: +9 61 (1) 74 05 24, 74 50 58 Fax: +9 61 (1) 74 35 24	E-Mail: goethe_il@cyberia.net.lb

Goethe-Institut Damaskus (Syrien)

Malki Street 8 Postanschrift: P.O. Box 61 00 SYR-Damaskus	Tel.: +9 63 (11) 3 33 66 73, 3 32 78 42 Fax: +9 63 (11) 3 32 08 49	E-Mail: goethedam@mail.sy

Goethe-Institut Jerusalem (Israel) – German Cultural Center

Sokolov St. 15 IL-92144 Jerusalem	Tel.: +9 72 (2) 5 61 06 27, 5 63 26 54 Fax: +9 72 (2) 5 61 84 31	E-Mail: goetheje@actcom.co.il

Goethe-Institut Kabul (Afghanistan)

Wazir Akbar Khan Shahmahmod Street (opposite Foreign Ministry and Chinese Embassy) AFG-Kabul		E-Mail: Goethekabul@gmx.net

Goethe-Institut Kairo (Ägypten)

5, Sharia El-Boustan Postanschrift: P.O. Box 7 Mohd. Farid ET-11518 Kairo	Tel.: +20 (2) 5 75 98 77, 5 74 82 61, 7 48 45 00/-01 Fax: +20 (2) 5 77 11 40, 3 35 47 02	E-Mail: Ebert@cairo.goethe.org

Goethe-Institut Alexandria (Ägypten)

10, rue des Ptolémées ET-Alexandria	Tel.: +20 (3) 4 87 98 70, 4 84 10 37 Fax: +20 (3) 4 87 48 52	E-Mail: gialex@internetalex.com

Goethe-Institut Ramallah (Palästinensische Autonomiegebiete)

P.O. Box 23 32 Ramallah via Israel Postanschrift: Auswärtiges Amt Kurierdienst Goethe-Institut Ramallah Werderscher Markt 1 D-10117 Berlin	Tel.: +9 72 (2) 2 98 19 22 Fax: +9 72 (2) 2 98 19 23	E-Mail: giram@palnet.com

Goethe-Institut Teheran (Iran) – Wiedereröffnung in Vorbereitung

Kontaktadresse: Embassy of the Federal Republic of Germany Nr. 324, Ferdowsi Ave. P.O. Box 1 13 65-1 79 IRN-Teheran 11365	Tel.: +98 (21) 3 11 41 11/ -12/-13/-14 Fax: +98 (21) 3 11 41 15	E-Mail: ku-2@tehe.auswaertiges-amt.de

Goethe-Institut Tel Aviv (Israel) – German Cultural Center

Asia House 4 Weizmann St. P.O. Box 3 36 91 IL-Tel Aviv-61336	Tel.: +9 72 (3) 6 91 72 66, 6 91 72 61 Fax: +9 72 (3) 6 95 57 99	E-Mail: goethedi@actcom.co.il

Goethe-Institut Tunis (Tunesien)

Place d'Afrique 6, rue du Sénégal TUN-1002 Tunis-Belvédère	Tel.: +2 16 (71) 84 82 66 Fax: +2 16 (71) 84 17 51	E-Mail: vogt@tunis-goethe.org.tn

Osteuropa, Zentralasien

Goethe-Institut Almaty (Kasachstan)

Dschandosowa 2 KZ-480090 Almaty	Tel.: +7 (32 72) 47 27 04, 47 63 07, 47 89 22 Fax: +7 (32 72) 47 29 72	E-Mail: il-goethe@nursat.kz

Goethe-Institut Kiew (Ukraine)

wul. Woloska, 12/4 UA-04070 Kiew Postanschrift: Goethe-Institut Kiew Auswärtiges Amt Kurierdienst Werderscher Markt 1 D-10117 Berlin	Tel.: +3 80 (44) 2 36 95 74 Fax: +3 80 (44) 2 36 69 79	E-Mail: leitung@kiew.goethe.org

Goethe-Institut Minsk (Weißrussland)

Uliza Frunse 5 BY-220034 Minsk Postanschrift: Auswärtiges Amt Kurierdienst Goethe-Institut Minsk Werderscher Markt 1 D-10117 Berlin	Tel.: +3 75 (17) 2 36 34 33 Fax: +3 75 (17) 2 36 73 14	E-Mail:goethe-l@infonet.by

Goethe-Institut Moskau (Russland)

Leninskij Prospekt 95 a RUS-119313 Moskau Postanschrift: Auswärtiges Amt Kurierdienst Goethe-Institut Moskau Werderscher Markt 1 D-10117 Berlin	Tel.: +7 (95) 9 36 24 57/ -58/-59/-60 Fax: +7 (95) 9 36 22 32	E-Mail: info@moskau.goethe.org

Goethe-Institut St. Petersburg (Russland)

Mariinskij Business Center Nab. Reki Moiki 58, Office 700 RUS-190000 St.Petersburg Postanschrift: Auswärtiges Amt Kurierdienst Goethe-Institut St. Petersburg D-11013 Berlin	Tel.: +7 (8 12) 3 25 98 35, 5 95 41 33 Fax: +7 (8 12) 3 25 65 74	E-Mail: il@goethe.sp.ru

Goethe-Institut Taschkent (Usbekistan) – Olmoniya Madanijat Markazi

Kunajev Ko'chasi 11 UZ-700031 Taschkent Postanschrift: Auswärtiges Amt Kurierdienst Goethe-Institut Taschkent Werderscher Markt 1 D-10117 Berlin	Tel.: +9 98 (71) 1 52 70 23 Fax: +9 98 (71) 1 52 70 24	E-Mail: elgoetas@sand.uz

Goethe-Institut Tiflis (Georgien)

Sandukeli Str. 16 GE-Tbilisi 0108 Postanschrift: Auswärtiges Amt Kurierdienst Goethe-Institut Tbilisi Werderscher Markt 1 D-10117 Berlin	Tel.: +9 95 (32) 93 89 45 Fax: +9 95 (32) 93 45 68	E-Mail: il@goethe.caucasus.net

Südasien

Die Goethe-Institute in Indien heißen Max Mueller Bhavan.

Max Mueller Bhavan Bangalore (Indien) – Indo-German Cultural Centre

Branch of Goethe-Institut 3, Lavelle Road Postanschrift: P.O. Box 50 58 IND-Bangalore 560001	Tel.: +91 (80) 2 21 49 64, 2 27 54 35 Fax: +91 (80) 2 21 52 55	E-Mail: director@bangalore.goethe.org

Max Mueller Bhavan Mumbai/Bombay (Indien)

K. Dubhash Marg Kala Ghoda IND-Mumbai – 400001	Tel.: +91 (22) 22 02 75 42, 22 02 20 85 Fax: +91 (22) 22 87 38 26	E-Mail: director.mmb@bombay.goethe.org

Max Mueller Bhavan Chennai/Madras (Indien)

13, Khader Nawaz Khan Road IND-Chennai 600006	Tel.: +91 (44) 28 33 23 43, 28 33 13 14 Fax: +91 (44) 28 33 25 65	E-Mail: director.mmb@chennai.goethe.org

Goethe-Institut Colombo (Sri Lanka) – German Cultural Institute

39, Gregory's Road Colombo 7	Tel.: +94 (1) 12 69 45 62 Fax: +94 (1) 12 69 33 51	E-Mail: goethe@sltnet.lk

Goethe-Institut Dhaka (Bangladesh) – German Cultural Centre

House No. 10 Road No. 9 (new) Dhanmondi R/A BD-Dhaka-1205 Postanschrift: G.P.O. Box 903 BD-Dhaka 1000	Tel.: +8 80 (2) 9 12 65 25, 9 12 65 26 Fax: +8 80 (2) 8 11 07 12	E-Mail: il@dhaka.goethe.org

Max Mueller Bhavan Kalkutta (Indien)

8, Pramathesh Barua Sarani IND-Calcutta 700019	Tel.: +91 (33) 24 75 93 98, 24 75 94 24 Fax: +91 (33) 24 74 71 88	E-Mail: admin.mmb@calcutta.goethe.org

Goethe-Institut Karachi (Pakistan) – German Cultural Center

c/o Consulate General of the Federal Republic of Germany 92-A/7, Block 5, Clifton PK-Karachi Postanschrift: Goethe-Institut Karachi P.O. Box 848 PK-Karachi	Tel. und Fax über Generalkonsulat Tel.: +92 (21) 5 87 37 82, 5 87 37 83 Fax: +92 (21) 5 87 40 09	E-Mail: director@karachi.goethe.org

Max Mueller Bhavan New Delhi (Indien)

3, Kasturba Gandhi Marg IND-New Delhi-110001	Tel.: +91 (11) 23 32 95 06, 23 32 96 04 Fax: +91 (11) 23 72 25 73	E-Mail: mmb@delhi.goethe.org, language.mmb@delhi.goethe.org

Max Mueller Bhavan Poona (Indien)

14/3 B, Boat Club Road IND-Poona (Pune) 411001	Tel.: +91 (20) 6 12 49 45, 6 12 10 42 Fax: +91 (20) 6 12 05 42	E-Mail: director.mmb@pune.goethe.org

Südostasien

Goethe-Institut Bandung (Indonesien) – Außenstelle des Goethe-Instituts Jakarta

Pusat Kebudayaan Jerman Jalan Martadinata 48 RI-Bandung 40115	Tel.: +62 (22) 4 23 64 40 Fax: +62 (22) 4 20 40 41	E-Mail: goethevl@melsa.net.id

Goethe-Institut Bangkok (Thailand) – German Cultural Institute

18/1 Soi Goethe Sathorn 1 THA-Bangkok 10120 Postanschrift: G.P.O. Box 30 27–30 28 THA-Bangkok 10501	Tel.: +66 (2) 2 87 09 42/-44 Fax: +66 (2) 2 87 18 29	E-Mail: director@bangkok.goethe.org

Goethe-Institut Jakarta (Indonesien) – Pusat Kebudayaan Jerman

Jl. Sam Ratulangi 9–15 RI-Jakarta 10350 Postanschrift: P.O. Box 36 40 RI-Jakarta 10036	Tel.: +62 (21) 23 55 02 08 Fax: +62 (21) 23 55 00 21	E-Mail: spr@jakarta.goethe.org

Goethe-Institut Kuala Lumpur (Malaysia)

Pusat Kebudayaan Jerman 1, Jalan Langgak Golf P.O. Box 1 01 78 MAL-55000 Kuala Lumpur	Tel.: +60 (3) 21 42 20 11, 21 42 21 92, 21 44 37 17 Fax: +60 (3) 21 42 22 82	E-Mail: goethead@tm.net.my

Goethe-Institut Manila (Philippinen) – German Cultural Center

687 Aurora Boulevard Quezon City RP-Metro Manila Postanschrift: P.O. Box 28 83 RP-Manila 1068	Tel.: +63 (2) 7 22 46 71/-72 Fax: +63 (2) 7 22 46 73	E-Mail: goethedi@goethemnla.org

Goethe-Institut Singapur (Singapur)

163 Penang Road 05-01 Winsland House II SGP-Singapore 238463	Tel.: +65 67 35 45 55 Fax: +65 67 35 46 66	E-Mail: director@goethe.org.sg

Ostasien

Goethe-Institut Hanoi (Vietnam)

56–58 Nguyen Thai Hoc Bez. Ba Dinh VN-Hanoi	Tel.: +84 (4) 9 23 00 35/-36/-37 Fax: +84 (4) 9 23 00 38	E-Mail: gihanoi-il@fpt.vn

Goethe-Institut Hongkong, S.A.R. (China) – German Cultural Centre

Hong Kong Arts Centre 14/F 2, Harbour Road Wanchai Hong Kong Postanschrift: G.P.O. Box 55 31 Wanchai Hong Kong	Tel.: +8 52 28 02 00 88 Fax: +8 52 28 02 43 63	E-Mail: il@hongkong.goethe.org

Goethe-Institut Kyoto (Japan) – Doitsu Bunka Center

Sakyo-ku, Yoshida Kawahara-cho 19-3 J-606-8305 Kyoto	Tel.: +81 (75) 7 61 21 88 Fax: +81 (75) 7 52 91 33	E-Mail: luley@kyoto-goethe.jp

Goethe-Institut Osaka (Japan) – Doitsu Bunka Center

Umeda Sky Building Tower East 35F 1-1-88-3502, Oyodo-naka Kita-ku J-Osaka 531-6035	Tel.: +81 (6) 64 40 59 00 Fax: +81 (6) 64 40 59 01	E-Mail: osaka@osaka-goethe.jp
Sprachabteilung: ORC 200/Ichibangai 16F 1-2-1-1600 Benten Minato-ku J-Osaka 522-0007	Tel.: +81 (6) 65 76 27 50 Fax: +81 (6) 65 76 27 51	E-Mail: adelhoefer@osaka-goethe.jp

Goethe-Institut Peking (China)

Cyber Tower, Building B, 17/F No. 2, Zhong Guan Cun South Ave. Haidian District RC-100086 Beijing	Tel.: +86 (10) 82 51 29 09 Fax: +86 (10) 82 51 29 03	E-Mail: gipekil@public.bta.net.cn

Goethe-Institut Seoul (Korea)

339-1, Huam-dong Yongsan-gu ROK-Seoul 140–901	Tel.: +82 (2) 7 54 98 31 Fax: +82 (2) 7 54 98 34	E-Mail: giseoul@seoul.goethe.org

Goethe-Institut/Abteilung Kultur und Bildung Shanghai (China)

Generalkonsulat der Bundesre- publik Deutschland Shanghai 0102A Pidemco Tower 318 Fu Zhou Lu RC-Shanghai 200001	Tel.: +86 (21) 63 91 20 68 Fax: +86 (21) 63 84 02 69	E-Mail: leitung@shanghai.goethe.org

Goethe-Institut Tokyo (Japan) – Doitsu Bunka Kaikana

7-5-56 Akasaka, Minato-ku J-Tokyo 107-0052	Tel.: +81 (3) 35 84 32 01 Fax: +81 (3) 35 86 30 69	E-Mail: info@tokyo.goethe.org, sprache_l@tokyo.goethe.org,

Australien, Neuseeland

Goethe-Institut Melbourne (Australien)

Level 1 448 St. Kilda Road AUS-Melbourne, VIC 3004	Tel.: +61 (3) 98 64 89 99 Fax: +61 (3) 98 64 89 88	E-Mail: director@goethe.edu.au

Goethe-Institut Sydney (Australien)

90 Ocean Street AUS-Woollahra, NSW 2025 Postanschrift: P.O. Box 37 AUS-Woollahra, N.S.W. 2025	Tel.: +61 (2) 83 56 83 33 Fax: +61 (2) 83 56 83 14	E-Mail: rmgoll@sydney.goethe.org

Goethe-Institut Wellington (Neuseeland) – German Cultural Centre

150 Cuba Street P.O. Box 92 53 NZ-Wellington	Tel.: +64 (4) 3 85 69 24 Fax: +64 (4) 3 85 68 83	E-Mail: wellington@goethe.org.nz

Süd- und Mittelamerika

Goethe-Institut Bogotá (Kolumbien)

Carrera 7 No. 81-57 Apartado 25 08 65 CO-Bogotá 8	Tel.: +57 (1) 2 54 76 00 Fax: +57 (1) 2 12 71 67	E-Mail: il@bogota.goethe.org

Goethe-Institut Buenos Aires (Argentinien)

Avenida Corrientes 319 RA-C 1043 AAD-Buenos Aires	Tel.: +54 (11) 43 11 89 64/-8 Fax: +54 (11) 43 15 33 27	E-Mail: il@buenosaires.goethe.org

Goethe-Institut Caracas (Venezuela)

Apartado Postal 60 508 VEN-Caracas 1060-A	Tel.: +58 (2 12) 5 52 64 45, 5 52 51 75 Fax: +58 (2 12) 5 52 56 21	E-Mail: il@caracas.goethe.org

Goethe-Institut Córdoba (Argentinien)

Rondeau 260 RA-Córdoba X5000 AVF	Tel.: +54 (3 51) 4 24 01 94 Fax: +54 (3 51) 4 24 35 52	E-Mail: dir@cordoba.goethe.org

Goethe-Institut Curitiba (Brasilien) –
Instituto Cultural, Brasileiro-Germânico, Außenstelle des Goethe-Instituts São Paulo

Rua Reinaldino S. de Quadros, 33 BR-Curitiba, PR 80050-030 Postanschrift: Caixa Postal 12 85 BR Curitiba, PR 80001-970	Tel.: +55 (41) 2 62 82 44 Fax: +55 (41) 2 62 95 43	E-Mail: curitiba.dir@mps.com.br

Goethe-Institut Guadalajara (Mexiko) – Instituto Alemán A.C.

Av. Morelos 2080 Sector Hidalgo Apartado 1-2557 MEX-44100 Guadalajara, Jal.	Tel.: +52 (33) 36 15 61 47, 36 16 04 95 Fax: +52 (33) 36 15 97 17	E-Mail: goethegdldir@webtelmex.net.mx

Goethe-Institut Havanna (Kuba) – in Vorbereitung

Kontaktadresse: Embajada de la Républica Federal de Alemania Apartado 6610 CUB-La Habana	Tel.: +53 (7) 33 25 69, 33 25 39, 33 24 60 Fax: +53 (7) 33 15 86	E-Mail: giin@enet.cu, kultur@deutschebotschaft-havanna.cu

Goethe-Institut La Paz (Bolivien) – Instituto Cultural

Boliviano Alemán Av. 6 de Agosto 2118 Casilla 21 95 BOL-La Paz	Tel.: +5 91 (2) 2 44 24 53 Fax: +5 91 (2) 2 44 14 69	E-Mail: il@lapaz.goethe.org

Goethe-Institut Lima (Peru)

Jirón Nazca 722 Jesús Maria PE-Lima Postanschrift: Casilla 30 42 PE-Lima 100	Tel.: +51 (1) 4 33 31 80 Fax: +51 (1) 4 31 04 94	E-Mail: il@lima.goethe.org

Goethe-Institut Mexiko-Stadt (Mexiko) – Instituto Goethe, A.C.

Apartado Postal 7-992 Tonalá 43, Colonia Roma MEX-06700 México, D.F.	Tel.: +52 (55) 52 07 04 87 Fax: +52 (55) 55 33 10 57	E-Mail: sekr@goethe.com.mx

Goethe-Institut Montevideo (Uruguay)

Canelones 1524 Casilla de Correo 20011 UPAE ROU-11200-Montevideo	Tel.: +5 98 (2) 4 10 58 13, 4 19 34 99 Fax: +5 98 (2) 4 10 44 32	E-Mail: il@montevideo.goethe.org

Goethe-Institut Porto Alegre (Brasilien) – Instituto Cultural Brasileiro-Alemão

Rua 24 de Outubro, 112 BR-90510-000 Porto Alegre RS	Tel.: +55 (51) 32 22 78 32 Fax: +55 (51) 32 22 33 54	E-Mail: ilgipoa@portoweb.com.br

Goethe-Institut Rio de Janeiro (Brasilien) – Instituto Cultural Brasil Alemanha

Rua do Passeio 62 1° e 2° andar BR-20021-290 Rio de Janeiro RJ Postanschrift: Caixa Postal 245 BR-20001-970 Rio de Janeiro RJ	Tel.: +55 (21) 25 33 48 62 Fax: +55 (21) 25 33 70 92	E-Mail: rio@easyline.com.br

Goethe-Institut Salvador-Bahia (Brasilien) – Instituto Cultural Brasil-Alemanha

Av. Sete de Setembro, 1809 BR-40080-002 Salvador-Bahia Postanschrift: Caixa Postal 756 BR-40001-970 Salvador-Bahia	Tel.: +55 (71) 3 37 01 20 Fax: +55 (71) 3 37 47 43	E-Mail: gisalil@uol.com.br

Goethe-Institut Santiago de Chile (Chile)

Calle Esmeralda 650 Casilla 10 50 RCH-Santiago de Chile 6500380	Tel.: +56 (2) 4 62 18 00 Fax: +56 (2) 4 62 18 02	E-Mail: il@santiago.goethe.org

Goethe-Institut São Paulo (Brasilien) – Centro Cultural Brasil-Alemanha

Rua Lisboa, 974 BR-05413-001 São Paulo SP Postanschrift: Caixa Postal 4 16 70 BR-05422-970 São Paulo SP	Tel.: +55 (11) 30 88 42 88, 30 83 49 14 Fax: +55 (11) 30 60 84 13, 30 60 83 12	E-Mail: institut@saopaulo.goethe.org

USA

Goethe-Institut Atlanta (USA) – German Cultural Center

Colony Square, Plaza Level 1197 Peachtree St., NE USA-Atlanta, Georgia 30361-2401	Tel.: +1 (4 04) 8 92 23 88 Fax: +1 (4 04) 8 92 38 32	E-Mail: goetheatlanta1@mindspring.com

Goethe-Institut Boston (USA) – German Cultural Center for New England

170 Beacon Street USA-Boston, MA 02116	Tel.: +1 (6 17) 2 62 60 50 Fax: +1 (6 17) 2 62 26 15	E-Mail: director@giboston.org

Goethe-Institut Chicago (USA) – German Cultural Center

150 North Michigan Avenue Suite 200 USA-Chicago, Illinois 60601	Tel.: +1 (3 12) 2 63 04 72 Fax: +1 (3 12) 2 63 04 76	E-Mail: director@goethe-chicago.org

Goethe-Institut Los Angeles (USA)

5750 Wilshire Boulevard Suite 100 USA-Los Angeles, CA 90036	Tel.: +1 (3 23) 5 25 33 88 Fax: +1 (3 23) 9 34 35 97	E-Mail: kirchhelle@goethe.anet.net

Goethe-Institut New York (USA)

1014 Fifth Avenue USA-New York, N.Y. 10028	Tel.: +1 (2 12) 4 39 87 00 Fax: +1 (2 12) 4 39 87 05	E-Mail: il@newyork.goethe.org,

Goethe-Institut San Francisco (USA)

530 Bush Street USA-San Francisco, CA 94108	Tel.: +1 (4 15) 2 63 87 60 Fax: +1 (4 15) 3 91 87 15	E-Mail: director@goethe-sf.org

Goethe-Institut Washington (USA)

812 Seventh Street, NW USA-Washington, DC 20001	Tel.: +1 (2 02) 2 89 12 00 Fax: +1 (2 02) 2 89 35 35	E-Mail: IL@washington.goethe.org

Kanada

Goethe-Institut Montreal (Kanada)

418, rue Sherbrooke Est CDN-Montréal (Québec) H2L 1J6	Tel.: +1 (5 14) 4 99 01 59 Fax: +1 (5 14) 4 99 09 05	E-Mail: goethe.montreal.il@netaxis.qc.ca

Goethe-Institut Ottawa (Kanada) – Außenstelle des Goethe-Instituts Montreal

47 Clarence, suite 480 CDN-Ottawa, Ontario K1N 9K1	Tel.: +1 (6 13) 2 41 02 73 Fax: +1 (6 13) 2 41 97 90	E-Mail: goethe@storm.ca

Goethe-Institut Toronto (Kanada)

163 King St.West CDN-Toronto, Ontario M5H 4C6	Tel.: +1 (4 16) 5 93 52 57 Fax: +1 (4 16) 5 93 51 45	E-Mail: director@goethetor.org

Österreich Institute weltweit

Österreich Institut GmbH

Porzellangasse 2/28 A-1090 Wien	Tel.: +43 (1) 3 19 48 58 Fax: +43 (1) 3 19 48 58-10	E-Mail: oei@oei.org www.oesterreichinstitut.org
Sitz der Zentrale der Österreich Institute		

Österreich Institut Bratislava (Slowakei)

Bastova u. 9 SK-81101 Bratislava	Tel./Fax: +42 (12) 54 43 49 17 Tel.: +42 (12) 54 41 07 97	E-Mail: office@oei.sk www.oesterreichinstitut.sk

Österreich Institut Brünn (Tschechien)

Moravské nám. 15 CZ-60200 Brno	Tel.: +4 20 (5) 49 24-19 91 Fax: +4 20 (5) 49 24-19 98	E-Mail: oei@oei.cz www.oesterreichinstitut.cz

Österreich Institut Budapest (Ungarn)

Andrássy út. 21. I. em. H-1061 Budapest	Tel.: +36 (1) 3 22 30 30 Fax: +36 (1) 3 22 60 10	E-Mail: office@oei.hu www.oesterreichinstitut.hu

Österreich Institut Ljubljana (Slowenien)

Trg Francoske revolucije 6 SI-1000 Ljubljana	Tel.: +38 (6) 51 24 01 68	E-Mail: okresek@oei.org

Österreich Institut Krakau (Polen)

Ul. Batorego 25 PL-31-135 Krakow	Tel.: +48 (12) 4 22 95 53 Tel./Fax: +48 (12) 4 28 21 70	E-Mail: oei.krak@ceti.pl www.oesterreichinstitut.krakow.pl

Österreich Institut Rom (Italien)

vl. Giulio Cesare, 47 I-00192 Roma	Tel./Fax: +39 (6) 3 21 34 83	E-Mail: centro-austriaco@libero.it www.paginegialle.it/ centroaustriaco

Österreich Institut Warschau (Polen)

Ul. Zielna 37 PL-00-108 Warszawa	Tel.: +48 (22) 6 20 11 34 Fax: +48 (22) 8 50 02 80	E-Mail: sekretariat@oei.waw.pl www.oesterreichinstitut.waw.pl

Pro Helvetia weltweit

Pro Helvetia Zürich (Hauptsitz)

Hirschengraben 22 CH-8024 Zürich	Tel.: +41 (1) 2 67 71 71 Fax: +41 (1) 2 67 71 06	E-Mail: info@pro-helvetia.ch www.pro-helvetia.ch

Pro Helvetia Genf

48, Avenue de la Praille Case postale CH-1211 Genève 26	Tel.: +41 (22) 3 08 12 20 Fax: +41 (22) 3 08 12 21	E-Mail: info@pro-helvetia.ch

Pro Helvetia Belgrad (Serbien und Montenegro)

c/o Swiss Cooperation Office Simina 21 11000 Belgrad Serbien und Montenegro	Tel.: +3 81 (11) 62 50 87 Fax: +3 81 (11) 62 50 87	E-Mail: phbg@EUnet.yu

Pro Helvetia Bratislava (Slowakische Republik)

Hviezdoslavovo nam. 18 81437 Bratislava Slowakische Republik	Tel.: +4 21 (2) 54 41 81 00 Fax: +4 21 (2) 54 41 80 98	E-Mail: prohelvebra@afad.sk

Pro Helvetia Budapest (Ungarn)

Stollar Bela utca 4 Félemelet 3 1055 Budapest Ungarn	Tel.: +36 (1) 3 53 39 08 Fax: +36 (1) 2 69 28 82	E-Mail: helvetia@mail.datanet.hu www.pro-helvetia.hu

Pro Helvetia Bukarest (Rumänien)

Strada Pitar Mos 10/1 70152 Bucarest Rumänien	Tel./Fax: +40 (21) 2 12 49 79	E-Mail: phbuc@dnt.ro www.pro-helvetia.ro

Pro Helvetia Liaison Office Kairo (Ägypten)

c/o Embassy of Switzerland 10, Abdel Khaleq Sarwat Street Kairo Ägypten	Tel.: +2 02 (57) 7 41 00 Fax: +2 02 (57) 9 22 67	E-Mail: phcairo@link.net

Pro Helvetia Liaison Office Südafrika, Kapstadt

c/o Consulate of Switzerland 26th floor, 1 Thibault Square PO Box 563 Cape Town 8000 Südafrika	Tel./Fax: +27 (21) 4 25 47 01	E-Mail: prohelve@iafrica.com

Pro Helvetia Kiew (Ukraine)

Vul Ivana Franka 29 01030 Kiew Ukraine	Tel.: +3 80 (44) 2 38 62 82 Fax: +3 80 (44) 2 38 62 82	E-Mail: prohelv@kyiv.relc.com www.pro-helvetia.kiev.ua

Pro Helvetia Krakau (Polen)

ul. sw. Agnieszki 4/3 31-068 Krakau Polen	Tel.: +48 (12) 4 31 14 57 Fax: +48 (12) 4 22 62 30	E-Mail: krakow@pro-helvetia.pl www.pro-helvetia.pl

CCS – Centro Culturale Svizzero Milano (Italien)

Via Vecchio Politecnico 3 20121 Milano Italien	Tel.: +39 (2) 76 01 61 18 Fax: +39 (2) 76 01 62 45	E-Mail: ccs@ccsmilano.it www.ccsmilano.it

The Swiss Institute New York (USA)

Broadway 495 3rd Floor New York, NY 10012 USA	Tel.: +1 (2 12) 9 25 20 35 Fax: +1 (2 12) 9 25 20 40	E-Mail: info@swissinstitute.net http://swissinstitute.net

Centre Culturel Suisse Paris (Frankreich)

32–38, Rue des Francs-Bourgeois 75003 Paris Frankreich	Tel.: +33 (1) 42 71 44 50 Fax: +33 (1) 42 71 51 24	E-Mail: ccs@ccsparis.com http://ccsparis.com

Pro Helvetia Prag (Tschechische Republik)

Theatre Institute Celetna 17 11000 Prague 1 Tschechische Republik	Tel.: +42 (2) 24 80 91 90 Fax: +42 (2) 24 81 14 52	E-Mail: helvprag@divadlo.cz www.pro-helvetia.cz

Pro Helvetia Sarajevo (Bosnien-Herzegowina)

Potoklinica 16 71000 Sarajevo Bosnien-Herzegowina	Tel.: +3 87 (33) 23 61 90 Fax: +3 87 (33) 23 61 77	E-Mail: info@pro-helvetia.ba

Pro Helvetia Skopje (Makedonien)

c/o Embassy of Switzerland Maksim Gorki 19 1000 Skopje Makedonien	Tel.: +3 89 (2) 29 03 18 Fax: +3 89 (2) 29 03 19	E-Mail: phskopje@mt.net.mk www.pro-helvetia.org.mk

Pro Helvetia Sofia (Bulgarien)

Rue Assen Zlatarov 24 1504 Sofia Bulgarien	Tel.: +3 59 (2) 9 43 47 84 Fax: +3 59 (2) 9 44 19 54	E-Mail: ph_sofia@inet.bg http://pro-helvetia.bg

Pro Helvetia Tirana (Albanien)

Rruga Brigada e 8-të 7 Tirana Albanien	Tel./Fax: +3 55 (42) 2 78 55	E-Mail: pro-helv@icc.al.eu.org

Aus- und Fortbildungen im DaF-Bereich

Studiengänge in Deutschland

Universität Augsburg
Kontaktperson: Dr. Sonja Reiß-Held

Universitätsstr. 10 D-86135 Augsburg	Tel.: +49 (8 21) 5 98-57 72	E-Mail: sonja.reiss@phil.uni-augsburg.de www.philhist.uni-augsburg.de

Otto-Friedrich-Universität Bamberg
Kontaktperson: Prof. Dr. Helmut Glück

Fachgebiet DaF D-96045 Bamberg	Tel.: +49 (9 51) 8 63-21 35, -22 38 Fax: +49 (9 51) 8 63-21 36	E-Mail: helmut.glueck@split.uni-bamberg.de www.uni-bamberg.de/~ba4de1/home.html

Universität Bayreuth
Kontaktperson: Prof. Dr. Bernd Müller-Jacquier

Deutsch als Fremdsprache (Interkulturelle Germanistik) D-95440 Bayreuth	Tel.: +49 (9 21) 55 36-17, -39 Fax: +49 (9 21) 55 36-20	E-Mail: interkulturelle.germanistik@ uni-bayreuth.de, mue-jac@uni-bayreuth.de www.uni-bayreuth.de/deparments/ intergerm/index.htm

Freie Universität Berlin
Kontaktperson: Prof. Dr. Norbert Dittmar

Studiengebiet Deutsch als Fremdsprache Fachbereich Philosophie und Geisteswissenschaften Institut für Deutsche und Niederländische Philologie Habelschwerdter Allee 45 D-14195 Berlin	Tel.: +49 (30) 8 38-5 44 03 Fax: +49 (30) 8 38-5 67 49	E-Mail: nordit@zedat.fu-berlin.de www.germanistik.fu-berlin.de/~daf/

Humboldt-Universität zu Berlin
Kontaktperson: Prof. Dr. Brigitte Handwerker

Philosophische Fakultät II Institut für deutsche Sprache und Linguistik Unter den Linden 6 D-10099 Berlin	Tel.: +49 (30) 20 93-96 74/-96 72	E-Mail: ingrid=haefner@rz.hu-berlin.de www2.hu-berlin.de/daf

Technische Universität Berlin
Kontaktperson: Prof. Dr. Ulrich Steinmüller

Deutsch als Fremdsprache Ernst-Reuter-Platz 7 D-10587 Berlin	Tel.: +49 (30) 31 47 34 25 Fax: +49 (30) 31 47 21 79	E-Mail: steinmueller@gp.tu-berlin.de www.studienberatung.tuberlin.de/ faecher/dt_fremd/dt_fremd.html

Universität Bielefeld
Kontaktperson: Prof. Dr. Claudia Riemer

Lehr- und Forschungsgebiet DaF Fakultät für Linguistik und Literaturwissenschaft Postfach 100 131 D-33501 Bielefeld	Tel.: +49 (5 21) 1 06-36 18 (Sekr.) Fax: +49 (5 21) 1 06-29 96	E-Mail: claudia.riemer@uni-bielefeld.de www.uni-bielefeld.de/lili/ studiengaenge/daf/

Ruhr-Universität Bochum
Kontaktperson: Dr. Rainer Kogelheide

Fakultät für Philologie Seminar für Sprachlernforschung D-44780 Bochum	Tel.: +49 (2 34) 3 22 38 15 Fax: +49 (2 34) 3 21 45 78	E-Mail: Rainer.Kogelheide@ruhr-uni-bochum.de www.ruhr-uni-bochum.de/slf

Sprachlernzentrum der Universität Bonn
Kontaktperson: Dr. Eva van Leewen

Am Hof 1 D-53113 Bonn	Tel.: +49 (2 28) 73-72 48, -53 67 Fax: +49 (2 28) 73-56 78	E-Mail: slz@slz.uni-bonn.de www.slz.uni-bonn.de

Universität Bremen
Kontaktperson: Prof. Dr. Klaus Liebe-Harkort

Fachbereich 10: Sprach- und Literaturwissenschaft Bibliothekstr. 1 D-28359 Bremen	Tel.: +49 (4 21) 2 18-31 89	E-Mail: kll-h@t-online.de www.fb10.uni-bremen.de/

Technische Universität Chemnitz
Kontaktpersonen: Prof. Dr. Ingrid Hudabiunigg, Diana Rathmann

Professur Deutsch als Fremd- und Zeitsprache Thüringer Weg 11 D-09126 Chemnitz	Tel.: +49 (3 71) 5 31-42 47, -42 49 Fax: +49 (3 71) 5 31-39 90	E-Mail: hudabiunigg@phil.tu-chemnitz.de, diana.rathmann@phil.tu-chemnitz.de www.tu-chemnitz.de/phil/germanistik/daf

Technische Universität Darmstadt
Kontaktperson: Prof. Dr. Rudolf Hoberg

Institut für Sprach- und Literaturwissenschaft Hochschulstr. 1 D-64289 Darmstadt	Tel.: +49 (61 51) 1 63-5 94 Fax: +49 (61 51) 1 63-6 94	E-Mail: sprachli@linglit.tu-darmstadt.de www.tu-darmstadt.de/forschung/bericht/02005.tud

Technische Universität Dresden
Kontaktperson: Prof. Dr. Dagmar Blei

Fakultät Sprach- und Literaturwissenschaften Institut für Germanistik/ Lehrbereich DaF D-01062 Dresden	Tel.: +49 (3 51) 4 63-3 62 28 Fax: +49 (3 51) 4 63-3 23 41	E-Mail: dblei@rcs.urz.tu-dresden.de www.tu-dresden.de/sulifg/daf/home.htm

Universität Duisburg-Essen
Kontaktperson: Christoph Chlosta

Campus Essen Fachbereich 3 Deutsch als Zweit- und Fremdsprache D-45117 Essen	Tel.: +49 (2 01) 18 33-5 80 Fax: +49 (2 01) 18 33-9 59	E-Mail: daz@uni-essen.de www.uni-essen.de/daz-daf

Heinrich-Heine Universität Düsseldorf
Kontaktperson: Dr. Peter Hachenberg

Studiengebiet Deutsch als Fremdsprache Universitätsstr. 1 D-40225 Düsseldorf	Tel.: +49 (2 11) 8 11-29 46 Fax: +49 (2 11) 8 11-13 40	E-Mail: daf@phil-fak.uni-duesseldorf.de www.deutschkurse.de

Katholische Universität Eichstätt-Ingolstadt
Kontaktperson: Prof. Dr. Klaus Müller

Professur Didaktik des Deutschen als Zweitsprache/ Deutsch als Fremdsprache Universitätsallee 1 D-85072 Eichstätt	Tel.: +49 (84 21) 93-15 28 Fax: +49 (84 21) 93-17 97	E-Mail: klaus.mueller@ku-eichstaett.de www.ku-eichstaett.de/Fakultaeten/SLF/Germanistik/fremdsprache

Friedrich-Alexander-Universität Erlangen-Nürnberg
Kontaktperson: Prof. Dr. Gabriele Pommerin-Götze

Erziehungswissenschaftliche Fakultät Didaktik des Deutschen als Zweitsprache Regensburger Str. 160 D-90478 Nürnberg	Tel.: +49 (9 11) 53 02-5 77 Fax: +49 (9 11) 4 01 04 83	E-Mail: gabriele.pommerin@ewf.uni-erlangen.de www.didaz.ewf.uni-erlangen.de

Friedrich-Alexander-Universität Erlangen-Nürnberg
Kontaktperson: Prof. Dr. Theodor Ickler

Deutsch als Fremdsprache Bismarckstr. 1 D-91034 Erlangen	Tel.: +49 (91 31) 8 52-23 53 Fax: +49 (91 31) 8 52-69 97	E-Mail: Theo.Ickler@t-online.de www.phil.uni-erlangen.de/~p2gerlw/home.html

Universität Flensburg
Kontaktperson: Prof. Dr. Ernst Apeltauer

Institut für Germanistik Abteilung für Deutsch als fremde Sprache Auf dem Campus 1 D-24943 Flensburg	Tel.: +49 (4 61) 8 05-21 98/-21 88 Fax: +49 (4 61) 8 05-21 44	E-Mail: apeltaue@uni-flensburg.de www.uni-flensburg.de/deutsch/DAF.htm

Universität Freiburg
Kontaktperson: Prof. Dr. Willy Michel

Arbeitsbereich Deutsch als Fremdsprache Werthmannplatz 3 D-79085 Freiburg	Tel.: +49 (7 61) 2 03-32 43, -32 44 Fax: +49 (7 61) 2 03-33 58	E-Mail: daf@uni-freiburg.de, dafphil@uni-freiburg.de www.uni-freiburg.de/daf/

Justus Liebig Universität Gießen
Kontaktperson: Prof. Dr. Dietmar Rösler

FB 05 Sprache, Literatur und Kultur Bereich Deutsch als Fremdsprache Otto-Behaghel-Str. 10 D-35394 Gießen	Tel.: +49 (6 41) 99 29-1 25 Fax: +49 (6 41) 99 29-1 09	E-Mail: dietmar.roesler@germanistik.uni-giessen.de www.uni-giessen.de/%7Eg91010/daf/

Universität Greifswald
Kontaktperson: Prof. Dr. Silke Jahr

Institut für Deutsche Philologie D-17489 Greifswald	Tel.: +49 (38 34) 86 34 10 Fax: +49 (38 34) 86 34 23	E-Mail: jahr@mail.uni-greifswald.de www.uni-greifswald.de/~dt_phil/

Martin-Luther-Universität Halle-Wittenberg
Kontaktperson: Dr. Volker Wein

Fachbereich Sprach- und Literaturwissenschaften Germanistisches Institut D-06099 Halle (Saale)	Tel.: +49 (3 45) 5 52 36-01, -04, -08 Fax: +49 (3 45) 5 52 71-07	E-Mail: pfeiffer@germanistik.uni-halle.de, wein@germanistik.uni-halle.de www.germanistik.uni-halle.de

Universität Hamburg
Kontaktperson: Prof. Dr. Jochen Rehbein

Institut für Germanistik I Von-Melle-Park 6 D-20146 Hamburg	Tel.: +49 (40) 4 28 38-47 79, -59 33 Fax: +49 (40) 4 28 38-47 85	E-Mail: rehbein@uni-hamburg.de www.slm.uni-hamburg.de/Stuplan/DeutSprachLit.html

Universität Hamburg
Kontaktperson: Prof. Dr. Willis James Edmondson

Institut für Allgemeine und Angewandte Sprachwissenschaft Abteilung für Sprachlehrforschung Von-Melle-Park 6 D-20146 Hamburg	Tel.: +49 (40) 4 28 38-53 87/-53 89 Fax: +49 (40) 4 28 38-53 91	E-Mail: zfi@uni-hamburg.de, wje@uni-hamburg.de www.slm.uni-hamburg.de/Stuplan/Sprachlehrforschung.html

Friedrich-Schiller-Universität Jena
Kontaktpersonen: Prof. Dr. Hans Barkowski, Prof. Dr. Hermann Funk

Institut für Auslands-germanistik/DaF u. DaZ Ernst-Abbe-Platz 8 D-07743 Jena	Tel.: +49 (36 41) 94 43-50 Fax: +49 (36 41) 94 43-52	E-Mail: sbt@phil.uni-jena.de, daf.daz@uni-jena.de www.uni-jena.de/philosophie/daf/, www.master-daf.de

Universität Kassel
Kontaktpersonen: Prof. Dr. Gerhard Neuner, Monika Asche

FB 09 Germanistik/DaF D-34109 Kassel	Tel.: +49 (5 61) 8 04-33 10 Fax: +49 (5 61) 8 04-27 72	E-Mail: neuner@uni-kassel.de www.uni-kassel.de/fb9/daf/infodaf.htm

Christian-Albrechts-Universität Kiel
Kontaktperson: HD Dr. Sonja Vandermeeren

Germanistisches Seminar Ishausenstr. 40 – 60 D-24098 Kiel	Tel.: +49 (4 31) 8 80-34 22 Fax: +49 (4 31) 8 80-73 02	E-Mail: vandermeeren@germsem.uni-kiel.de http://germa.germsem.uni-kiel.de

Universität Koblenz-Landau
Kontaktperson: Jennifer Siebert

Isaac-Fulda-Allee 3 D-55124 Mainz	Tel.: +49 (61 31) 3 74 60-0, -13 Fax: +49 (61 31) 3 74 60-40	E-Mail: service@uni-koblenz-landau.de, siebert@uni-koblenz-landau.de www.uni-koblenz-landau.de/studium/ref21daf.html

Universität Leipzig
Kontaktperson: Prof. Dr. Hans Grimm

Philosophische Fakultät Herder-Institut Beethovenstr. 15	Tel.: +49 (3 41) 9 73 75-10 Fax: +49 (3 41) 9 73 75-96	E-Mail: heimue@rz.uni-leipzig.de www.uni-leipzig.de/herder/

Johannes Gutenberg-Universität Mainz
Kontaktperson: Dr. Eva-Maria Willkop

FB 13 Deutsches Institut (Deutsch als Fremdsprache) D-55099 Mainz	Tel./Fax: +49 (61 31) 3 92-27 58	E-Mail: willkop@uni-mainz.de www.daf.uni-mainz.de

Philipps-Universität Marburg
Kontaktperson: Sabine Jentges

Fb.09 IGS Abt. Deutsch als Fremdsprache Wilhelm-Röpke-Str. 6A D-35039 Marburg	Tel.: +49 (64 21) 28 24-8 92 Fax: +49 (64 21) 28 24-5 54	E-Mail: daf@mailer.uni-marburg.de www.uni-marburg.de/fb09/igs/daf

Ludwig-Maximilians-Universität München
Kontaktperson: Dr. Gabriele Graefen

Institut für Deutsch als Fremdsprache Ludwigstr. 27/I D-80539 München	Tel.: +49 (89) 21 80-21 16/-38 92 Fax: +49 (89) 21 80-39 99	E-Mail: institut@daf.uni-muenchen.de, graefen@daf.uni-muenchen.de www.daf.uni-muenchen.de

Carl von Ossietzky Universität Oldenburg
Kontaktperson: PD Dr. Maria Egbert

Interdisziplinäres Zentrum für Bildung und Kommunikation in Migrationsprozessen Ammerländer Heerstr. 114 – 118 D-26129 Oldenburg	Tel.: +49 (4 41) 7 98-26 88, -40 08 Fax: +49 (4 41) 7 98-21 89	E-Mail: maria.egbert@uni-oldenburg.de, ibkm.sekretariat@uni-oldenburg.de www.uni-oldenburg.de/ germanistik/628.html

Universität Potsdam
Kontaktpersonen: Prof. Dr. Heide Wegener, Dr. Uta Sändig

Institut für Germanistik Bereich DaF/DaZ Postfach 60 15 53 D-14415 Potsdam	Tel.: +49 (3 31) 9 77-24 50 Fax: +49 (3 31) 9 77-23 70	E-Mail: wegener@rz.uni-potsdam.de, usaendig@rz.uni-potsdam.de www.uni-potsdam.de/u/ germanistik/index.htm

Universität Regensburg
Kontaktpersonen: Prof. Dr. Maria Thurmair, Dr. Harald Tanzer

Institut für Germanistik Deutsch als Fremdsprachen- philologie D-93040 Regensburg	Tel.: +49 (9 41) 9 43-36 73, -34 85 Fax: +49 (9 41) 9 43-17 33	E-Mail: maria.thurmair@ sprachlit.uni-regensburg.de, harald.tanzer@prachlit. uni-regensburg.de www.uni-regensburg.de/Fakultaeten/ phil_Fak_IV/Germanistik/daf.htm

Universität des Saarlandes
Kontaktperson: Prof. Dr. Lutz Götze

Postfach 15 11 50 66041 Saarbrücken	Tel.: +49 (6 81) 3 02-29 37 Fax: +49 (6 81) 3 02-48 16	E-Mail: l.goetze@rz.uni-sb.de www.uni-saarland.de/fak4/fr41/

Universität Trier
Kontaktperson: Prof. Dr. Peter Kühn

FB II – Deutsch als Fremdsprache A-Gebäude D-54286 Trier	Tel./Fax: +49 (6 51) 2 01-31 50	E-Mail: daf@uni-trier.de www.daf.uni-trier.de

Studiengänge in Österreich

Karl-Franzens-Universität Graz
Kontaktperson: Dr. Sabine Schmölzer-Eibinger

Universitätslehrgang Deutsch als Fremdsprache Institut für Germanistik Mozartgasse 8/II A-8010 Graz	Tel.: +43 (3 16) 3 80-26 36 Fax: +43 (3 16) 3 80-97 61	E-Mail: sabine.schmoelzer@kfunigraz.ac.at, uldaf@kfunigraz.ac.at www-gewi.kfunigraz.ac.at/uldaf/

Universität Salzburg
Kontaktperson: Dr. Monika Dannerer

Akademiestr. 20 A–5020 Salzburg	Tel.: +43 (6 62) 80 44-43 57 Fax: +43 (6 62) 80 44-6 12	E-Mail: Monika.Dannerer@sbg.ac.at www.sbg.ac.at/ger/inhalt/ dafausbildung.htm

Universität Wien
Kontaktpersonen: Prof. Dr. Hans-Jürgen Krumm, Dr. Klaus-Börge Boeckmann

Deutsch als Fremdsprache Institut für Germanistik Dr. Karl Lueger Ring 1 A-1010 Wien	Tel.: +43 (1) 42 77-4 21 07 Fax: +43 (1) 42 77-4 21 80	E-Mail: claudia.sykora@univie.ac.at www.univie.ac.at/daf

Studiengang in der Schweiz

Universität Freiburg
Kontaktperson: Prof. Günther Schneider

Lern- und Forschungszentrum Fremdsprachen (LeFoZeF)/ Centre d'enseignement et recherche en langues étrangères (CERLE) Bereich Deutsch als Fremdsprache (DaF) Criblet 13 CH-1700 Freiburg	Tel.: +41 (26) 3 00 79 99 Fax: +41 (26) 3 00 97 17	E-Mail: daf@unifr.ch, Guenther.Schneider@unifr.ch www.unifr.ch/cerle

Weiterbildungen und Fernstudien

Goethe-Institut

Bereich 417/Fernlehre Dachauer Str. 122 D-80637 München	Tel.: 08 00/1 80 08 00 (innerhalb Deutschlands, gebührenfrei) Tel.: +49 (89) 15 00 12-13 (aus dem Ausland)	E-Mail: fsk@goethe.de www.goethe.de/deutschunterrichten

IIK Düsseldorf e.V.

Institut für Internationale Kommunikation in Zusammenarbeit mit der Heinrich-Heine-Universität Geb. 23.31, Raum U1.73 Universitätsstr. 1 D-40225 Düsseldorf	Tel.: +49 (2 11) 81-1 51 82 Fax: +49 (2 11) 81-1 25 37	E-Mail: daf@iik-duesseldorf.de www.iik-duesseldorf.de

International House Freiburg

Werderring 18 D-79098 Freiburg	Tel.: +49 (7 61) 3 47 51 Fax: +49 (7 61) 38 24 76	E-Mail: ihtt@sampo.de http://home.sampo.de/ihtt

Universität Kassel

FB 09 Germanistik/DaF Fernstudienkurs D-34109 Kassel	Tel.: +49 (5 61) 8 04-33 03 Fax: +49 (5 61) 8 04-33 75	E-Mail: fernkurs@uni-kassel.de www.uni-kassel.de/fb9/daf/infodaf.htm

Einführungen und Handbücher

Butzkamm, Wolfgang: **Psycholinguistik des Fremdsprachenunterrichts,** Tübingen/Basel: Francke [3]2002

Deutsch als Fremdsprache – ein internationales Handbuch, hg. v. Gerhard Helbig, Lutz Götze, Gert Henrici und Hans-Jürgen Krumm (Handbücher zur Sprach- und Kommunikationswissenschaft, Bd. 19/2 Teilbände), Berlin: de Gruyter 2001

Einführung in die Didaktik des Unterrichts Deutsch als Fremdsprache mit Videobeispielen, hg. v. Gert Henrici und Claudia Riemer, Baltmannsweiler: Schneider [2]2001

Handbuch Fremdsprachenunterricht, hg. v. Karl-Richard Bausch, Herbert Christ und Hans-Jürgen Krumm, Tübingen/Basel: Francke [4]2003

Häussermann, Ulrich/Hans-Eberhard Piepho: **Aufgaben-Handbuch Deutsch als Fremdsprache.** Abriß einer Aufgaben- und Übungstypologie, München: iudicium 1996

Huneke, Hans Werner/Steinig, Wolfgang: **Deutsch als Fremdsprache: eine Einführung,** Berlin: Erich Schmidt [3]2002

Jung, Lothar: **99 Stichwörter zum Unterricht. Deutsch als Fremdsprache,** München: Hueber 2001

Kleinschroth, Robert: **Sprachen lernen. Der Schlüssel zur richtigen Technik,** Reinbek: Rowohlt, [2]2003.

Rösler, Dietmar: **Deutsch als Fremdsprache,** Stuttgart: Metzler 1994

Storch, Günther: **Deutsch als Fremdsprache: eine Didaktik.** Theoretische Grundlagen und praktische Unterrichtsgestaltung, München: Fink 2001

Stellung und Varietäten der deutschen Sprache

Ammon, Ulrich: **Die internationale Stellung der deutschen Sprache,** Berlin/New York: de Gruyter 1991

Ammon, Ulrich: **Die deutsche Sprache in Deutschland, Österreich und der Schweiz.** Das Problem der nationalen Varietäten, Berlin/New York: de Gruyter 1995

Deutsch als Fremdsprache. Erhebung 2000, hg. v. der Ständigen Arbeitsgruppe Deutsch als Fremdsprache (StADaF), Berlin/Bonn/Köln/München 2003

Deutsch als Wissenschaftssprache im 20. Jahrhundert. Vorträge des Internationalen Symposions vom 18./19. Januar 2000, hg. v. Friedhelm Debus, Franz Gustav Kollmann und Uwe Pörksen, Stuttgart: Steiner (Akademie der Wissenschaften und Literatur Mainz; Abhandlungen der Geistes- und Sozialwissenschaftlichen Klasse, Bd. 10)

Stiberc, Andrea: **Sauerkraut, Weltschmerz, Kindergarten und Co. Deutsche Wörter in der Welt,** Freiburg im Breisgau: Herder 1999

Berichte zur Stellung der deutschen Sprache in einzelnen Ländern finden Sie etwa in der Zeitschrift „Info DaF" oder im „Jahrbuch Deutsch als Fremdsprache".

Erfahrungen anderer

An japanischen Hochschulen lehren. Zur Vermittlung von Sprache und Kultur der deutschsprachigen Länder – ein Handbuch, hg. v. Albrecht Rösler, Klaus-Börge Boeckmann und Susanna Slivensky, München: iudicium 2000

Begegnungen in Mittel- und Osteuropa. Junge deutschsprachige Autoren schildern ihre Eindrücke, hg. v. der Robert Bosch Stiftung, Stuttgart/Leipzig: Hohenheim Verlag 2001

Modolo, Maria: **In freiwilliger Verbannung. Als deutscher Lehrer in Sibirien,** Aachen: Shaker 1998

Spuren in die Zukunft. Der Deutsche Akademische Austauschdienst 1925 – 2000, Bd. 3 („Mit dem DAAD in die Welt. Ausländer und Deutsche berichten von ihren Erlebnissen – ein Lesebuch"), hg. v. Friedrich W. Hellmann, Bonn 2000

Über die Deutschen, Österreicher und Schweizer

Bausinger, Hermann: **Typisch deutsch? Wie deutsch sind die Deutschen?,** München: Beck 2000

Giardina, Roberto: **Anleitung, die Deutschen zu lieben,** München: Goldmann 1998

Gorski, Maxim: **Gebrauchsanweisung für Deutschland,** München/Zürich: Piper 1999

Greene, Charles: **Wie ich lernte, die Deutschen zu lieben,** Frankfurt a. M.: Eichborn 2002

Zeidenitz, Stefan/Barkow, Ben: **Die Deutschen pauschal,** Frankfurt a. M.: Fischer 1997

James, Louis: **Die Österreicher pauschal,** Frankfurt a. M.: Fischer 1997

Twaroch, Johannes: **Typisch Österreich.** Literatur in Anekdoten, München: Amalthea 2003

Bilton, Paul: **Die Schweizer pauschal,** Frankfurt a. M.: Fischer 1997

Küng, Thomas: **Gebrauchsanweisung für die Schweiz,** München/Zürich: Piper 2002

Schluss

Am Ende dieses Handbuchs angelangt haben Sie hoffentlich deutlichere Vorstellungen davon, wie Sie als DaF-Lehrerin oder -Lehrer im Ausland tätig sein können. Vielleicht haben Sie neue Ideen und Anregungen bekommen, vielleicht ist bei Ihnen die Entscheidung für einen DaF-Studiengang oder eine Fortbildung gefallen, vielleicht ist Ihr Schritt in die Ferne in greifbare Nähe gerückt. Vielleicht, vielleicht, vielleicht ...

Sicher ist: Ich würde mich sehr freuen, von Ihnen zu hören. Es wäre schön, wenn ich Ihre Erlebnisse, Ihre Kritik, Ihre Informationen oder Ihre Einschätzungen schon bei der nächsten Auflage von „Deutsch unterrichten weltweit“ berücksichtigen könnte.

Berichten Sie von Ihren Erfahrungen bei der Suche nach einer Stelle. Verraten Sie mir, wie Sie zu Ihrem Ziel gekommen sind. Erzählen Sie von Ihren Problemen und Schwierigkeiten. Beschreiben Sie Ihre Unterrichtstätigkeit und Ihr Leben in der Ferne. Stellen Sie Fragen. Geben Sie Anregungen, machen Sie Ergänzungsvorschläge oder melden Sie Änderungswünsche an. Werden Sie Lob oder Tadel los.

Das alles und noch viel mehr bitte per E-Mail an DagmarGiersberg@web.de.

Dank

Ich möchte allen herzlich danken, die bei der Entstehung dieses Handbuchs geholfen und mich während der Arbeit unterstützt haben.

Besonders danke ich allen Lektorinnen und Lektoren, die mich mit Erfahrungsberichten und Informationen versorgt haben – vor allem Peter Arndt, Winfried Berndt, Silke Hägi, Dr. Thomas Jung und Dorothee Rabe sowie Thomas Böhm, Michael Dobstadt, Dr. Ursula Esser, Claudia Finner, Torsten Flüh, Dr. Andreas Guder, Christian Miller, Andrew Otto, Cordula Rickers, Monika Smith, Dr. Mattheus Wollert, Dr. Jutta Wolfrum und Daniel Zimmermann.

Für Hilfestellungen, Informationen und Ermunterung danke ich vor allem Friederike Schomaker und Dr. Werner Roggausch (DAAD), Ilse Brigitte Eitze-Schütz (PAD), Dr. Paul Meyermann

(Sprachlernzentrum der Universität Bonn), Anja Kraus (Goethe-Institut), Prof. Dr. Ulrich Ammon (Universität Duisburg-Essen), Lydia Rössler und Dr. Brigitte Ortner (Österreich Institut), Brigitte Sorger (KulturKontakt), Arnulf Knafl (Österreich Kooperation), Dr. Nikolaus Douda (BMBWK), Prof. Dr. Hans-Jürgen Krumm (Universität Wien) und Julia Stein.

Zudem bedanke ich mich herzlich bei all denjenigen, die meinen Fragebogen zu den DaF-Studiengängen ausgefüllt haben.

Für ihre kritische Lektüre danke ich Stefanie Eschweiler und Antonia Loick, für so vieles im Umfeld der zweiten Auflage Sara Hägi und – Volker Dörr.

Die Autorin

Dr. Dagmar Giersberg, Jahrgang 1970, ist Germanistin und arbeitet als freie Publizistin und Lektorin in Bonn.

Im Laufe ihres Studiums der Fächer Deutsch, Französisch und Deutsch als Fremdsprache in Bonn und Toulouse sammelte sie internationale Erfahrung als Fremdsprachenassistentin in Thionville (Frankreich), als Praktikantin an den Goethe-Instituten in Madras (Indien) und Seoul (Südkorea) sowie als Praktikantin an der Cheju National University (Südkorea).

Für das Goethe-Institut didaktisierte Dagmar Giersberg Unterrichtsmaterialien in den Bereichen Literatur und Landeskunde. Zudem ist sie Autorin der Ratgeber „10 Schritte zu einer erfolgreichen Bewerbung in den USA“ sowie „Studium, Praktika und Jobs in Frankreich“.